幸運的祕密

從哲學、命運與運氣
思考人生

Steven D. Hales
史蒂芬・海爾——著

蕭美惠——譯

冀劍制——導讀
華梵大學東方人文思想研究所教授

Philosophy, Fate, and Fortune
The Myth of *Luck*

目次
Table of Contents

導讀

冀劍制

華梵大學東方人文思想研究所教授

「運氣」或許只是一個虛構的觀念

當我們習慣使用某個詞彙解讀事物,就會不由自主地在想像中具體化這個詞彙,並讓它參與事物的因果循環。即使缺乏存在證明,也一樣視其為世界的一分子。但事實上,卻可能根本沒有這種東西。最通俗的例子,大概就是那種在深夜裡到處遊蕩的「鬼魂」。當我們習慣用「鬼魂」解釋黑夜裡不明的聲響和影像,即使缺乏可靠證據,它們也一樣活靈活現的出現在人們的腦海中,並帶來難以揮去的恐懼。然而,這個概念除了缺乏證據之外,也不太合理,因為就算人死後真有靈魂,大概也不會無聊到想躲在暗巷裡嚇人吧!

在科學史上也有許多著名的例子,像是燃燒所需要的「燃

素」、用以傳遞光的介質「以太」，或是環繞在太空中那些完美的「第五元素」等等。人類為了解釋某些現象，創造了這些概念，只要習慣套用它們理解事物，即使它們都不真實存在，也都煞有介事般地出現在我們的認知中。

然而，有許多經常使用、被多數人認定必然存在的事物，在經過哲人們的仔細思考後，卻也可能遭受否定。就像佛學思想認為「我」這個概念也是虛構的，而且還是煩惱的主要源頭。在當代哲學裡，最知名的例子，大概就是「取消唯物論」所主張的，「意識」也是虛構的存在。

在日常生活的例子中，哲人們也懷疑著，我們習慣使用的「運氣」這個概念，是否也是個虛構的存在呢？這個概念從何而來？作用為何？如何在歷史中轉變意義？存在基礎又是什麼？諸如此類的問題，本書作者海爾教授透過大量歷史上著名的實例與其哲學分析，鉅細靡遺地提出各種有趣的觀點，值得細細品味。

是好運的人，
還是只是用好運的思維解讀自己的經歷

我常常被人說是一個好運氣的人。這個好運除了好像比較容易抽到大獎之外，還包括我的人生際遇看起來好像還滿順利的。之所以說「好像」，那是因為沒有真正做過科學統計研究，可能只是由於觀看角度不同所造成的心理作用。例如，如果內心比較放得下，就比較容易忘記自己沒抽中大獎，而一旦抽中大獎，印象自然比較深刻，而且如果還喜歡到處炫耀，那不只自己

覺得幸運，周圍的人也會覺得我很幸運。另外，越是能滿足現狀的人，也容易覺得自己很幸運。這些都是心理作用造成的，並不是真的幸運。當然，如果天生有這些心理素質，大概也可以算是很幸運吧！

　　這類心理作用所造成的錯覺很多，就像作者在書裡一開始就指出，成功的人往往認為是靠自己的力量，較少運氣成分，所以總能說出一番「為何我能成功的人生大道理」；而失敗的人卻大多認為主因在於運氣太差，「要不是我這麼倒楣就成功了」。這是由於人們傾向於站在對自己有利的解讀上，往往忽視成功背後那難以掌控的成分。失敗者也容易忽視自己做錯了什麼而鑄下敗因，眼裡常只看見運氣不好的因素。最明顯的例子就是許多在股票市場賺大錢的新手，自以為運用的方法就是獲勝關鍵，最後常常就栽在一樣的手法上。而失敗者由於缺乏反思，常常一錯再錯，不斷敗在相同的因素上。這也是運氣這個概念的不當運用所帶來的禍害。然而，為何我們會不當運用這個概念呢？是錯誤解讀一項存在事物，還是根本就任意解讀一個不存在的東西？

　　當然，世上確實有些人看起來運氣很好，也有些人明顯運氣很差。有趣的問題是，運氣的好與壞，真的是隨機的嗎？是「靠運氣」的嗎？還是說，這運氣的背後其實有著更決定性的因素在作用呢？如果是的話，那麼，「運氣」也只是一個因為無知而虛構出來的概念而已。

運氣背後是否有隻看不見的黑手

舉例來說，被詐騙的人，可能會覺得自己運氣很差，為何遇到壞人。但實質上，在現代社會，每個人都會遇見各式各樣的詐騙，無關運氣，而且思考能力越強，被詐騙成功的機率越低。也有人覺得自己常常誤交損友，運氣很差，但實質上，人際關係能力、與人相處的態度等等，才是決定朋友是否成為損友的關鍵，這也與運氣關連不大。諸如此類人生中的許多煩惱，其實大多與運氣無關。

當然，確實有些看起來像運氣的東西，是幾乎跟努力沒有關連的。以中樂透來說，很難想像除了多買之外，還能有什麼提高中獎率的努力。那經常中大獎的人是不是就是運氣很好的人呢？

對於宿命論者來說，其實一切都早已被確定，機率與運氣其實只是假象。從一個機械物理的觀點來看，整個宇宙都依循定律在運作，沒有運氣插手的餘地。而傳統佛教觀點認為運氣好其實是一種福報，而福報來自於包含前世的過去所作所為累積下來的業力。而依據新時代觀點，運氣其實來自於個人的意念，心念夠強便能心想事成。從這些角度來說，我們所以為的運氣其實是有前因後果的，來自於某種力量的作用。在這種情況下，運氣也就不再是運氣了。那麼，真相究竟為何？這些問題，無論是運氣的形上學問題、知識論問題、倫理學問題，甚至心理學問題，都很有趣，也都很值得探索。

「運氣」該如何定義？

在深入探索後，海爾教授發現「運氣」這個觀念的一個核心問題在於到底要怎麼定義才能將它當作是一個存在事物，而不是因時、因地、因立場而改變的東西呢？如果必須經常改變其定義，那或許更適合將它當作是不存在的虛構概念吧！

舉例來說，如果你買了一張大樂透，六個號碼就中了五個，贏得好幾萬元。這很幸運吧！但是，換個角度來說，你差一點就可以贏得好幾億了，這麼難得的機會就這樣錯失了，是不是很不幸呢？那這究竟是幸或是不幸？一個空難的唯一倖存者，究竟是幸運存活，還是不幸遭遇此劫？

如果我們無法在運氣的定義中發現這類問題的解決途徑，那這概念最糟可能導致既幸運且不幸的矛盾狀態。一個會製造矛盾的概念，必然會被拒絕登錄在存在事物的名單上。究竟有沒有什麼方法，可以解開這些問題，給「幸運」留下生機？這個問題就留給讀者繼續探索了。哲學並不提供，也無法提供最終解答，只提供一套想法。作者已經寫下了他的想法，你可以接受，也可以不接受。如果你不接受，歡迎前往挑戰。

獻給我的家人
——凡妮莎，荷莉和艾佛里特——
我很幸運能擁有。

第一章

LACHESIS'S LOTTERY AND THE HISTORY OF LUCK

拉刻西斯的抽籤
與運氣的歷史

「運氣真是一件複雜又令人迷惑的事情啊！」
——米南德（Menander），無法辨認的片段，西元前 300 年

　　運氣是一條金絲線，穿梭在思想史的掛毯之間，將神與賭徒、哲學家與神學家、邏輯學家、占星家、皇帝、科學家，以及奴隸交織在一起。所有人都懼怕厄運，希望能有好運，所有人都

好奇命運女神到底在自己的生命之書上寫了什麼。我們之所以擁有現在的成就，大多只是因為機率，但我們還是會認為這是靠自己的力量奮鬥而來的，認為我們的人生全然取決於自己的選擇。當我們遭遇困難時，我們會把責任推給厄運，而不是自己的錯。即使我們所知道的事、對週遭世界的理解時常都只是好運罷了，並不是因為我們做了什麼值得嘉許的努力，但我們渴望預測並控制自己身上發生的事，嘗試預見未來。我們常常試圖向自己解釋自己的人生，並分辨出哪些事情是因為機率，哪些事情是因為自己的所作所為。人性總是將一切都推給無情的運氣——新的神學、整個哲學運動、嶄新的數學分支——然而我們似乎只掌握了幸運的力量的冰山一角。

　　本書的主張是，我們一直都在對抗一個不可能戰勝的敵人。並不是說我們解決了一個關於運氣的問題就會接著冒出兩個問題，像被斬首的九頭蛇會再長出新的頭這樣，而是這整頭怪獸就是神話生物。我們無法掌控運氣，因為根本沒有什麼好打敗的——我們會發現運氣只不過是一種永恆且麻煩的幻覺。實際上根本就沒有所謂的運氣。理解這個事實將會幫助我們把力氣使用在真實的相關現象上，例如幸運及機會。而且，我們是真的認為運氣掌握在自己手中，運氣都與我們的所作所為有關，是我們如何看待事情的發展。將我們心裡的空間清理乾淨，把那些我們一直希望某天會有用處而保留下來、已滿是灰塵的舊觀念拋棄，這就是解放。拋下運氣這個概念才能取回我們對世界的掌控。

厄爾神話

　　為什麼我們會認為運氣是一個很重要的概念？現在我們來追溯運氣的歷史，從柏拉圖開始。「柏拉圖」這個稱呼的意思是「寬廣」，因為他的身材如同摔角手一樣健壯，他站在古人當中，用他巨大的軀體肩負著整個西方哲學的傳統。閱讀柏拉圖著作的樂趣之一就是，你可以看見剛剛萌生的理性從更加古老的神話傳統當中浮現出來。海希奧德（Hesiod）在《神譜》（*Theogony*）中寫下眾神的起源，荷馬（Homer）在《伊里亞德》（*Iliad*）與《奧德賽》（*Odyssey*）中寫下各種英雄、半神、怪物的故事之後，僅僅過了 300 年，希臘哲學就來到了黃金時代（西元前 5 世紀至前 4 世紀）。柏拉圖的對話錄，前面充滿了纖細、精巧的邏輯──事實上這就是蘇格拉底反詰法（Socratic Method）的起源──然而下一段又會馬上急轉彎，開始敘述不可思議的世界。《斐多篇》（*Phaedo*）的結尾讀起來像一份通往冥府（Hades）的《孤獨星球》（*Lonely Planet*）旅遊指南──「從阿刻戎河（River Acheron）開始散步，會走到阿丘魯西亞湖（Acherusian Lake），並下到塔爾塔羅斯（Tartarus）的坑洞中。一定要在附近的小餐館試一試希臘茴香酒」。亞特蘭提斯的傳說是柏拉圖給我們的──他是最古老、最原始的亞特蘭提斯起源，並在《蒂邁歐篇》（*Timaeus*）及《克里底亞篇》（*Critias*）之中非常認真地描述。在《費德魯斯篇》（*Phaedrus*）中，柏拉圖甚至將埃及神祇托特（Thoth）與阿蒙（Amon）形容得像宙斯（Zeus）神殿裡會說話的橡樹一樣合理、可信。

　　柏拉圖最著名的對話錄《理想國》（Republic）廣泛地討論了正義、如何和諧地生活、理想的政體。然而《理想國》的結尾卻是一篇令人耐人尋味的民間故事，內容關於死後的世界，名為《厄爾神話》。不是每個人都很欣賞柏拉圖將理性的爭論與道聽塗說的傳聞放在一起。古典學者茱莉亞・安娜斯（Julia Annas）形容《厄爾神話》是「粗俗、讓人痛苦的衝擊」，且是柏拉圖這份傑作的「無聊、混亂的結尾」。[1]但是厄爾的故事體現了我們在自己的人生以及對於賭博、自由意志、道德責任、科學發現、社會平等、現代知識本質的理解中，所看見的運氣、命運、幸運、機會、選擇、宿命的複雜交織。

　　厄爾是一名戰死沙場的龐非利亞（Pamphylian）戰士。他的屍體和其他人堆放在一起，過了將近兩週才終於被帶回故鄉，放置在火葬用的柴堆上。葬儀師舉著火把過來，厄爾竟然復活了，身體完好如初，並開始講述他在死後世界的所見所聞（柏拉圖並沒有說明出席儀式的人對這件事情是否感到驚訝）。厄爾說，在他死後和一大群靈魂一起來到一個「不可思議的地方」。這裡有一個單向的入口通往地下，另一個則是出口，還有兩個類似的出入口通往天上。審判官坐在出入口，決定每個靈魂應該前往天堂還是墜入冥府，然後為他們標上印記。從天堂的出口走出來的是一列乾淨、愉快的旅人，從地底出來的人卻都是悲慘、骯髒。審判官不讓厄爾離開，單獨指派他作為觀察者，必須回去轉達他在這裡看到的一切。剛從塔爾塔羅斯（受難的深淵）以及至福樂土（Elysian Fields，寧靜的神祐群嶼）回來的靈魂會和剛死亡的靈魂一起待在一座牧場，互相認識並分享各自的故事。這些靈魂必

須在這裡待滿一週，才能繼續前進。這整件事讓人聯想到國際機場，海關人員決定要蓋哪些章、發行哪些簽證，並判斷你可以到哪裡旅遊，頭等艙的旅客出了登機門都是活力充沛、輕鬆瀟灑，其他旅客則是憔悴又疲累。但是每個人都要被困在中央大廳一個星期。

到了第 8 天，厄爾及其他人踏上為期 5 天的旅程，目的地是一條由彩虹光芒形成，將天地連接固定的大光柱。柏拉圖對於宇宙的描述在這裡非常複雜，天空的穹頂有套疊在一起的彩色紡輪不斷地旋轉，但最重要的是「必然的紡錘」（Spindle of Necessity），在必然女神阿南刻（Ananke）的膝上旋轉。旁邊伴隨著她的三個女兒——命運三女神：拉刻西斯（Lachesis），詠唱過去的事；克洛托（Clotho），詠唱現在的事；阿特羅波斯（Atropo），詠唱未來的事〔讓人很難不聯想到命運三女神是預示著狄更斯（Dickens）的過去、現在、未來的聖誕精靈〕。靈魂會被領到拉刻西斯面前，她拿著滿滿一桶的籤，像是抽獎券一樣。裡面還有各種不同種類的人生，有短的人生、有長的人生，有專制君主、擁有美貌的人、身強體壯的人、出生高貴或低賤的人、被流放的人、乞丐，甚至是動物的一生。拉刻西斯的使者將上面寫著號碼的籤灑在地上，每個靈魂都從自己腳邊撿起一張籤（除了厄爾之外，他只能在一旁觀看）。接著使者又將不同的人生拋在地上。根據抽到的號碼，大家依序挑選輪迴轉世之後想要過的人生。

厄爾的故事在死後世界這方面和其他之後的故事有許多共通點：有死後世界的存在，且會根據生前的美德或惡行接受審

判，然後得到獎賞或懲罰。輪迴轉世是一個沒有受到西方世界廣泛關注的概念。舉例來說，早期的基督教幾百年來都不是很在意輪迴轉世這個概念，6世紀亞歷山太學派神學家俄利根（Origen）是最著名的輪迴轉世支持者，但最終這種說法被視為異端，遭到否定。厄爾說每個靈魂會待在天堂或地獄一千年，然後再回來這裡與其他靈魂一起行動，回到實體型態。

　　基督教亦拒絕獎勵輪迴，而是給予永恆的懲罰。古典佛教則是從不同的方向表達了這個概念——生前的行為決定了你的「業」（karma），就好像在你人生的帳本上記下一筆筆帳，而「業」會決定你轉世之後的人生。死後世界不會有任何處罰或獎勵，只會自動循環回到人世。

　　柏拉圖建議我們要明智地選擇轉世之後想要過的人生。在拉刻西斯的抽籤中抽到一號的人是剛在天堂過完一千年的人，他選擇轉世後要成為一名偉大的獨裁君主。很顯然他沒有仔細閱讀這份職業的詳細說明，裡面包含了吃掉自己的小孩以及其他恐怖的事情。有的人選擇變成天鵝、獅子、夜鶯，或者其他動物。一位著名的「小丑」選擇變成人猿。柏拉圖強調，我們要對自己的人生負責，是否要追求智慧、品德高尚地活著，取決於我們自己。拉刻西斯的使者表示，如果人生過得很悲慘，那是做出選擇的人的錯，而不是神的錯，就算是抽到最後一個號碼的人，也有機會度過滿意的人生。厄爾說抽到最後一個號碼的人是奧德修斯（Odysseus），他的前一世充滿了壓力與重擔。他翻遍所有可以選擇的人生，最終在角落裡找到一個平凡、樸實的普通市民人生。他非常滿意。

　　你可能會認為「每一種可以選擇的人生都至少有某些好處」，只不過是神明的宣傳口號。即使神明這樣安撫我們，人生感覺就是完全不受控制，即使我們只想要度過樸實普通的人生。拉刻西斯的抽籤本身是隨機的，你所抽到的號碼會決定你還剩下哪些人生可以選擇。並不是每一種人生都是好的，有些很明顯非常糟，如果你抽到最後一個號碼，剩下的人生可能都不是很有吸引力——就像最後一個選擇甜甜圈的人，盒子裡已經沒剩什麼好吃的口味了。所以你可以度過怎樣的人生，機率與選擇的比重是相同的。甚至你能夠在這場人生中達成怎樣的成就，也有一部分是看運氣。柏拉圖似乎認同這件事，關於這些各種不同的人生，他說「不同人生的選擇必然決定了不同的性格」。你能夠成為怎樣的人，一大部分是取決於你所擁有的人生，以及你所處的環境。

　　如果你抽了號碼，以下是目前可供你選擇的幾種人生，你會選擇哪一個？

① 你是一名富有的獨裁老闆。你離過幾次婚，你的員工全都討厭你，你的孩子會為了搶奪你的財產而彼此鬥爭。

② 你在一間工廠工作，製作總有一天會取代掉你工作的機器人的零件。你的背總是在痛。

③ 你是一名住在郊區的父母，有一棟體面的牧場式住宅、三個孩子、一名通常相處得還不錯的伴侶。帳單都付得起，工作也還可以。你的身材應該減個幾磅。

④ 你是一名嬉皮人士，認為有機農耕和瑜珈可以打破全球

的資本主義。

⑤ 你是一名哲學家，曾經侮辱城鎮裡絕大多數的名人。你和伴侶一直都相處得很差，從沒出過書，生活很貧窮，最終還會被國家處死。

　　以上這些人生都各有優缺點，但如果你以為無論選擇嬉皮人士、工廠工人、獨裁者、郊區父母還是蘇格拉底，你之後都會成為一樣的人（你的性格發展都會是一樣），那麼就太愚昧了。奧克拉荷馬大學美式足球隊教練巴里・斯威策（Barry Switzer）說出這句名言：「有些人生來就站在三壘，終其一生都以為自己打了一支三壘安打。」其他影響你人生好壞及價值的要素，看來也都是由運氣左右——你是否天生就有心臟問題；你在一場交火當中被射中，還是與子彈擦身而過；你在正確還是錯誤的時間點投資微軟。此外，無法預測的運氣也並不是公平分配。也許我們每個人都必須淋到一點雨，但有些人卻受到卡崔娜颶風的侵襲。甚至我們依靠自己的知識得來的學位，也可能是幸運造成的結果。厄爾並不是什麼身分特殊的人，他只是在某個偏僻的地方殞命的士兵，但他卻被選中，負責見識死後的世界，並回到人間轉達給大家。厄爾能理解這些，並不是因為他品德高尚、擁有智慧，也不是因為他堅持不懈地推理，或者鍥而不捨地詢問。他只不過是幸運地受到神的眷顧。

　　在這些靈魂全都選好轉世的型態後，他們依序走過命運三女神與必然女神阿南刻面前，讓女神們批准他們所選的命運，並讓他們的命運之網不可逆轉。接著他們就可以喝下遺忘河（River

Lethe）的河水，忘記他們在這裡的所有旅程，回到人間的血肉之軀。我們的人生模式及結果必須被命運女神及必然女神牢牢鎖住，這就與我們的人生要不就受制於隨機的運氣，要不就是我們主動掌控的這種概念有所矛盾。如果一方面神已經預先決定了我們無法逃避的命運，另一方面命運是由好運或厄運決定，那我們又怎麼能為自己成為怎樣的人，以及自己身上所發生的事情負責呢？

　　雖然《厄爾神話》巧妙地提出本書中的某些核心問題，但我們其實不一定要接受柏拉圖關於死後世界的理論，或者任何一種關於死後世界的理論，也能夠在自己的人生中討論這些問題。你的人生中有多少事情是你做出的選擇、你發揮自己的技能、你自己的意願所造成的結果？你遭遇到的事情──你的成功與失敗、你住在哪裡、你做什麼工作、你愛著誰──這些事情之中，有多少成分是取決於運氣？你真的可以仰賴那些值得信任的知識嗎？還是你只不過是運氣好，那些知識剛好是正確的？有些人認為，假定我們的人生都是事先規劃好的，都是宇宙秩序中的基本組成部分，這樣想會讓人比較安心。也許無論命運決定你是一顆大齒輪還是一顆小齒輪都是運氣。

堤喀與福圖納

　　在希臘神話當中，幸運的擬人化形象是幸運女神堤喀（Tuche 或 Tyche）。偉大的古希臘詩人品達（Pindar）在《奧林匹亞頌歌 12》（*Olympian Ode 12*）當中寫道：「救世者堤喀，宙

斯的女兒，我向祢祈禱……人類的希望在空洞謊言的浪濤之中前進時被拋上拋下。世上無人能由神的身上找到確定之事；人類看不見未來。許多事情以不曾預料到方式發生在人類身上：有時他們期望的歡愉落空，有時在他們遭遇苦痛風暴時，他們的悲痛轉瞬間變成了深刻的愉悅。」[2]

關於堤喀的描繪，有時會伴隨著船舵，表示是她在掌控著我們的人生。然而，古希臘雅典劇作家米南德曾說：「堤喀的水流迅速改變方向。」

堤喀被描述成不可預測、變化萬千的樣子，但同時她也負責掌管宇宙的平衡——厄運會擊倒高傲自大的人，好運會幫助受到壓迫的人。然而，堤喀信仰是包含著宿命論。你可以相信自己的運氣，也可以利用技巧及先見之明來規劃未來，但是無論如何，堤喀都是反覆無常、不可靠，且擁有最終決定權。

撰寫羅馬帝國歷史的希臘歷史學家波利比烏斯（Polybius）證實：「堤喀總是用意外來困惑人類的算計；她幫助人類一回，在她的天秤上讓人類獲勝，卻又後悔，回頭對付人類，在天秤另一端施壓，毀掉人類所有的成功。」[3] 在《吹笛女》（Girl Pipers）中，米南德甚至更加直接：「堤喀……會破壞一切邏輯，刻意和我們的期望作對，造成別種結果。堤喀讓我們一切的努力變得徒勞無功。」在《鄉下人》（The Changeling）中，米南德說道：「不要推理了；因為人類理性對堤喀毫無意義，無論堤喀是不是神祇。祂主導一切事情，顛覆事情又把事情擺正，而人類的想法不過是煙霧與廢物。相信我；不要批評我的話。我們所想所說或所做的一切均出於運氣；我們不過是在底下簽名而已。」[4]

　　面對無所不能的堤喀，我們所能做的就只有承認人類的渺小無助，並祈禱能擁有好運。就像亞里斯多德在呂克昂（Lyceum）學院的後繼者泰奧弗拉斯托斯（Theophrastus），在《卡利斯提尼》（Callisthenes）中寫道：「人生是由運氣決定的，而不是智慧。」

　　希臘的堤喀到了羅馬變成了福圖納（Fortuna），並在羅馬帝國廣受大眾崇拜，有許多為她建造的神殿。在奧古斯都（Augustus）轉移至帝權的時期，賀拉斯（Quintus Horatius Flaccus）成為羅馬最著名詩人。在《頌歌 29》「致梅塞納斯」（To Maecenas），他寫道：「福圖納，恣意執行她殘酷的職責，持續玩著她傲慢無禮的遊戲，改變不確定的名譽，現在寵溺我，很快又寵愛別人。當她守候我的時候，我讚美她。如果她移動她快速的翅膀，我便放棄她所贈與的，只剩下自己的美德，誠實面對貧窮。」

　　福圖納是不可預測的，我們所能做的就只有在她給予恩賜時表達對她的感謝，反之則只能忍耐。

　　西元一世紀的希臘歷史學家兼羅馬市民普魯塔克（Plutarch），也認同羅馬的繁榮與運氣的力量及影響力有關。在《羅馬人的幸運》（The Fortune of the Romans）中，他表示打從羅馬的起源就已經有了幸運的參與——雙胞胎羅穆盧斯（Romulus）與瑞摩斯（Remus）是戰神瑪爾斯（Mars）的孩子，當國王命令僕人去殺掉這對雙胞胎時，善良的僕人沒有殺死他們，而是將他們放在台伯河畔的淺灘，之後有母狼給他們餵奶，啄木鳥給他們餵食，最後他們沒有被惡毒的國王找到，而是被人扶養長大，受了教育，

這一切的一切都是因為運氣好。普魯塔克認為這些陰謀詭計都是
「運氣狡猾而鬼鬼祟祟的計謀」。[5] 普魯塔克不像其他某些作家
那麼喜歡把所有的成功與失敗都歸因於運氣，在短文〈論堤喀〉
（On Tuche）中，他認為面對運氣時不應該徹底放棄，而是要運
用我們的智慧及才能，反過來獲得優勢。但很明顯，普魯塔克試
圖對抗的是已經根深柢固的被動失敗主義。

　　人們在過得好的時候讚頌福圖納，過得不好時詛咒福圖
納。中世紀有一份作者不詳的詩歌合集《布蘭詩歌》（*Carmina
Burana*），其中包含著名的《哦，命運女神》（*O Fortuna*）。那
時正值黑死病期間，有將近一半的歐洲人口都死於這個無法解
釋、迅速致死的疾病，存活下來的人們則艱難度日。

　　哦命運，
　　像月亮般
　　變化無常，
　　盈虛交替；
　　可惡的生活
　　把苦難
　　和幸福交織；
　　無論貧賤
　　與富貴
　　都如冰雪般融化消亡。
　　可怕而虛無的
　　命運之輪，

你無情地轉動，
你惡毒凶殘，
搗毀所有的幸福
和美好的企盼，
陰影籠罩
迷離莫辨
你也把我擊倒；
災難降臨
我赤裸的背脊
被你無情地碾壓。
命運摧殘著
我的健康
與意志，
無情地打擊
殘暴地壓迫，
使我終生受到奴役。
在此刻
切莫有一絲遲疑；
為那最無畏的勇士
也已被命運擊垮，
讓琴弦撥響，
一同與我悲歌號泣！

　　與運氣相關的事，你最好做到面面俱到。第一位信仰基督教的羅馬帝國皇帝君士坦丁大帝建立「新羅馬」（君士坦丁堡）時，他要確保這裡有福圖納神殿。[6]再小心也不為過。福圖納被描繪成坐在一個大輪子上，輪子會將社會底層的人帶到最上層，並繼續轉動，將位於成功巔峰的人們帶往貧窮。我們被綑綁在福圖納的輪子上，「命運之輪」以及我們的命運，都被緊緊地掌握在她冷漠的雙手之中。

順從運氣：幸運物

　　所以我們能做什麼？面對運氣在我們人生中所扮演的角色，通常有三種主要反應：順從、反抗、否定。第一個選項是試圖安撫福圖納，或者試圖讓她的厄運轉移到他人身上，讓她的好運降臨在我們自己身上。人們廣泛認為運氣是一種可以交換的東西，一種神祕的自然力量，可以拿來使用或者填充。許多自然力量在減少與補充之間來回擺盪──體力、意志力、注意力、性慾。如果你的運氣和它們是一樣，那就應該節省並且珍惜著使用。都說連贏了好幾把的賭徒是把運氣用光了，但如果連輸了好幾把，那麼就離勝利不遠了，因為運氣已經累積回來了，接下來就應該要成功了。運動員不想把極度偶然發生的好運浪費在練習中，而是希望保留到正式比賽時。

　　古人知道有些自然力量可以被儲存或附著在物體上，例如天然磁石帶有磁力，或者將紅酒蒸餾成濃縮藥劑就能攜帶酒精的救急潛力。所以藉由護身符、幸運物及藥水來保護或增加幸運，

也成為了一種廣泛且長久的信仰。舉例來說，誕生石在希臘的歷史及文化中已存在超過 4 千年，它被視為一種幸運物，每個月份都有各自的誕生石，每個星座也有各自的誕生石。[7] 馬蹄鐵是使用已知最堅固的金屬經過火燒鍛造出來的，形狀類似於肥沃新月，也從西元前開始就被廣泛地視為一種幸運符。[8] 一萬株三葉草中才會有一株稀有的四葉草，愛爾蘭督伊德教認為它是幸運的象徵，可保障健康並給予靈力。[9] 羅馬皇帝尼祿統治時期，朝臣佩特羅尼烏斯（Petronius）寫道，在舉辦晚宴時桌上放了一座小雕像，它的脖子上戴了一個護身符，這麼做是為了給這場晚宴帶來好運。[10] 正如人們所預料的，西格蒙德・佛洛伊德（Sigmund Freud）所有的幸運物都是一看就知道是性器官，或者性的象徵。[11]

　　幸運可以透過實際的物體來獲得，這樣的想法一直存在於流行文化中。在 J・K・羅琳的暢銷小說《哈利波特：混血王子的背叛》中，魔法學校霍格華茲（Hogwarts）的魔藥學教授赫瑞司・史拉轟（Horace Slughorn）調製了福來福喜（Felix Felicis），也就是帶來幸運的魔藥（拉丁文名稱翻譯過來比較接近「幸運的運氣」）。[12] 福來福喜讓喝下這種魔藥的人在一定時間內可以保持幸運，所做的每件事都會成功。喝下它的人並不獲得任何特殊的天賦或能力，也不會讓他們做到不可能做到的事，而是在各種可能性的道路上指引他們，讓他們總是能做出最佳的舉動。哈利喝下這種魔藥後，他感覺全身充滿了自信，覺得自己可以不斷地做出正確的選擇，並且在越來越艱難（但並不是完全不可能）的情況下做出正確的行動。

　　一週之中的某些特定日子也被認為與幸運有關。海希奧德

在《工作與時日》（*Works and Days*）中強烈建議男性在哪些日子出生最幸運、女性在哪些日子出生最幸運，或者哪些日子最適合閹割公牛、打穀、給公牛套上牛軛、剃羊毛，以及其他活動。他寫道：「幸運的日子對地球上的人來說是很大的恩惠，但是其他日子則是毫無規則、不好不壞。有些人讚揚某些日子，有些人讚揚別的日子，但是知道這些事情的人很少。」[13] 一世紀古羅馬學者老普林尼（Pliny the Elder）在他的著作《博物志》（*Natural History*）（第七卷第四十章）中寫道，色雷斯人會習慣在幸運的日子把一塊白色鵝卵石放在一個甕裡，在不幸運的日子把黑色鵝卵石放在甕裡。早在西元前 2 千年，埃及人就已經編寫出完整的「幸運與不幸日曆」，一年之中的每一天都和埃及的神與女神的關係及互動有所關連。這些日曆使用了將近 3 千年，寫了非常詳盡的關於幸運的建議——在這個月的這一天不要吃喝這種食物、不要殺死這種動物、不要在這一天渡過這條河、不要讓公牛從你面前經過、不要在這一天做這份工作、不要在這一天建造房屋或船隻等等。[14]

　　我們不僅可以獲得及保護好運，也可以驅散厄運。舉例來說，地中海附近一直都廣為流傳著關於邪眼（evil eye）的信仰。邪眼不一定是邪惡的視線，它可能是某個人無意間帶來的厄運，造成意外或者危險的超能力等等。[15] 有許多圖騰可以抵禦邪眼，通常都是帶有生殖意味的圖騰，例如從伊特拉斯坎時期就存在的無花果手勢，就是握緊拳頭並將大拇指插進食指和中指之間，象徵著男女性交。此外還有搖滾手勢（Horned Hand），現在較為知名的意義是隱諱地表達搖滾反叛的撒旦象徵，但是它原本是象

徵公牛角，之後又因為形似女性生殖系統而被認為具有神奇的力量。[16] 代表著神聖的陽具，也就是法西努斯（fascinum）的護身符，也可以用於抵禦邪眼。有一幅羅馬的馬賽克壁畫明確地表現出這個重點，上面描繪了一根陽具射進一隻無形的眼睛裡。[17] 直到現在，惡魔之眼（nazar boncuğu）在土耳其的市集仍然隨處可見，它是一塊藍色的玻璃珠，裡面有一圈白色，中心是一個黑點，人們相信它可以用來阻擋邪眼。

　　另一種阻擋厄運的方式是公開地自嘲，以便獲得保護、不受傲慢的傷害。這麼做的理由是，如果自我吹噓會招來不幸，那麼只要自我嘲笑就可以將它趕走了。[18] 皇室會聘雇一位小丑、弄臣，讓他幽默地嘲諷國王，使國王醒悟，以避免厄運。一般社會則是指定一隻代罪羔羊，讓牠背負著降臨在人們身上的所有厄運──瘟疫、外敵入侵、飢荒等等，然後藉由處罰這隻代罪羔羊，毆打牠或將牠驅逐，來躲避厄運。如此一來也可以把厄運從社區中趕走。詹姆斯・弗雷澤（James Fraser）在他關於信仰的權威人類學著作《金枝》（*The Golden Bough*）當中延伸討論了代罪羔羊及轉移厄運的行為。[19]《金枝》出版於維多利亞時代的英國，引起不小的爭議，因為他指出，基督教遵循著許多常見的宗教原型，就連耶穌基督的死也是類似於代罪羔羊的故事──犧牲某一個人，去除所有人的厄運。

反抗運氣：斯多噶主義

　　第二種掌控福圖納的方法是斯多噶主義的策略。福圖納的

輪子會帶動所有人，所以希臘化時代的社會中各種不同階層的人們都接受斯多噶主義——從西元一世紀殘廢的希臘奴隸愛比克泰德（Epictetus），到羅馬帝國皇帝馬可・奧理略（Marcus Aurelius）。斯多噶主義否認外界事物可以對我們產生任何掌控，試圖藉此反抗福圖納的力量。斯多噶主義的聖人不會受到厄運的影響，因為他不在乎外在世界的事物，相信只有美德可以確保美好的生活。對於斯多噶主義者來說，情緒和行動是分開的，你必須承受情緒，那是發生在你身上的事，但你可以決定如何採取行動。面對情緒，正確的態度是不要被它打擊、受它影響，要自給自足、保持平穩。斯多噶主義者試圖不帶感情地生活，也就是不受到情緒的影響。

　　愛比克泰德認為人類的厄運是來自於沒有得到滿足的欲望，獲得心靈寧靜（ataraxia）的關鍵就是停止渴望那些不在我們掌控之內的事物。我們的身體、財產、名聲、社會地位都受限於運氣，但是只有在我們誤判這些東西的價值時，我們才會因為損失財產或地位而感到受傷。我們必須認為這些東西只不過是神暫時借給我們的，而不是永久的所有物。[20] 斯多噶哲學是靈魂的解藥，藉由欲望治療來治癒那些命運所造成的偶然，如同學者瑪莎・納思邦（Martha Nussbaum）所說的。[21] 當我們減少對未來的期待，並且認同美好生活唯一需要的就只有美德的自給自足，就可以體會馬可・奧理略所說的：「未來你必須記得，如果發生了讓你感到痛苦的事，不要認為『這是不幸的事』，而要認為『刻苦耐勞是一種好運』。」[22]

　　斯多噶哲學家塞內卡（Seneca）身為暴君皇帝尼祿的顧問，

有許多事情讓他不得不以斯多噶的態度來面對。西元 65 年，尼祿在憤怒之下將塞內卡賜死，命令他自殺，血淋淋地證實了塞內卡不斷重複提出的「不要相信運氣」這個建議。塞內卡在《道德書簡集》（*Moral Epistles*）當中警告人們，所謂來自福圖納的禮物其實是個陷阱，並認為「智者靠自己便能快樂生存，卻不能勉強生存。因為他需要許多協助才能勉強生存，而快樂生存只需要他有健全向上的靈魂，輕視福圖納的靈魂。」[23]

　　某方面來說，斯多噶主義的策略固然打敗了福圖納，但也是傷敵一千，自損八百。斯多噶主義認為，能避免遭受命運起伏所傷害的唯一方法就是把所有情緒都連根拔起──不只是恐懼、憂傷、嫉妒、憤怒，就連希望、愛、喜悅也是。放棄財富或名聲是一回事，但是連擁有孩子、擁有朋友、擁有基本的政治權利，也都被視為毫無意義，因為這些都有可能會被我們所無法掌控的意外給奪走。[24] 極端重視自我滿足及美德，認為正統的美好人生不需要有常見的人類情感連結。如果為了與福圖納抗爭，連愛與家人都必須犧牲，那麼這樣的代價也許太大了。毫不意外，在那個時代斯多噶主義被嘲諷是「石頭人」。

　　那麼，問題是要向機會投降，臣服於我們自身的偶然性、人際關係與我們在人世間處境的脆弱，還是要接受石頭人的哲學。

否定運氣：一切都是命中注定

　　第三種，也就是最後一種面對運氣的方式就是否定。斯多

噶主義想反抗福圖納，但另一種長久以來的傳統則是試圖完全消除她的存在。我們先前在《厄爾神話》已經看到這樣的選擇——也許掌控我們命運的不是運氣、機率及反覆無常，而是我們的命運早就由命運三女神預先決定，且由必然女神牢牢鎖定了。從我們無知且目光短淺的視角看來，未來就像是一塊尚未被探索過的國度，充滿了驚喜、災難與好運，但是那些未來的事件可能都是我們未知的命運中必要的成分。也許我們不知道接下來會發生什麼事，但是神知道接下來會發生的每一件事。我們認為是運氣的，對神來說都是這個世界無情的展開。換個方式解釋：你可能不知道一本書接下來會發生什麼事，並對劇情的發展或轉折感到意外，但是作者早就知道了，且一點也不驚訝。

在索福克里斯（Sophocles）的《伊底帕斯王》（*Oedipus Rex*）（西元前 429 年），底比斯國王萊瑤斯及王后柔卡絲塔的兒子伊底帕斯出生了。神諭表示萊瑤斯會被自己的兒子殺死，於是萊瑤斯為了躲避自己的命運，便下令將嬰兒處死。伊底帕斯被遺棄在山坡上等死，但是一位牧羊人發現了他，將他帶到科林斯，被膝下無子的國王珀羅普斯及王后墨洛珀領養。之後伊底帕斯在德爾菲得到神諭，說他未來將會殺死父親，並與母親結婚。伊底帕斯以為珀羅普斯和墨洛珀是自己的親生父母，於是逃離了科林斯，意圖躲避這個預言。在前往底比斯的途中，他遇見了一群人，萊瑤斯也在其中。他們因為馬車的路權起了爭執、爆發衝突，伊底帕斯在街上殺死了萊瑤斯，無意間完成了預言的一半。繼續往下走，他遇見了人面獅身獸史芬克斯。這時的底比斯為史芬克斯所困，牠會攔住路人，如果路人無法答對牠的謎題，就會被殺死。

伊底帕斯答對了謎題，打敗史芬克斯後，得到的獎賞就是成為底比斯國王，且可以娶前任國王的遺孀柔卡絲塔為妻。伊底帕斯已經完全實現了預言，雖然他和萊瑤斯都試圖躲避這樣的命運，卻直接促成了這個命運的實現。在伊底帕斯的故事裡，沒有任何一件事情是因為運氣，在路上遇見萊瑤斯也不是因為運氣，打贏史芬克斯也不是因為運氣。發生的每一件事都是命中注定。

　　我們在面對無可避免的命運時是軟弱無力的，這是一個常見的主題。根據《馬可福音》14:17-30，耶穌預言加略人猶大會背叛他、將他出賣給猶太大祭司，以及門徒彼得在天亮前會有 3 次不認耶穌。無論是猶大還是彼得，似乎都無法做出任何舉動來逃避自己的命運。同樣地，在智者福戴・伊本・雅亞（Fudail ibn Ayad）所寫的一則 9 世紀的阿拉伯蘇非派傳統故事裡（IIikayat-I-Naqshia），一個男人在巴格達的早市裡遇見了死神。男人十分驚恐，他跳上一匹馬，奔馳著逃到薩邁拉，結果卻發現他確實和死神有約，只不過約定的時間和地點是下午在薩邁拉。薛西弗斯（Sisyphus）是傳說中科林斯（Corinth）的第一位國王，矇騙了死神桑納托斯（Thanatos）將死神銬上手銬，並拒絕回到冥界。宙斯理所當然憤怒不已，並處罰薛西弗斯永遠都要在冥界裡反覆將一塊大石頭推到山頂，而石頭會不斷地往下滾回原位。哲學家阿爾貝・卡繆（Albert Camus）在其著名論文想像薛西弗斯接受了自己的命運，蔑視神祇，這位荒謬英雄滿足於他無法逃避的永恆抗爭。[25]

　　如果宿命論是對的（這裡的宿命論指的是未來是固定且無法改變的，而不是在面對某些預期會發生的事情時表現出順從），

那麼看起來運氣在我們的人生中確實沒有插足的空間。

　　這種思路有兩個分支，其中一條是神已經事先規劃好未來，我們的行動早已被決定了。所以如果神一開始就決定了要讓猶大背叛耶穌，那麼猶大根本無法做出其他的舉動。猶大沒有選擇的自由，也不是厄運的受害者，就像伊底帕斯或薛西弗斯。宿命論思路的另一條分支則完全不相信事先決定，也不認為是神在一步一步地領導我們做出下一個舉動。我們所需要的就只是一點點的邏輯。

　　古希臘邏輯學家狄奧多羅斯・克羅諾斯（Diodorus Cronus）（西元前 4 世紀至 3 世紀）提出了早期的宿命論，也就是主論證（Master Argument）。在狄奧多羅斯的時代，主論證就已經廣為人知，時常有人在晚宴上熱烈討論這個話題。事實上，狄奧多羅斯以邏輯學而聞名，根據亞歷山大詩人卡利馬科斯（Callimachus）的說法，就連屋頂上的烏鴉都知道狄奧多羅斯的地位，大聲地叫出他對條件命題的準則。[26] 主論證的明確論述都已經失傳，但是它的內容大概是這樣。[27] 每一句敘述過去事實的句子都一定是正確的。舉例來說，「蘇格拉底的鼻子很塌」是不可改變的事實，我們不可能改變過去，或者讓一句敘述過去事實的句子變成錯誤的。穿越時空去做鼻子整形手術不算在內。「蘇格拉底的鼻子很塌」這句話現在是正確的，在當時也是正確的，無論何時都是正確的。我們從「在當時，蘇格拉底的鼻子很塌為真」，這個事實就可以證明「蘇格拉底的鼻子很塌」這句論述必定為真。

　　你可能會認為關於未來的論述就不是這樣了，未來不是必

然的，它與過去不同，是難以預料的，且仍然是開放、具有各種可能性的。所以「最後一任美國總統的鼻子很塌」可能會是正確的，也可能是錯誤的，這件事情尚未成為事實。對於一句關於未來事實的過去論述，我們該怎麼辦呢？想想以下這兩個句子：

- 在 1776 年，「最後一任美國總統的鼻子會是塌的」這句話是正確的。
- 在 1776 年，「最後一任美國總統的鼻子不會是塌的」這句話是正確的。

如果每一句「在當時……為真」的論述都表述了一個必然事實（就像蘇格拉底的例子那樣），那麼以上兩個句子之中有一句必然為真。要不就是「最後一任美國總統的鼻子會是塌的」，在過去是一個不可改變的事實，要不就是「最後一任美國總統的鼻子不會是塌的」，在過去是一個不可改變的事實。無論如何，最後一任美國總統的鼻子塌或不塌，最終都會成為必然的事實。因此，如果「最後一任美國總統的鼻子會是塌的」這句話為真，那麼它必然為真。反之，如果「最後一任美國總統的鼻子不會是塌的」這句話為真，那麼它必然為真。我們也許無法預知未來──無論最後一任美國總統的鼻子會是塌的、扁的、鷹勾鼻，甚至是像麥可・傑克森，對現在的我們來說都還是個謎，然而無論如何，已經有一個決定好的、肯定的未來在等著我們。如果狄奧多羅斯的理論是正確的話。

早期的基督教神學家考慮到神的全知，以及這對於神所擁

有的關於未來的知識代表著何種意義後，得出了一個類似的結論。6 世紀初期的羅馬哲學家波愛修斯（Boethius）在他的著作《哲學的慰藉》（*The Consolation of Philosophy*）第五冊當中討論了這個議題。波愛修斯出生在羅馬帝國末期，在蠻族入侵之下羅馬帝國分裂了，也許他對於神的預知的哲學確實帶來一些慰藉。他言簡意賅的表述是這樣的：

如果神可以看見未來會發生的所有事，且神不可能會搞錯，那麼神所預見的事就必然會發生。如果神打從一開始就知道未來將會發生什麼事，那麼不只是人的行動，就連人的想法及欲望都會被神知道，那就表示根本沒有所謂的自由意志了。沒有任何的想法或行動是永遠不會搞錯的神無法預知的。[28]

因為神是全知的，他必然知道關於過去、現在、未來的所有事實。因此，神必然知道你將會做的所有事情、你將會採取的所有舉動、你將會遭遇到的所有事情。

我們對未來的看法就和狄奧多羅斯·克羅諾斯一樣，未來的每一個細節都是精確且必然的。波愛修斯則是從不同的起點用他自己的理論得出相同的結論。要注意，與更早期有關命運的討論不同的是，波愛修斯並不認為神有任何計畫或意圖。神並沒有要做出任何行動，單純只是準確地知道你將會做什麼，光是這樣就足以證明未來的必然性了。那麼運氣的作用呢？波愛修斯追隨著亞里斯多德，認為沒有任何一件事情是真正的機率，沒有任何事情是隨機或毫無原因的。運氣只不過是「為了其他目的而做出的各種事情匯聚在一起，造成了讓人意外的結果」。2009年，金屬探測愛好者泰瑞·赫伯特（Terry Herbert）在斯塔福郡

（Staffordshire）的一塊農地裡搜索，竟發現一處盎格魯撒克遜人的寶藏，有將近 4 千件黃金製品，被埋藏了 12 個世紀。這是赫伯特運氣好，因為他並沒有預料到自己會找到這些寶藏。古物專家認為這些寶藏是在某個危急時刻被埋藏在那塊地裡的。同樣地，赫伯特會出現在那塊農地上也不是因為機率──他帶著金屬探測器刻意來到這裡，希望可以找到一些有用的東西。他們共同出現在這塊農地上，就是分別因為不同的理由而做出的事情匯聚在一起所造成的結果，並不是變幻莫測或毫無緣由的機率。但是從赫伯特的角度看來，找到斯塔福郡的寶藏是一件幸運的事，而不是什麼福圖納的一時興起。畢竟，神始終都知道赫伯特會一夜致富。

　　波愛修斯因為自己的理論暗示了神的全知，會對自由意志造成影響而感到苦惱。如果神必然知道你將會做的一切舉動，那麼你就不可能會做出任何超乎神所預料的舉動，你別無選擇。如果你做出任何超乎神所預料的舉動，那麼你就打破了神絕對的全知，這當然是不可能發生。因此，你對於自己將要做的事情別無選擇。然而如果你無法選擇自己要做的事，你就不是自由的。對於許多基督教神學家來說，這是一個嚴重的問題，因為他們認為，如果我們這輩子的行為都不是基於自己的自由選擇，那麼死後上帝就無法正確地審判我們。

　　不過，也並非所有人都為這個問題感到困擾。16 世紀法國新教改革家約翰·加爾文（John Calvin）接受了波愛修斯的結論，寫道：「如同《聖經》所教導我們的，天命是與運氣相反。」[29] 加爾文坦承這是「所有時代普遍存在的錯誤看法，我們的時代

幾乎四海共通的看法，亦即所有事情都是偶然發生。」他列出某些通常會被人們形容為好運或厄運的事物，例如千鈞一髮之際逃離死亡，或是被強盜打劫，並表示這些事情的背後都是來自神的密旨。他表示真正的天命不僅僅是被遮蔽了，而且被人們對運氣的崇拜給掩埋了。他說：「人類無法干預運氣及機率，一般被稱為運氣的，也是被神的密旨所控制著，而我們所稱為機率的，也有著祕密的原因和理由。」[30] 根本沒有所謂的運氣，因為神是滴水不漏的。

　　神的預知這一學說引伸出某些非常可怕的宗教理論。舉例來說，美國殖民時期神學家約拿單・愛德華茲（Jonathan Edwards）認為，所有事實都是必然的，而且神是全知的，神也知道你未來可能想要做或者即將做出的每一個舉動。[31] 顯然這件事情讓神對我們感到非常憤怒。以下節錄自愛德華茲令人高興的布道〈落在忿怒之神手中的罪人〉（Sinners in the Hands of an Angry God）：「屬肉體的人，是被握在神的手中，臨到地獄的坑上。他們該當下火坑，並且已被判定下火坑。他們激動了神的忿怒，神對他們發怒，正如對那些正在地獄裡受苦的人發怒一樣，（略）魔鬼正在等候他們，地獄正在向他們張口，吐出火焰來圍繞他們，燒滅他們，吞噬他們。（略）那暫時保全他們的，只是那受了冒犯之神的自決旨意與忍耐，而那忍耐卻是不為任何約定或義務所約束。」[32]

　　諷刺的是，加爾文和愛德華茲讓我們轉了一圈又回到原點。宿命論本來是應該強調一切事物的發生都是必然，沒有所謂運氣的存在，藉此奪去福圖納的力量，但現在這樣看來她似乎又

再度占了上風。某些加爾文的追隨者被諷刺為「硬梆梆的被揀選
者」（frozen chosen），有時候古老的神會挑選一些人讓他們死
後上天堂，但是早在那些人做出任何舉動或甚至存在以前，這個
選擇就已經做好了，所以跟功過無關。同樣地，愛德華茲雖然認
為所有人都應該下地獄，但他也不認為我們全部都會下地獄，在
另一篇布道當中他寫道：「當榮耀的聖人看見罪人悲哀的狀態，
此等光景將大大提升他們自己的幸福感……當他們看見自己同類
是多麼地悲慘……當他們看見他人被折磨的煙霧，他人被火燒的
烈焰，聽聞他們痛苦嘶喊與哭叫，想到自己此際正處於極樂狀
態，而且必定將永恆處在這種狀態；他們將是如何地喜悅啊！」[33]

　　那麼聖人和罪人到底有什麼差別呢？對愛德華茲來說，被
拯救的人跟被折磨的人應該遭受一樣的慘劇，只不過神至高無上
的恩典讓他們飛升至天堂。神恣意武斷隨興地選擇某些人加入他
的天堂宴會（還帶著一點幸災樂禍），並讓其他人墜入地獄。有
些人很幸運，神施予他們恩惠，剩下的則很不幸，但無論如何，
天命只不過是福圖納套上一層新的偽裝。

運氣與賭博

　　運氣與命運交織在一起的程度令人驚訝，不只是宿命論以
及神的預知，就連賭博也是，利用機率來探索非隨機、已決定好
的命運，是存在已久的傳統。在賭博的歷史上一直都能看見堤喀
與命運三女神這詭異的勾結。經過研磨及拋光後的距骨（羊、羚
羊、鹿，或類似動物的腳踝處的骨頭）是現代骰子的前身，從法

國到印度都有在古代遺跡當中找到許多。它們被認為是巫師用來預測未來的工具。埃及的古代遺跡中有找到現代這種兩個相對的面總和為七的骰子。雙陸棋（backgammon）或烏爾王族遊戲（Royal Game of Ur）這類擲骰子遊戲，可追溯到至少 5 千年前。[34] 就連神都會賭博，只為了更大的利益。宙斯、波賽頓、黑帝斯抽籤決定如何分配宇宙，宙斯抽到天空，波賽頓抽到海洋，黑帝斯抽到冥界。

用於占卜的骰子前身（例如距骨）後來似乎都被拿來作為娛樂目的，用骰子來玩遊戲，然而塔羅牌卻是相反。手繪或者版畫印刷的卡牌最初是在中世紀早期由中國發明，然後經由絲路貿易或者蒙古出征傳播到波斯、埃及，最終到達歐洲。當時幾乎或者完全沒有標準化，有許多不同類型的卡牌同時在使用。塔羅牌可以追溯到 15 世紀初，最初就只是一種卡牌遊戲之一。到了 18 世紀，塔羅牌被聯想到古埃及與煉金術象徵符號，而蒙上神祕色彩。[35] 世界上最著名的情聖之一賈科莫・卡薩諾瓦（Giacomo Casanova）也曾在他的日記裡寫道，他的俄羅斯情婦沉迷於使用卡牌來預測未來，並且備註這是他決定和她分手的理由之一（當然，也因為她「極度愛吃醋」，畢竟他有許多其他對象）。[36]

多瑪斯・阿奎那（Thomas Aquinas）是中世紀最偉大的神學家，他運用自己海量的知識來檢視賭博在基督徒生活當中的角色及地位。在他的著作《論抽籤》（On Lots）之中，他認為賭博並不僅僅是娛樂消遣，人們還會利用抽籤來找出僅靠自己的智慧無法找到的答案。阿奎那將抽籤的用途區分為分配、諮詢、占卜。[37] 分配的作用就是平息紛爭，或讓爭議雙方取得共識。《民數記》

26:52–56 中，耶和華吩咐使用抽籤的方式來分配以色列的土地。土地一定要透過某種方式來分配，而要公平地分配好處，隨機的選擇就是一個很合理的方式。同樣地，《四福音書》都表示，羅馬士兵使用抽籤的方式來瓜分耶穌的衣服。抽籤可以確保每個人都拿到公平的一份。近代在足球比賽我們會用丟硬幣的方式來決定誰可以開球，或在撲克牌遊戲中用抽牌的方式來決定誰做莊家。先開球或者先做莊家其實沒有特別的好處，但必須要有一個毫無偏頗的方式來開啟比賽。

　　抽籤的諮詢功能就是用來決定誰可以獲得榮耀、好處，決定誰要被懲罰或負責做危險的事。阿奎那提醒我們，在《聖經》當中掃羅王是由抽籤的方式被選為王的。而在《約拿書》當中，約拿所乘坐的船快要因暴風雨而翻覆時，水手們抽籤來決定遭遇這場暴風雨是誰的錯，而約拿被抽到了。他們用運氣來挑選代罪羔羊——約拿被抽中了，他被丟進波濤洶湧的海中，船上的水手們危機解除。更加近代的例子是，有一位軍隊的長官讓部隊用抽籤來決定誰要進入危險的隧道。不是每個人都可以進入隧道，這份工作也無法平均分配，但是總要有人去做這件事，看起來隨機挑選是最公平的，於是就借助運氣來決定行動方案。

　　抽籤的占卜用途是最引起爭議的，也就是藉由求籤來查明未來或是神的意志。試圖透過鳥占、預兆、凶兆等來窺探我們命中注定的結局，這樣的行為比歷史本身還要更早出現。一個有名的例子是當凱撒（Julius Caesar）帶領著羅馬第十三雙子軍團往南前進，到達盧比孔河的時候。當時凱撒是北方一個行省的總督，過了盧比孔河就是羅馬的領地，羅馬的法律規定禁止作為軍

隊指揮官帶著軍隊進入羅馬，而是應該先解散軍隊，以和平的市民身分進入羅馬。凱撒無法決定到底要解散軍隊，還是要帶著軍團跨越盧比孔河、發起內戰，因此他擲了骰子來決定自己的命運。越過盧比孔河之後，凱撒說出了那句知名的「骰子已經擲下」（Alea iacta est）。之後凱撒在內戰中獲勝，取得終身獨裁官的身分，並創造一個轉捩點，讓羅馬開始逐漸從共和走向帝國。

　　即使是在凱撒那個年代，求籤卜卦也會遭到嚴厲的批評。與他同時代的羅馬政治家兼雄辯家馬庫斯・圖利烏斯・西塞羅（Marcus Tullius Cicero）在《論占卜》（On Divination）中寫道：「求籤？簡直就像是猜拳、擲骰子或是擲距骨一樣，輕率及運氣勝過深思熟慮的判斷。求籤占卜這種事是出於詐騙斂財，或者是為了唆使迷信與犯錯。」[38] 西塞羅的批判未能阻止人們想要藉由運氣來窺探天意。1737 年，循道宗創始人約翰・衛斯理（John Wesley）考慮是否要結婚時，是用求籤的方式決定的。當他發現沒抽到結婚時，並沒有感到難過痛苦，而是開心地說：「願上帝的旨意成就。」[39] 他繼續保持單身並不是因為運氣不好，而是命運。

　　人類對於運氣的掌握及理解一直都沒有很大的進步，直到文藝復興時代以及機率論的發展。賭博直接促成了機率論的發展──如果要說有誰最想征服運氣，那一定就是賭徒了。16 世紀初，吉羅拉莫・卡爾達諾（Gerolamo Cardano）在義大利帕維亞就讀醫學院。如同大多數的學生，他並不富裕，但他發現自己在賭博方面天賦異稟，並且很快就贏得足夠的錢供自己上學[40]。卡爾達諾決定要把自己的賭博知識寫下來，造就了史上第一本關於機率的書籍《賭博遊戲之書》（Liber de Ludo Aleae），書中討論

了卡牌、骰子、雙陸棋，以及其他遊戲。在卡爾達諾那個年代，數學還很原始，「等於」符號還沒被發明出來，加號和減號也還十分新穎，但卡爾達諾還是願意冒險一試。就像諺語說的：「在盲人的國度，獨眼龍也能稱王」，等到卡爾達諾去世之後過了很久，《賭博遊戲之書》才被出版。卡爾達諾不希望賭場上的競爭對手知道他的祕密。

就連那個時代最偉大的科學家伽利略，也必須解決賭博問題。他是被他的贊助人托斯卡尼大公（Grand Duke of Tuscany）強迫的，托斯卡尼大公非常沉迷於賭桌。在當時，擲三顆骰子的遊戲十分流行，托斯卡尼大公實在玩太多次了，他注意到某些數字出現的頻率有些微的差異。他特別注意到比起三顆骰子總和是10的情況，總和是9的情況更常出現，這讓他十分困惑。骰子的每一個面出現的機率都是一樣的，然後有六種情況會造成三個骰子的總和是9：（621）、（531）、（522）、（441）、（432）、（333）；有六種情況會造成三個骰子的總和是10：（631）、（622）、（541）、（532）、（442）、（433）。

那為什麼10會更常出現呢？伽利略忙著破解宇宙的謎題，並不想花時間解決某個人無足輕重的賭博問題，但他還是很盡職地回答了，他寫道：「現在，為了服從他命令我提出對這個問題的任何解答，我將闡述我的想法。」[41]伽利略的答案是，並不是所有組合的出線機率都是相同的。舉例來說，（631）出現的機率是（333）的六倍。只有一種情況會出現（333），那就是第一顆骰子是3，第二顆骰子是3，第三顆骰子也是3。但如果是（631）的話，可以是（136）、（163）、（316）、（361）、

（613），或者（631）。三顆骰子有 27 種方式可以骰出 10，但是只有 25 種方式可以骰出 9。伽利略的結論是，骰出 10 的機率是骰出 9 的 27/25 倍，或者大約 1.08 倍。[42]10 出現的機率比 9 高，並不是因為福圖納有什麼莫名其妙的偏好，只不過是數學罷了。

　　1654 年，法國有一名說書人兼重度賭徒安托萬・貢博（Antoine Gombaud），迪默勒（Chevalier de Méré）是他更加廣為人知的名稱。長久以來有個問題讓他很困擾，那是一道更加困難的謎題，被稱為「點數分配問題」。問題是這樣的：假設有兩位玩家，能力和機會都是相同的，以固定賭金玩一種公平的遊戲，但在遊戲分出最終勝負之前就被迫中止遊戲，那麼該如何分配賭金才是最公平的？舉例來說，如果兩個能力相當的網球選手賭 100 元打一盤三局兩勝的比賽，比數是 7–5、1–2，然後就因下雨而中止了，那麼他們該如何分這 100 元呢？或者假如有兩個人打賭猜 5 次丟硬幣的結果，其中一人猜中兩次，另一個人猜中一次，遊戲就被迫停止了，那麼應該怎麼分賭金呢？看來任何一種適當的解決方案都必須要想辦法窺探未來，看看選手們之後的表現會是如何。此外，若要讓人完全接受，這個答案必須可以廣泛應用於所有的遊戲或比賽，無論是骰子、撲克牌還是任何一種，以及所有的時間長度。

　　迪默勒對自己的分析能力感到非常自豪，自豪到引來博學家哥特佛萊德・萊布尼茲（Gottfried Leibniz）這種真正的天才的嘲笑。[43] 儘管如此，他還是擁有足夠的智慧將這道難題拿給他聰明的朋友們。他將這道「點數分配問題」拿給數學名家皮耶・德・費馬（Pierre de Fermat）及布萊茲・帕斯卡（Blaise

Pascal），問他們能不能想出這個問題該怎麼解決。帕斯卡年輕的時候就繼承一筆錢，本身也很喜歡賭博，所以就欣然接下這個任務。之後費馬和帕斯卡開始通信，他們不只是解決了點數分配問題，還發展出「期望值」這個概念，並且為機率論打下基礎。如果我們沒辦法得知確切的未來，至少有工具可以推測什麼事情更有可能發生。

數學家們認為他們已經拉開了《綠野仙蹤》（*The Wizard of Oz*）裡的簾幕，揭發了福圖納強大又邪惡的力量，只不過是個矮小的男人在操控著拉桿和旋鈕。法國貴族皮埃爾・雷蒙・德蒙莫爾（Pierre Rémond de Montmort）在太陽王路易十四統治時期對機率論有許多貢獻，他在《賭博分析》（*Analytical Essay on Games of Chance*）中寫道：「〔大多數人〕認為有必須安撫這種被稱為幸運的盲目天意，好讓她按照他們想像的規則來優待他們。所以我認為如果能知道機率是有我們可以去探索的規則的話，這會很有用，不只是對賭徒很有用，也對全人類有用……」[44]

如果就像伽利略說的，數學就是撰寫世界這本書時所使用的語言，那麼機率論就是撰寫福圖納的日記時所使用的語言。

早在 18 世紀，數學家就認為他們已經擁有權力可以宣稱自己是運氣征服者了。1718 年，法國數學家亞伯拉罕・棣莫弗（Abraham de Moivre）出版第一本機率論教科書《機會論》（*The Doctrine of Chances: or, a Method for Calculating the Probabilities of Events in Play*）。他在此書中表示：「如果我們說一個人運氣很好，意思是他玩遊戲時通常會贏，這樣的表達是可以接受的、適當的簡短說法。但如果要將『運氣好』理解成一種特定的顯著特

色，那麼這個幸運的人應該每一次玩遊戲都要贏，或者至少贏的次數要比輸的次數多，這樣一來可能沒有人會接受大自然當中有這樣的事情。」[45]

在《厄爾神話》之中，我們看到與運氣、命運、選擇有關的這些概念交織成一張錯綜複雜的網。自那時起將近 2500 年，思想家用上各種工具，試圖將那些概念拆解開來，並想方設法去了解它們在我們的人生中扮演著什麼角色。我們尋求神的幫助，使用幸運符和辟邪物，並大聲說出斯多噶主義的自我滿足。現在我們可以說，現代數學家及科學家認為運氣完全可以用機率論來解決。當然，這是一項得來不易的偉大成就，在賭博等小領域裡，這也是解開機率祕密的鑰匙。

然而，還有許多謎題尚未解開，本書後面的內容將會詳細地解讀它們，現在先來預告一下接下來會有什麼精彩內容。如果像狄奧多羅斯・克羅諾斯或波愛修斯等宿命論者是對的，那麼每一件發生的事情，它發生的機率都是 100％。一切都是確定的，那不就是說，不可能有任何事情是與運氣有關的？或者如果有一位很富有的守財奴，他死後竟然把自己所有的財產都送給慈善機構，你可能會認為這個慈善機構很幸運，可以獲得這樣一筆遺產，但是以守財奴的角度來說，這不是運氣，他一直以來都明白自己的想法。這到底是不是運氣呢？或者，如果說，在一個一切都已注定好的世界，我們其實應該用機率來測量人類的期望，而不是一件事情發生的客觀概率，那麼我們該如何看待那些永遠都預期自己會中樂透的樂觀者？如果他命中注定要中樂透，而且也一直都預期自己會中樂透，那麼我們就不能說他中樂透是一件不

太可能發生的事了。

許多機率很高的事情被視為是幸運的，有些機率很小的事情卻不是。舉例來說，如果你有膽量玩俄羅斯輪盤的話，你獲勝的機率是很高的——你有 80％的機率會贏。然而當你扣動扳機，裡面沒有子彈，你還是會謝天謝地自己毫髮無傷。或者想像一下有塊岩石被雷電擊碎，這顆特定的岩石被雷電擊中的機率是很小的，但我們就不會認為這是運氣不好。誰的運氣不好？那塊岩石嗎？

再說，數學的機率似乎無法用來解釋我們在拉刻西斯的抽籤裡看見的那種運氣，看起來我們所居住的環境，或者我們成為了怎樣的人，大多都是由運氣決定的。我們出生的環境，我們在世上所受的痛苦——我們該如何決定事前機率、計算問題呢？也許我們命好或命不好，也許我們運好或運不好，這兩者之間有著很大的不同。奧古斯都命好，他的母親是凱撒的外甥女，又被他收養作為繼承人，但這與運氣無關，當然也不是不可能的事。

運氣與技能之間的相互影響也仍然是個謎。運動競賽、找工作、找到真愛等等，在這些事情上，我們的成功或失敗有多少是因為運氣，有多少是因為天分、努力、技能？機率的計算並沒有為我們提供明顯的解答，儘管它看似可以解答。即使是骰子或撲克牌的賭博（機率論就是為了解決賭博問題才被創造出來的）也有一部分是運氣，一部分是玩家的才能，該怎麼分析每位玩家分別付出了多少貢獻才造成這個結果？運氣、機率、命運、技能的碎片拼貼成我們人生的馬賽克藝術，即使付出令人敬佩的大量努力、試圖對抗福圖納，還是必須要判斷運氣的性質。

第二章

LUCK AND SKILL

運氣和實力

「沒有一個勝利者相信機遇。」
──尼采（Friedrich Nietzsche），《快樂的科學》§258 (1882)

    18 世紀克羅埃西亞博學家魯傑爾·博斯科維奇（Ruer Boškovi）認為，人們覺得「有些事本身是真正幸運」是一個嚴重錯誤；他說「因為凡事均有其明確的自然原因、由此發生的原因，因此，一些事情被我們稱為幸運，只因為我們不知道決定它

們存在的原因。」[1] 就像更早之前的德蒙莫爾（Montmort）和棣莫弗（de Moivre）一樣，博斯科維奇也很確信「幸運的事件」只不過是我們無知的沼澤中的路標，現代科學正在試著一點一滴地抽乾這座沼澤。

　　博斯科維奇受了牛頓物理定律很大的影響，該定律讓人們得以解釋並預測各種現象。為何車子在乾燥的路面會前進，在結冰的路面卻會打滑？牛頓第三定律給了我們答案：當一個物體對另一個物體施加了力，那麼後者也會同時對前者施加大小相同、方向相反的力。這就是為何車子可以前進——車子對道路施加了力，而道路也會用同等的力推回去。某方面來說，輪胎將道路往後推，而道路則將車子往前推。結冰的路面沒有足夠的摩擦力，讓車子無法產生在作用時所需要的動力，所以輪胎就打滑了，車子無法前進。

　　牛頓力學不只能夠舉出如此貼近生活的例子，還可以延伸到天體。行星圍繞著太陽運動的軌跡都是穩定、可預測的，但是為什麼呢？行星的軌道是一種二體問題——判斷兩個只對彼此作用的物體的固定運動軌跡。古典力學也能解答這個問題。牛頓第一定律告訴我們，除非施加外力，否則一個物體會永遠保持靜止狀態，或者永遠保持等速直線運動狀態。所以想像一下，你手中握著一條線，線的另一端繫著一顆高爾夫球，你握著它轉圈，當你把線放開，高爾夫球會直線飛出去，而不是持續轉圈。當你握著線，就限制了高爾夫球的運動——它基本上會儘量保持直線。太陽的引力也是以同樣的方式限制了地球的運動軌跡（地球及其他行星的引力相對之下可以忽略不計）。地球不會呈直線飛越宇

宙，因為太陽的引力抓住了地球，就像高爾夫球上的線一樣。在知道牛頓的理論以前，你可能會認為在冰上打滑只不過是運氣差而已，或者地球穩定地在軌道上運轉是運氣好，但博斯科維奇認為那是因為「我們不知道決定它們存在的原因」。然而只要理解那些力學上的原因與定律，我們對運氣的信仰就會煙消雲散。[2]

　　這種樂觀的想法會有一個問題，與非線性系統有關。舉例來說，牛頓力學可以完美地解釋行星軌跡等二體問題，但卻完全無法面對三體問題。如果有三個彼此作用的物體，例如三合星系統，或者一顆鐵製的擺錘懸掛在 3 顆排列成三角形的磁鐵上方，你可能會以為稍微努力一下就可以研究出它們運行的模式及規律，事實上在某些特殊的例子之下是行得通的，但是並沒有通用的公式可用來預測三體問題之中物體未來所處的位置。如果你對擺錘施力，擺錘並不會安定下來，進入任何可預測的運動結構，它會在磁鐵 A 和磁鐵 B 之間來回擺盪，然後換到磁鐵 B 與磁鐵 C 之間，最後再跳回去磁鐵 A。[3] 三體問題並不是跟二體問題差不多，只是稍微複雜一點而已；它複雜到沒有人能找出通用解答，未來找出解答的可能性也微乎其微。更不用說，如果是三以上的多體問題，事情就會更棘手了。

　　這片沼澤是一團混亂。站在 2425 英尺（739 公尺）高的優勝美地瀑布（Yosemite Falls）頂端，將乒乓球丟下去。丟 10 顆不同顏色的乒乓球，盡可能地從同一個地方丟下去。即使它們從同一個地方落下，也不會出現在同樣的地方。它們最終出現的地點會分散得非常遠，而且也沒有任何方法能預測出它們的最終地點。從頂端沖下來的每一束水流也都像乒乓球一樣，互相影響、

融合、碰撞、碰到岩石而減速、因重力而加速、混入空氣、被風吹動，這些不同顏色的小球滾動著流向最終地點的過程中，每一個瞬間都有十億個節點在互動。同樣地，兩個天氣模型，只要初始變數有一個極為細小的差異，就會造成截然不同的天氣預報。股市、魚群，以及其他許多動態系統的預測也都是這樣。證券交易員持續不斷的互動，或者水生環境不斷改變的狀態，會一直不停地重設系統的初始狀態，真正的初始狀態已經不可能復原了，就像要尋找非常大的數字的所有質因數一樣。就連攪散的牛奶在咖啡中所呈現的圖案這麼不起眼的事物也都是獨一無二，無法找出模型。

殺死拉普拉斯惡魔

　　然而仍然有人認為無論是多麼混亂、多麼難以預測的事物，其實也都還是早已確定，不是機率或運氣的結果。1814年，法國科學家皮耶—西蒙・拉普拉斯（Pierre-Simon Laplace）寫了著名的以下內容：「我們可以把宇宙現在的狀態視為其過去的果以及未來的因。假如一種智能知道在某一時刻所有促使自然運動的力和所有組構自然的物體的位置，並且也能夠對這些數據進行分析，則在宇宙裡，從最大的物體到最小的粒子，它們的運動都包含在一條簡單公式裡。對它來說，沒有任何事物會是不確定的，並且未來和過去都呈現在它眼前。」[4]

　　我們只需要一張宇宙的快照，裡面包含極致的細節，讓我們可以得知每一顆粒子的位置及動量，這樣原則上我們就可以搞

懂整個宇宙以及宇宙中一切事物的過去及未來。好吧，也許我們不可能搞懂（混亂的相互作用之間的細節已經超越我們渺小的類人猿腦袋所能理解），但是某個龐大的智能存在就可以——可能是未來的超級電腦，具備所有關於自然以及力的法則的相關知識。至少那是拉普拉斯的夢想。

然而，拉普拉斯惡魔（Laplace's Demon，這個假想的超智能通常被這樣稱呼）實際上不可能存在。意思是說，這樣的存在不符合自然法則。若要恰當地說明，必須考慮可計算性的實際限制。在試圖對付宇宙中最龐大的物體及最微小的原子之前，我們先來看看較為不起眼的事物，例如棋盤遊戲。電腦能否完美預測出西洋棋、圍棋等遊戲的結果？換句話說，這些遊戲是否有解答？有些遊戲有。圈圈叉叉就有解答，它總共只有 26830 種可能的情況，也可以證明每一場遊戲都能導向平手的結果。西洋棋則是超乎想像地更加複雜，它可能出現的所有情況的總數（它的博弈樹複雜度）是 10^{123}。作為對比，可觀測的宇宙中有大約 10^{80} 個原子。圍棋則讓西洋棋顯得十分單純。如果我們假設一塊 19×19 的圍棋棋盤，一場比賽平均步數是二百步，那麼就有 10^{768} 種可能的情況。圍棋最久有可能玩到 10^{48} 步（也許是兩個傻子持續做出愚蠢的決定），這樣一場遊戲可能出現的情況就多達驚人的 $(10^{10})^{171}$ 種。與整個宇宙的大小和一顆原子的大小差距相比，圍棋跟西洋棋可能出現的結果的數量差距可大得多了。[5]

有任何物質存在可以解答圍棋嗎？換個方式問這個問題，可以探討我們所能想像到的最強而有力的電腦需要什麼規格。其實我們可以用任何東西來製作電腦，包含 Tinkertoy 組合玩具

[6] ──重點就是要使用能量來讓某個東西從零翻轉到一，也就是最基礎的邏輯運算。我們日常生活中的電腦是在電晶體上進行這件事，但是也可以用改變次原子粒子狀態的方式來做，比如將核自旋的方向反轉。一個物理系統當中，每一秒能進行的基礎邏輯運算次數是受限於這個物理系統的能量，可以紀錄下來的總資訊量則是受限於這個物理系統的最大「熵」。[7] 這整個宇宙就是一個物理系統。最強大的電腦擁有宇宙能給予的一切；實際上，那就是宇宙本身。所以它可以做到什麼程度呢？假設沒有任何一個東西可以運算得比普朗克時間還要更快（普朗克時間是一個極短的時間單位，在這之內引力的作用和量子力學的作用差不多相同），麻省理工學院物理學家塞斯・勞埃德（Seth Lloyd）估算出宇宙從大爆炸開始，運用所有的訊息位元，可以進行 10^{120} 次的基礎邏輯運算。針對熵進行更深入的運算，在這個宇宙裡大約有 10^{90} 至 10^{120} 個訊息位元（假設重力場可以提供熵）。[8] 物理上可能達成的最厲害的電腦頂多只能從時間的起點開始，在 10^{120} 個訊息位元上進行 10^{120} 次運算。

　　也許這個終級電腦可以用很厲害的演算法解決圍棋問題，篩出某些明顯會輸的路徑或是和其他路徑相似的路徑。事實上，Google DeepMind 的 AlphaGo 就可以做到類似的事情，而且它已經戰勝了所有的人類玩家。超級電腦可以用暴力法解決圍棋問題嗎？如果要這樣做的話，它必須考慮每一場可能的棋局，並研發出最佳走法反應路線圖，有點像看著整個北美的路線圖來規劃一趟前往休士頓的旅程，雖然效率不佳，但也是有效的。假設考慮一場棋局算是一次基礎運算，這表示要運算 $(10^{10})^{171}$ 次，這比

整個宇宙可以做的運算要來得多太多了。在宇宙學當中,宇宙到底還會繼續存在多久是一個開放性的問題,而且要找到答案還得先弄清楚一些事情,比如暗能量導致宇宙加速膨脹。但是目前看來,在世界末日到來之前宇宙並沒有足夠的時間進行(10^{10})[171]次運算。

　　人們通常會藉由量子世界的隨機性這個本質來否定拉普拉斯。這種定論是錯的,因為在原子尺度的世界裡,基本上所有事件都是機率,例如放射性衰變,氪— 85 在接下來的 10.73 年內有 50％的機率會衰變為「銣」。但是這種快速的否決方式遺漏了最重要的一點——即使我們忽略量子不確定性,並且處於一個完全確定性的世界,忽略三體問題、瀑布、在咖啡中攪散的牛奶這些複雜的東西,拉普拉斯的夢想也是不可能實現。整個宇宙連圍棋這種受到規則限制的棋盤遊戲都不能用暴力法解決,除非我們有什麼超自然的方法,否則未來的事件都是無法預測。未來的事件也許不一定是完全隨機,但基本上都是無法預知、不可知,因此是非常不確定。

　　機率理論的發明者和啟蒙時代科學家很開心地宣稱福圖納已死,雖然(借用尼采所說的)因為人類的天性,我們還是會無意識地將自身的經驗視為幸運或不幸,而福圖納的幽魂就體現在這裡,所以我們也必須擊敗她的幽魂才行。現代數學家和機率專家認為他們已經消滅了運氣,當我們越擅長內化均值回歸、越能掌握大數字的規律、越懂得避免賭徒的謬誤推理,就能將運氣的勢力範圍縮得越小。[9]「運氣」不過是我們無知的根據地,如同富蘭克林的簡易風箏貶低宙斯的強大閃電,機率也將擊倒福

圖納。

　　然而，用機率來分析運氣並不會因此消滅運氣，這樣的態度現在看來顯得過度傲慢。博斯科維奇說我們之所以會將某件事情視為運氣，只不過是因為不了解它如何發生，也許他是對的，但他的觀點也無法消除運氣在完全不可能預測未來的這個混亂世界裡的存在。與其認為機率理論可以消滅運氣，不如將它視為一種運氣的理論還比較有道理。也就是說，運氣是一個完全真實的現象，不過我們要用機率來了解它，用機率的公理與定理來計算運氣。雖然這本書之後會主張運氣並不是真實的，但這個概念並沒有像數學家想的一樣那麼容易反駁。想要安全地做出懷疑運氣的結論，需要更加漫長的道路。

運氣的機率理論

　　大多數發生在我們身上的事情都是不可能發生，但是其中只有少數是關乎運氣。你早上起床，穿上一件粉紅色襯衫，這是一個很不尋常的選擇，因為你通常比較喜歡藍色或黑色。你泡了一杯茶，你通常不喝茶，但現在咖啡剛好沒了。然後你把幾片德國黑麥麵包放到烤麵包機裡面，並且想著全世界有那麼多早餐可以選擇，從亞洲的粥到蘇格蘭肉餡羊肚，德國黑麥麵包是一個不太可能的選項。即使只能從你家廚房現有的食物裡去選，也有優格、穀片、蛋，或甚至是鬆餅，你很有可能會選這些。德國黑麥麵包的可能性實在不高。吃完早餐後你走出門，外頭天氣又涼又下著毛毛雨。天氣預報說會出太陽、氣溫會更高，降雨機率很

低。你上了車，開上高速公路去上班，要下高速公路時，你注意到前面有一輛藍色的 2007 年份速霸陸 Legacy。這一輛車排在你前面的機率很小，但是在數百萬種汽車顏色、廠牌、型號、年份的排列組合之中，一輛藍色的 2007 年份速霸陸 Legacy 排在了你的前面。經過甜甜圈 Dunkin Donuts 得來速，你發現幾乎沒有人，這讓你非常驚訝，因為這是個生意很好的地方，車子通常都會排到路上。但是你沒有停下來，還是繼續開去上班。到了停車場，你發現有一個空位離你的大樓很近，這很稀奇，於是你趕緊過去停在那裡。

這段小短文充滿了不太可能發生的事，你的襯衫顏色、早餐選擇、天氣、路上遇到的車子、Dunkin Donuts 的客人，甚至是辦公室的停車場。至少我們假設是這樣。但是，我們在討論可能與否的時候，預設的比較對象背景是什麼？舉例來說，你早餐吃德國黑麥麵包真的是一件不太可能發生的事情嗎？如果比較的對象是「世界上所有的早餐」，那麼德國黑麥麵包從這片廣闊的可能性當中脫穎而出確實是一件機率很低的事。如果比較的對象是「你家廚房裡所有的早餐」，這個範圍小了很多，裡面不包含肉餡羊肚或是粥，那麼德國黑麥麵包的可能性就更高了。也許這仍然是一種錯誤的思路。也許我們應該用你今天早上真正想要吃的早餐，來考慮你吃德國黑麥麵包的機率有多高。換句話說，正確的參考範圍應該是「你的廚房裡可以作為早餐的食物中你最想要吃的」，如此一來德國黑麥麵包就很有可能成為你的選擇了。

那麼正確的思路到底是什麼？有所謂正確的思路嗎？在機率論的研究當中，這叫做參考群體問題（reference class），之後

我們很快會再提到。就算把參考範圍問題拋到一邊，與運氣有關的也一定不只是機率。雖然你穿上粉紅色襯衫的機率不大，但這件事情跟運氣無關，首先是你決定要穿上去的。或者生意這麼好的 Dunkin Donuts 客人很少，也許從機率上來看這很讓人驚訝，但是你本來就沒有打算要去買，所以這件事情對你來說有幸運或不幸之分嗎？比起找到一個離辦公室很近、很方便的停車位，Dunkin Donuts 一定更加與運氣無關，兩者的差別是在於那個停車位對你來說是重要的，但 Dunkin Donuts 有沒有排隊卻不重要。機率無法用來說明關於運氣的一切。大多數可能或不可能發生的事情都跟運氣無關，就像上面那篇小短文。如果你擲硬幣，連續 5 次都擲到人頭，這個機率確實很低（連續 5 次擲到人頭的機率大約是 3/100），但是這並不代表你是幸運的，除非這件事在某方面會影響到你。如果你跟人打賭，那就不一樣了，連續 5 次擲到人頭是幸運的（如果你賭人頭）或者不幸的（如果你賭數字），不然這件事跟運氣就是完全無關。加入重要性這個門檻，讓我們可以將運氣與事件連結起來。否則，到底有誰是幸運或者不幸的？簡單來說，考慮某個不太可能發生，但沒有重要性的事件：假設一道閃電將某些大氣中的氧氣（O_2）變成了臭氧（O_3），這件事看起來跟運氣一點關係也沒有，空氣根本不會在意這回事。這道閃電也許不大可能發生，但是這無關運氣。所以除了一件事情發生的機率很小以外，運氣（無論好運或厄運）的另一個必要條件就是這件事必須在某方面是有意義的。

　　為什麼必須給運氣加上重要性這個條件，另一個目的是要知道此事是否有讓某人受到好運或厄運的影響。光是知道一件事

情與機率有關，或是知道一件與機率有關的事情影響了某一個人，這還不夠，我們還必須知道這件事情對那個人產生了好的影響還是壞的影響。如果愛洛伊斯和阿伯拉爾在玩 21 點，愛洛伊斯拿到黑傑克，這個可能性非常小（大約只有 0.5%），這對愛洛伊斯來說當然很重要，但是這對阿伯拉爾來說也是很重要，只不過是相反意義的重要。必須確定發生機率極低的黑傑克對愛洛伊斯和阿伯拉爾來說都是重要的，還要確定這對她有正面影響、對他則是負面影響，才能分出誰是幸運的、誰是不幸的。

　　運氣必須具有重要性的第三個理由是，如果沒有這個條件，我們就無法精確地說明幸運的程度。舉例來說，假設尚保羅和西夢都買了樂透。尚保羅買的樂透中獎機率是一千萬分之一，西夢買的也是，但兩人買的樂透唯一差別就是尚保羅買的樂透頭獎只有 10 塊錢，西夢買的樂透頭獎卻有 100 萬。如果尚保羅中獎了，那他是幸運的沒錯，但如果西夢中獎了，她就是比尚保羅更加幸運得多很多。這件事情不能光用機率來解釋，兩人買的樂透中獎機率是一樣的，差別是 100 萬頭獎遠比區區 10 塊錢要來得有意義多了。

　　這個重要性條件是有程度差別的，還是只是一個門檻的概念？如果是門檻概念的話，發生機率一樣低的事件對某個人的重要性只要超過這個門檻，就都是一樣幸運的，低於這個門檻，就都是與運氣無關的事。舉例來說，如果尚保羅和西夢都很貧窮，僅能買得起一包菸，那麼只要中了超過 5 塊錢的獎，對他們來說都是有意義的。所以當尚保羅買中獎機率一千萬分之一的樂透，中了 10 塊，西夢買中獎機率一千萬分之一的樂透，中了 100 萬，

他們是同等幸運的——他們都在同樣的機率之下獲勝，且得到的獎金都有達到有意義的標準。但是想當然，這樣的說法是很荒謬的，他們並不是同等幸運，準確的原因就是中了100萬的意義實在比中了10塊錢要來得重大多了，即使我們會認同無論中了多少錢都是值得的。所以重要性條件必須具有可變性，就像機率一樣。[10]

匹茲堡大學哲學家尼可拉斯・雷謝爾（Nicholas Rescher）寫道：「運氣……與三件事有關，（1）一位受惠者或受害者，（2）事情的發展從受到影響的人的觀點或利益來看，是有益的（正面的）或有害的（負面的），更重要的是，（3）是意外的（出乎意料、偶然發生、無法預測）。」[11]雷謝爾發現，一個幸運事件的重要性和它發生的機率是成反比。一件比較不可能發生，但有重大意義的事情（例如工作面試在最後一關的四個人之中你被錄取了）是幸運的，只是幸運程度不如一件非常不可能發生，但有同樣重大意義的事情。一件不太可能發生，但不怎麼具有重大意義的事情和幸運較無關連（例如臨時起意去曼哈頓玩，找到一個很棒的停車位），一件不太可能發生，但同時具有重大意義的事情就幸運很多（例如在曼哈頓要看一場演出，已經快要趕不及了，這時候找到一個很棒的停車位）。

雷謝爾發表了這條公式[12]可以根據事件 E 的重要性（$\Delta(E)$）來評估它的幸運程度（λ）：$\lambda(E) = \Delta(E) * pr(\text{not-}E)$。

一件發生機率略低但非常重要的事情，可能會跟一件發生機率非常低但不是那麼重要的事情同等幸運。發生機率非常低且非常重要的事情當然就是最幸運的。如果是完全不重要或者

一天到晚都會發生的事情，那就完全和幸運無關了。雷謝爾的公式假設發生機率和重要性之間有一種非常簡單的線性關係，這點引起了一些爭議。如果某件事情發生的機率是兩倍低，那它就真的是兩倍幸運嗎？也許幸運的程度與許多可以感知的事物規模一樣是對數值，例如聲音大小（分貝）或是地震強度（芮氏規模），如果是這樣的話，正確的公式會是：$\lambda(E) = \Delta(E) * \log(pr(not\text{-}E))$。或者幸運與重要性的關連可能是一種冪定律關係，就像正方形的邊長變成兩倍時，面積會變成四倍一樣，一件比較不可能發生但是非常重要的事件，與非常不可能發生但不怎麼重要的事件相比，更加幸運的程度可能是數量級的。簡單來說，就是不要輕信那些沒有精確邏輯的偽科學公式。

　　運氣機率理論的基本觀念經得起考驗嗎？第一個測試是檢視它是否能幫我們區分運氣和技能。成功人士到底是在正確的時間出現在正確的地點、受到運氣的抬舉，還是做出睿智的選擇並且非常努力？我們的失敗都是因為惡劣的老闆與背信忘義的朋友，抑或是我們自己性格與智能的缺陷？如果運氣理論要有用處的話，它必須能夠幫助我們理解這些問題，並且定義人生中到底有多少是取決於我們自己，有多少是因為機率。[13]

贏家與輸家

　　1892 年，曼弗雷德・馮・里希特霍芬男爵（Manfred von Richthofen）出生在一個普魯士貴族家庭，家族裡有許多外交官和軍官。他的叔叔華特（Walter von Richthofen）流亡到美國西

部，在丹佛附近蓋了一棟豪華的德式城堡。他的遠房表親傅麗達（Frieda）是英國作家大衛・赫伯特・勞倫斯（D. H. Lawrence）的太太。里希特霍芬從小體育表現就特別優異，也很喜歡打獵，狩獵加拿大馬鹿和野豬。他 11 歲開始接受軍事訓練，19 歲就已經加入普魯士騎兵團。第一次世界大戰的壕溝戰讓傳統騎兵被淘汰，於是里希特霍芬被調派至補給團。因為渴望作戰，里希特霍芬申請調派，他寫道：「我投入戰爭不是為了收集起司和雞蛋，而是為了其他目的。」隨即被調派至德意志帝國陸軍航空隊。原本只負責偵察任務，但在某次和王牌飛行員奧斯華・波爾克（Oswald Boelcke）進行了充滿啟發的談話後，於 1915 年開始接受飛行員訓練。

　　里希特霍芬很快就開始擊落敵機，由上往下俯衝，太陽在他背後。他是一位遵守紀律的戰術家，嚴格規範自己的中隊，比如優先瞄準敵方的槍手，而不是飛行員，也永遠不要從你自己發起的攻擊當中逃脫。里希特霍芬開始將他的戰鬥機塗裝成紅色，獲得了德國民眾的好感，其他中隊也紛紛仿效把戰鬥機塗裝成獨自的顏色，以便區分敵我。紅男爵（Red Baron）可能是史上最有名的戰鬥機飛行員，他擁有 80 種技能，讓他成為第一次世界大戰當中最成功的王牌。他的傳記簡直就是天賦與才能的代名詞——家族史、體育、狩獵技術、早期軍事訓練、勇氣、飛機駕駛技術。但是當他獲得鐵十字勳章時，他寫了一封信給他的母親，信中說道：「如果我在這場戰爭中生存下來，那應該是我的運氣比智力高很多。」四年後，紅男爵在一場空中戰鬥中死去，敵方軍隊為他舉辦完整的正式軍人葬禮。他的死亡是因為運氣不好

嗎？從一個角度想，那時正在戰爭當中，他又是軍事上很重要的目標，這樣看來他的死亡本來就很可能會發生，而不是什麼運氣。但是換個角度想，他是那場戰爭當中最優秀的駕駛員，出身也很了不起，射殺紅男爵簡直就像是在溫布頓網球大賽中打敗全盛期的羅傑‧費德勒（Roger Federer）。所以也許紅男爵說錯了，假如他在這場戰爭中生存下來，會是歸功於他的技術與智力，而不是運氣。

技能和運氣的關連是很複雜的。比爾‧蓋茲是一個廣受討論的例子，他確實非常聰明，也很努力，但是在 1960 年代，一個八年級學生能有機會接觸到程式設計終端機，算是非常幸運。他本人猜想，當時世界上僅另外 50 人像他一樣有機會可以寫程式並且很快獲得結果。[14] 之後蓋茲和保羅‧艾倫（Paul Allen）創立微軟公司，並與 IBM 合作，為 IBM 的全新個人電腦提供作業系統。IBM 對於新個人電腦的銷量持悲觀態度，所以允許微軟保留 MS-DOS 作業系統的權利，而不是花大錢買斷它。不僅如此，IBM 還承諾接下來的新個人電腦都要使用微軟的作業系統。最終這份交易價值數千億美元，全都進了微軟的口袋，而不是 IBM。所以蓋茲的財富到底是來自他的努力及野心，還是幸運呢？

或者看看尼克‧哈瑙爾（Nick Hanauer），他形容自己是那 0.01% 的人，一個驕傲且毫不愧疚的資本家，擁有許多棟房子、私人飛機、私人遊艇，還有一間銀行。哈瑙爾藉由風險投資及創業賺錢，並參與超過 30 間公司，包含網路廣告公司 aQuantive，由哈瑙爾創辦，並以 64 億現金賣給微軟。哈瑙爾認為自己之所

以與眾不同，是在於願意忍受風險，並擁有某種直覺，能猜到未來會發生的事。隨著網路的發展，他看見大型量販店的凶兆，明白一旦人們舒舒服服地待在家中客廳就可以瀏覽來自全世界的商品，實體店就會瀕臨絕種了。於是哈瑙爾便抓緊機會跳進來，成為亞馬遜的第一位非家庭成員投資人。[15]

　　紅男爵在寫給母親的信中表現出他對自身的成功及前途的謙卑態度，認為運氣對他在戰爭中的成就有很大的幫助。蓋茲對自己的人生也十分保守，他說：「我很小的時候就有很多機會接觸軟體開發，比那個時期的任何一個人都還要多，這全都是因為一系列不可思議的幸運。」[16]哈瑙爾則是大方承認自己的幸運——亞馬遜創辦人傑夫‧貝佐斯（Jeff Bezos）是哈瑙爾的朋友，他會幫助哈瑙爾，讓哈瑙爾投資任何他想做的事。哈瑙爾表示，索馬利亞或是剛果的企業家並非不夠努力或聰明，只是不夠幸運，他們出生在貧窮的國家，顧客都是一貧如洗，所以他們只能在路邊賣水果，而無法擁有私人遊艇。

　　里希特霍芬、蓋茲、哈瑙爾所展現出來的謙遜在成功人士當中是很少見的，他們通常會將所有個人的成就都歸功於自身的努力。說他們有得到運氣的幫助，就等於是在質疑他們的成就的正當性，也就破壞了他們對自己行為的自主感、擁有感。毫無疑問，必須要同時擁有與生俱來的天分和大量的努力才能達到像奧運選手、諾貝爾獎得主、業界龍頭那種程度的成就，如果有人提出他們的成就是伴隨著運氣的幫助，成功人士有可能會感到很憤怒。康乃爾大學經濟學家羅伯特‧法蘭克（Robert H. Frank）很明確地指出這一點，他曾數次在主流媒體上發表這樣的內容，

認同運氣在我們的人生軌跡中所占的角色。[17] 法蘭克回想起福斯財經新聞（Fox Business News）節目主持人史都華·瓦尼（Stuart Varney）一場憤怒、防衛性的訪談：「教授，等一下，當我讀到這邊的時候，你知道這有多麼侮辱人嗎？我 35 年前來到美國的時候一無所有，我認為我的成功完全來自於天分、努力，以及承擔風險。你竟然在《紐約時報》寫說這是因為運氣？這真是太可怕了！你知道兩手空空來到美國需要冒多大的風險嗎？你知道操著一口英國腔在美國大型媒體工作需要冒多大的風險嗎？一個徹頭徹尾的外國人？你知道獲得這種程度的成功需要冒多大的風險嗎？」[18]

　　要找到其他例子也很容易。19 世紀美國超越主義作家拉爾夫·沃爾多·愛默生（Ralph Waldo Emerson）說：「商業是一場技能競賽……好運只不過是對目標堅持不懈的代名詞。」[19] 現代商業大師彼得·杜拉克（Peter Drucker）曾寫道：「運氣、機率和災難會影響事業，就像它們對待人類其他的心血一樣。但是運氣不會幫助你建立事業，繁榮和成長只會來自於有系統地尋找並發揮事業的潛能。」[20] 杜拉克的觀點很詭異地不對稱，他認為事業會受到厄運影響、因為災害而失敗，但繁榮、進步、成功卻是完全來自值得敬佩的努力。美國最偉大的現役運動員暨網球冠軍小威廉絲（Serena Williams）曾說：「運氣與成功沒有關係，因為我花了很多、很多小時，無數個小時在球場上練習，只為了那特別的一刻，雖然不知它何時來臨。」[21]《赫芬頓郵報》（*Huffington Post*）的一位專欄作家泰咪·布萊克（Tammy Bleck）簡潔有力地寫道：「我的成功或是任何一個人的成功，

都不是命中注定，或是因為偶然的幸運才得到的。絕對不是。並不是因為我們認識了誰，而是因為我們是誰，才讓我們的人生軌跡有所不同……運氣跟成功有什麼關連？一點關連也沒有。」[22]

　　這些成功人士為什麼會如此氣急敗壞地否認運氣的存在，其實很容易理解。若是同意他們的成就是因為好運，那怕只有一丁點，都是一種貶抑，對個人主義的輕視，承認人的脆弱。而且，這暗示了他們也許並不是 100％有資格擁有現在的地位及資產，因為變幻無常的機率所造就的那一部分並不是他們自己爭取到的，這就代表那些部分可能會被變幻無常的命運吹起的一陣風給奪走、重新分配給別人，沒有成功人士會喜歡這樣。社會學家馬克斯‧韋伯（Max Weber）於 1913 年簡潔地寫下了解釋：「幸運的人通常不會僅僅滿足於自己很幸運。他們還想要確認自己的幸運是有正當性的，要確信那是自己『應得』的，更重要的是，自己比其他人更應該得到。他們希望可以相信那些比較不幸的人僅僅只是付出的比自己少，因此自己的好運也是『合理正當的』好運。」[23]

　　否認運氣的存在、宣稱命運掌握在自己手中，就等同於是在主張這個世界是公平的，是我們的選擇、天分及努力造就了自己現在所處的地位。當然，比起底層的人們，處於頂點的人更容易接受世界的秩序原本就具有公平性這種觀點。釐清我們的成功（或失敗）有多少是因為運氣、有多少是因為實力，不只是為了確認我們對紅男爵、小威廉絲、比爾‧蓋茲、哈瑙爾之類的英雄的崇拜，還有非常實際、合理的意義。事實上，這可能跟我們有很深刻的關連。

賭博勝出的希望

　　賓州哥倫比亞縣（作者的故鄉）的沃特・華金斯（Walter Watkins），曾在自己家中車庫舉辦小額押注無限德州撲克，由戴安・丹特（Diane Dent）擔任發牌員。2008 年，一名賓州州警作為臥底混入撲克比賽當中，並立即逮捕華金斯和丹特，指控他們違反了數條賓州的賭博相關法律。在這個案件中，法官小湯瑪士・A・詹姆士（Thomas A. James Jr.）認為賭博在賓州並不是無條件地不合法。根據賓州的判例法，不合法的賭博必須具有這三個要素：代價（此案當中的賭金和下注）、獎賞（獎金），以及機率。所有人都認同此案當中存在下注和獎金。詹姆士寫道：「因此，問題就是德州撲克到底是技術競賽還是機率遊戲？如果兩者皆是，那到底是技術比較重要還是機率呢？簡單來說，如果機率比較重要，那德州撲克就是賭博，如果技術比較重要，那就不是賭博。」[24] 撲克並不像輪盤那麼隨機，它也是運用策略的競賽，這就表示獲勝的要素也有一部分是才能。我們該如何將技術與機率切分開來，一直都是許多分析的主題。就連馮紐曼（Von Neumann）和摩根斯坦（Morgenstern）開創性的賽局理論書籍中，也花費一整章高度技術性的章節來討論撲克。

　　法官詹姆士查閱了許多與撲克有關的流行、學術、法律資料後得到結論，雖然撲克比賽的舉辦方永遠可以拿到分成，但在德州撲克裡，普遍來說金錢總是從最弱的玩家流向最強的玩家。沒人會否認玩撲克需要看運氣，但詹姆士認為撲克主要還是一項競技比賽，每個玩家都擁有足夠的資訊，可根據資訊做出判斷，

並且有機會來運用這些判斷。他總結道，以賓州的法律來說，撲克並不是賭博。華金斯和丹特的案件被駁回了。

經過上訴後，詹姆士的判決被推翻了。[25] 判決被推翻和這件案子裡雙方都認同的一些事實沒有任何關連。相反地，上訴法庭是參考同樣的證據，針對賓州法律做出與詹姆士完全相反的解釋。雖然撲克比賽的結果有一部分是因為技術，但高等法院認為光靠技術無法將平手轉變為勝利，而且抽牌的運氣對比賽結果的影響太大了，即使是高超的技術也無法作為獲勝的主因。所以上訴法庭以二比一的結果判定撲克比賽主要是一種機率遊戲。持不同意見的法官回絕了這樣的結論，認為聯邦無法提出足夠的證據來證明撲克真的是一種機率遊戲（雖然他沒有像詹姆士法官一樣直接表達說撲克是一種技術競賽）。詹姆士法官認為他的原始判決之所以被推翻，完全不是因為法律上的理由，而是政治因素——位於哈里斯堡的州政府希望合法的賭博全部掌握在州政府手裡，高等法院則是配合達成這個目的。[26] 最後，地方檢察官達成協議，華金斯和丹特兩人皆需要做 20 小時的社區服務。不過，我們可以說，運氣對技能的官司迄今仍無明確的法律判決。

賭博基本上就是在不確定的情況下做出決定，根據不完整的資訊來下注。能用來判斷的資訊越少，主觀風險就越大。[27] 當然，賭徒一直都很有創意，去尋求各種方法來取得更多有助於下注的資訊。這些賭徒當中的第一人促進了機率論的發展，就是我們在第一章當中看到的。到了現代，專業賭徒已經研發出更加巧妙的方法來打敗莊家了。

以 21 點紙牌遊戲來舉例。它是玩家與莊家之間的對決，一

開始每個人都會拿到兩張牌，而莊家的其中一張牌是面朝上的明牌。手上的牌最接近 21 點，但不超過 21 點的人獲勝。如果玩家覺得兩張牌的點數不夠大，可以向莊家要牌，但如果超過 21 點就是爆牌了，莊家自動獲勝。賭場規則要求莊家必須在超過 17 點時停牌，若不到 17 點則必須抽牌。要在 21 點當中獲勝，必須明白兩件事。第一件是，如果莊家的明牌點數很低（假設是 6），那麼根據規則，他很有可能必須要抽超過一張牌，這就增加了莊家爆牌的機率。如果莊家的明牌是人頭牌，那麼他需要抽超過一張牌的機率就很小了（或者根本不用抽牌），所以莊家爆牌的機率就沒那麼高了。第二件是，其實發出來的牌並不是完全無法預測——看莊家的明牌，還有你自己的牌，就可以知道牌組裡還剩下哪些牌。每一張發出去的牌都會改變剩下的牌的機率，遊戲的每一個狀態都會有前一個狀態的「記憶」，一連串的事件當中每一個事件都擁有前一個事件的記憶，這就叫做馬可夫鏈（Markov Chain）。莊家在牌桌上的每一步都會讓玩家得知越來越多關於剩餘牌組的資訊。在某個時間點，精明的玩家就從馬可夫鏈當中獲得足夠的資訊，可以對剩餘牌組做出像樣的推測，並據此調整賭注。

　　即使是像輪盤這種看起來完全隨機的遊戲，也已經被破解了。輪盤裡的小球最終停留的位置跟輪盤的初始狀態、小球和偏轉器的角動量，交互作用所產生的變數有很大的關連。換句話說，輪盤是一個非線性的混沌系統。雖然光靠數學無法征服輪盤，但科學就可以。人們將電腦偷偷帶到賭場裡，測量小球脫離輪盤邊緣時的速度，以及輪盤減慢的速率，這些數值可以用來預

測小球會撞到哪個偏轉器，最終會掉到哪一格。有三個玩家使用這個方法，在倫敦麗思酒店賭場贏了 130 萬英鎊。還有許多類似的例子，例如自動電腦押注，尋找不同莊家就一項體育賽事提供不同勝率的套利情況，或者對賽馬數據進行資料探勘，製作預測模型。這些方法都曾創下成功案例，甚至有完整的賭博組織靠這種精密下注法來營利。[28] 在那些案例當中，很明顯含有真正的技術成分，專業賭徒絕對不是只有相信機率而已。

實力的等式？

紅男爵、蓋茲、哈瑙爾的成功之路，或者車庫撲克俱樂部的法律角力當中，其實是隱藏著像這樣的東西：

- 技術＋運氣＝表現

事實上，諾貝爾獎得主丹尼爾．康納曼（Daniel Kahneman）曾說過，他最喜歡的等式就是「成功＝才能＋運氣」（康納曼 2011，p.177）。[29] 無可否認，這又是另一道可疑的運氣公式，但是它包含了非常主流的觀念，值得我們深入研究一番。我們來看看它能否站得住腳。

一個人的表現到底是大多取決於運氣，只有一小部分的技術（賓州高等法院對撲克的看法），還是大多取決於技術，只有一小部分的運氣（別人對紅男爵的看法）？我們會期望在不同的事情上，運氣和技術所占的比例會有所不同，例如玩吃角子老虎

機獲勝就是 100％的運氣，下西洋棋獲勝就是 100％的技術。除了依照過往經驗來決定之外，有沒有什麼方法可以系統性地將技術和運氣區分開來，看看誰才是促成這個結果的主力？如果運氣機率理論可以將運氣和技術區分開來，那它必須要能夠應用在可量化的領域裡，如果它連這點都做不到，那就根本不可能在我們混亂且不可量化的日常生活當中把運氣的角色區分出來。

第一步，要注意到以下兩點和上述等式是相等的。

- 技術＝表現－運氣
- 運氣＝表現－技術

如果我們假設基礎概念是「技術＋運氣＝表現」，那麼接下來有兩種方式可以進行：

策略 1：定義表現程度，確認運氣程度，並解決技術問題
策略 2：定義表現程度，確認技術程度，並解決運氣問題

策略 1 肯定是最受歡迎的。[30] 假設我們將技術程度設定為零。那麼「運氣＝表現－技術」，也就是「運氣＝表現」。依照我們所假設的運氣機率理論，這代表整體表現結果和光用運氣來推測的結果一模一樣。舉例來說，如果有一位會讀心術的人，聲稱能夠說出你現在心裡想的是紅色、藍色、黃色，還是綠色，而他每 4 次之中能猜對一次，那麼這完全不能證明他會讀心術。有 25％的機率猜中顏色，這正是我們對於隨機亂猜所期望的結果。

換句話說，「表現＝運氣」。技術在這裡並沒有任何影響，所以我們可以安心地將它設為零，也就是說這個人根本就不會讀心術。實力將是具統計意義的變化，勝過偶然成功。

在社會科學領域，顯著性差異的標準有些隨意地被設定為5％。意思是說，如果隨機發生的事件在 20 次當中只發生不到一次，那麼就可以去找找其他真正的原因了。如果那個會讀心術的人每 4 次之中能猜對 3 次，這仍然可能是幸運，但假設試了無數次，他始終都能保持 75％的正確率，那我們就可以合理認定這不是幸運，而是真的有其他因素。也許有人在偷偷通風報信（就像聰明的漢斯，譯注：據稱能夠表演四則運算和其他智力任務的馬兒），也許他用某種方法作弊，也許他真的會讀心術。如果表現的結果超出我們期望光靠運氣能做到的程度——達到顯著性差異的標準，並去除干擾變數（例如作弊的可能性），那我們就可以得出技術的程度。

有一件棘手的事，就是即使成功的程度超過運氣所能做到的，那仍然有可能不是技術造成的。機率的概念並不是在四個顏色裡面隨機猜測，永遠都只會得到每 4 次當中猜中一次的這個結果。用拋硬幣來解釋就很好理解了。你期望的結果是 50％人頭、50％字，如果連續拋硬幣無限次的話，結果確實會是這樣，然而如果有個人拋硬幣拋了 10 次，其中有 6 次是人頭，就不能說有 5 次的人頭是他的運氣，一次的人頭是他的技術。真正的隨機會造成卜瓦松凝集（Poisson clumping）——以拋硬幣的例子來說，意思是會有連續很多次人頭，或連續很多次字。嘗試很多次就會得到各 50％的結果，但不夠多次就不行。事實上，拋硬幣 10 次

不太可能會出現剛好各 5 次的結果，更不用說人頭和數字輪流出現了。

　　看看下面這張地圖（表 2.1），每一個黑點都代表過去這一年被診斷出來的癌症病患。

　　你可能會注意到的第一件事情是，紐澤西的癌症病患比紐約多了很多。事實上，在澤西市（Jersey City）、貝永（Bayonne）、伊麗莎白（Elizabeth）還有更多。為什麼呢？是糟糕的工作環境？貧窮？石油化工精煉廠？背後一定有某種原因。或者看看表 2.2 的職業分布圖。在這張圖表當中，每一個黑點都代表做這份工作的人當中有 10％是女性。舉例來說，客服

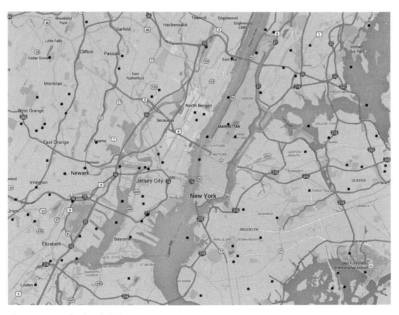

表 2.1：癌症地圖

那一格有三個黑點，代表做客服工作的人之中有 30％是女性。
從事祕書或薪資較低的廚房備料人員的女性比例很高，而從事律
師或軟體開發者的女性則是相對少數，這很明顯是一種性別歧
視，對吧？

表 2.2：職業分布圖

零售業	收銀員	上班族	Uber司機	護理師	客服	清潔工
祕書	股票辦事員	簿記	小學教師	卡車司機	業務代表	辦公室主管
柴油機械師	維修工	執行祕書	中學教師	警衛	家庭看護	廚師
女傭	園藝工作	廚房備料人員	送貨司機	建設	理貨人員	警察
電腦人員	律師	管理分析師	電工	洗碗工	軟體開發者	調酒師

　　其實兩張表都是一樣的隨機點狀分布。癌症地圖並非真正
代表癌症患者的分布，但是只要我跟你說它是這樣，大腦就會自
動開始找尋所有紐澤西和紐約之間可能的關連，以便想出一種解
釋。職業分布圖也是，這只是一些黑點隨機分布在一張隨機排列
的常見職業清單上，它和歧視一點關連也沒有。這個故事真正的

教誨是在於,即使這些黑點真的代表癌症患者或女性的職業,它們的分布也不一定就有深刻的意義。我們很容易忘記真正的隨機會造成「卜瓦松凝集」,因此在毫無意義的數據當中看見像是固定模式的東西。我們在隨機數據裡看見符合性別歧視或者紐澤西刻板印象的模式,就好像我們覺得車子的正面看起來像個臉,或者覺得烤起司三明治上面有聖母瑪利亞的圖案一樣。

　　從統計的雜訊中找出真正的訊號,是一個需要謹慎處理的難題,運氣機率理論必須確保隨機出現,超出平均值的多次成功不能被計算為技術的表現,也許那也只是運氣好。在擁有大規模數據、可計算的結果、可高度量化的領域中,已經徹底研究並發展出如何將技術與運氣的貢獻區分開來的方法了,例如運動、賭博、商品交易。麥可‧莫布新(Michael J. Mauboussin)是一位證券分析師,曾經使用拋硬幣的模型來評估運氣在美式足球、股票以及其他領域中的角色。他的做法是先看看完全隨機的情況下應該出現什麼結果,然後跟實際的結果進行比較。

　　美式足球有一種常見的說法「某個星期天」,意思是任何一個隊伍都有可能在某個星期天打敗另一個隊伍,職業球隊的實力都相差無幾,獲勝的隊伍大多都是因為好運。如果我們認真看待這件事,那麼在某個星期天哪一隊贏了、哪一隊輸了,其實就跟拋硬幣是一樣的。國家美式足球聯盟(NFL)有 32 支隊伍,每一支隊伍都要比 16 場比賽。如果我們用拋硬幣的方式來決定贏家,那麼最常見的結果應該是八勝八敗。拋出數千個硬幣,大約有 20％的機率會是這個結果。儘管如此,還是有些隊伍會比較幸運,贏比較多場,有些隊伍則是比較不幸,輸得比較多。有

些隊伍會是九勝七敗，更少的隊伍會是十勝六敗，以此類推。在拋硬幣比賽中連續獲勝（或輸）很多次也是另一種形式的卜瓦松凝集，也象徵著真正的隨機。莫布新進行了數千次的拋硬幣模擬（也就是蒙地卡羅模擬）看看完全隨機決定的足球比賽結果會是如何。接著將 32 支隊伍排成一個曲線，將極端的零勝十六敗隊伍放在左側，從未輸過的十六勝零敗隊伍放在右側，最終結果是一條非常高聳的鐘形曲線。那就是純粹運氣的結果。

　　如果美式足球比賽的結果 100％取決於實力，完全沒有運氣的成分，會怎麼樣呢？如果我們假定 NFL 的比賽結果是完全取決於實力，那麼就可以將 32 支隊伍從最厲害的排到最差的，並預測出較強的隊伍永遠都會打贏較弱的隊伍。莫布新使用 NFL 的排程演算法模擬了 5 千個賽季，發現分布方式呈現非常平坦的曲線，只有最好和最差的隊伍在左右兩端微微下降。完全取決於運氣的比賽結果是非常高聳的鐘形曲線，完全取決於實力的比賽結果是非常平坦的曲線，那麼真實世界中 NFL 的比賽結果分布到底是如何呢？ 2007 年到 2011 年 NFL 實際的比賽紀錄屬於兩者之間。以下是它的曲線（圖 2.3），「二者混合」是將實力和運氣的模型結合起來，最符合實際結果[31]。

　　二者混合的模型是最接近實際比賽結果，它幾乎就是處於「完全實力」和「完全運氣」的正中間。專業美式足球的配方似乎就是 48％的運氣加上 52％的實力。莫布新根據這份數據得到結論——在 NFL 獲勝，實力的功勞只比運氣多一點點（輸也只是實力不夠好的成分比不幸多一點點而已），但幾乎沒什麼差別。

圖 2.3：混合紀錄

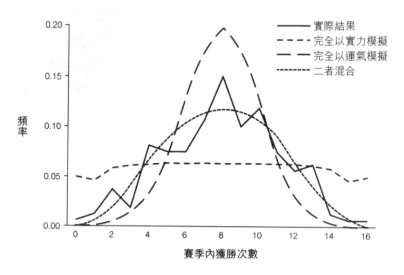

經麥可・莫布新（Michael J. Mauboussin）同意下重新繪製。

機率的難題

　　像莫布新所使用的這種統計方法是可以用來區分機率和技術的有效做法，但是這樣的方法就真的能夠掌握運氣嗎？生活中有些事情是很容易量化，例如星期天丹佛野馬隊是否獲勝、你的同花是否會讓你贏得總獎金、股票經紀人是否會很可靠地打敗市場。它們不只可以很直接且客觀地量化，還可以使用數學工具來分析。以這些事情來說，機率就是人生指南。[32] 但是在某些事情上，那些工具毫無用武之地。

　　第一個難處就是所謂的參考群體問題，上面我們已經提過

了。在各式各樣的事情上都會出現這個問題，舉例來說，你所搭乘的飛機有多大的機率會墜機？我們可以參考所有飛機墜機的機率，也就是所有航空公司的安全紀錄。或者我們也可以參考你現在所搭乘的飛機的航空公司的安全紀錄。也許這一架飛機和機長的詳細狀態也必須考慮進去。我們參考的範圍是多大或多小，會大幅影響到墜機的機率。參考群體問題是機率的一大常見難題，對運氣機率理論來說也一樣。如果你乘坐一架飛機，在強風中艱難地降落了，你可能會認為沒有墜機是很幸運的，這樣想很合理（參考群體是在強風中降落的飛機）。如果是很普通地安全降落，你就不會覺得自己很幸運，因為這就是我們在現代搭飛機所期望的結果（參考群體是所有商業航空）。以上兩者很有可能是同一趟飛行。所以到底是哪一個呢？運氣機率理論很有吸引力的一點是，它是數學，我們可以用它來計算運氣，並且精準的測量。然而，就像上面飛機的例子那樣，我們可能會得到不只一個結果，取決於所採用的背景假設。更糟的是，沒有自然的方法可以決定哪一個背景假設是最合理。你早餐吃德國黑麥麵包，這件事情關乎運氣嗎？如果參考群體是「世界上所有的早餐」，那這件事看起來就不太可能發生，也就是運氣了。如果參考群體是「你家廚房裡所有的早餐」，那德國黑麥麵包就是一個很可能出現的選擇，跟運氣完全無關。

　　為什麼我們不乾脆選擇最小範圍？就乾脆選擇在強風中飛行的這台特定的飛機及機長、這一頓早餐所處的特定位置？如果我們這樣做的話，就必須承擔一種風險——每一件事所發生的可能性都會變成（將近）100％。意思是說，如果把一件事情的細

節和背景條件都設定到最精確、最狹窄的範圍，那麼每件事發生的機率就會變得很明確。如果漢克・阿倫（Hank Aaron）以某某角度及速度揮動球棒，球以某某速度、旋轉方式、方向與球棒接觸，打出全壘打的機率會是多少呢？如果條件可以確定到如此精確的程度，那我們就能夠知道他一定會打出全壘打，或者一定不會打出全壘打，至少我們依照混沌理論的限制所能計算的精確。這並不是我們真正想要的。我們真正想要的是根據他這一賽季打出全壘打的基本率，來推測他下一棒會不會打出全壘打。也許我們會想將他過去與現在場上這位投手的對決時的成功率計算進去。如果我們加入或減少資訊的話，機率就會改變。所以如果他真的打出全壘打了，那會是運氣好嗎？或者運氣占了多少程度？參考群體不同，就會得到不同的答案，這讓人非常不滿意。

　　運氣機率理論的第二個難題，我們可以將它稱為雜訊（noisy signals）問題。我們來討論某個成功機率極小、幾乎不能人為控制的事件，例如高爾夫球的一桿進洞。根據《高爾夫文摘》（*Golf Digest*），專業高爾夫球選手一桿進洞的機率是 1/2500，業餘選手的機率則只有 1/12500。[33] 即使是很常打高爾夫的人，也有可能一輩子從來沒有一桿進洞過（作者的父親一輩子都在打高爾夫球，住在球場上，嘗試了 60 年也不曾成功）。科羅拉多州丹佛的麥克・克林（Mike Crean）曾經在 517 碼的五桿洞打出一桿進洞，加州奇科的愛麗絲・麥克林（Elise McLean）則是在 102 歲的高齡打出一桿進洞。我們該怎麼計算這些事件的機率？或者是老虎伍茲年僅 6 歲就打出他的第一次一桿進洞？

　　這些事件幾乎都是僅此一次，而且是高球擊球曲線之外的

異數，由此分析技術與運氣似乎很隨便。專業選手一桿進洞的機率是業餘選手的五倍，即便如此，如果專業選手和業餘選手在同一個洞打出一桿進洞（對兩者來說都是機率極小的事件），也不能說專業選手那一桿的技術程度是業餘選手的五倍。無論是專業選手還是業餘選手，只要是一桿進洞，都是建立在無數次的失敗之上。在數千次沒有成功一桿進洞的嘗試之中，偶然、不可預期、找不出理由地出現了一次的一桿進洞。無論誰一桿進洞，都很難準確衡量技能與運氣誰勝誰負，這像是在模糊名詞刻意施加準確界限，或是在靜止的海聽出一首歌。

　　眾所皆知，納西姆・尼可拉斯・塔雷伯（Nassim Nicholas Taleb）認為像一桿進洞這樣的事件就像黑天鵝，是稀有、原則上無法預測的不確定性事件，而不能預測它們偶爾會發生。[34] 穩定的市場突然發生像股市崩盤這種財政災害（2008 年股災）；一件看似可以忽略的事情竟然挑起了大型戰爭（第一次世界大戰）；完全出乎意料，但足以改變世界的科學發現（盤尼西林）；一本普通的驚悚小說一舉竄升至暢銷排行榜榜首（《達文西密碼》）；沒有公共服務經驗、民粹主義、蠱惑人心的政客當選美國總統，這些都是塔雷伯所認定的黑天鵝。他認為傳統的機率論能應用在經驗世界及日常生活的程度，就像凸正多面體，能應用在真正大自然幾何學的程度一樣。大自然的設計充滿了碎形，是鉤狀和螺旋狀的遞迴，而不是完美的三角錐、立方體、球體。運氣機率理論格式化的形式主義不擅長處理像一桿進洞這樣的雜訊，就像一位遵守昆斯貝利規則的拳擊手被大力摔到地上，然後又被雙節棍擊打下體。這些巨大衝擊事件都是出乎意料之外，唯

有在事情發生後我們才能建構出事後檢驗，讓它們比看上去更可以預測。「像老虎伍茲這麼厲害的高爾夫球選手，當然可以在 6 歲的時候就打出一桿進洞啊」，我們會像這樣事後諸葛地隨意說出結論。我們會告訴自己，業餘選手打出的一桿進洞，幸運程度是專業選手的五倍，但實際上，兩者都是無法控制、無可預測的幸運。

塔雷伯的論點是，機率在真實世界是非線性的，我們只擅長預測在固定且受到高度限制的情境中發生的未來事件，比如運動和賭博。我們在每個章節裡考慮過的處理運氣的方法，在擁有可計算的、確定性的、受到固定規則嚴格規範的數據時才會有最佳效果。莫布新有趣的 NFL 運氣分析之所以可行，是因為隊伍的數量有限，每一個賽季打的比賽次數也是固定的，而且比賽也只有贏和輸這兩個結果。因為這些變數都是固定的，所以可以進行蒙地卡羅模擬，畫出假設的表現曲線，並將它與實際的表現做比較。但如果每週進行比賽的隊伍數量都不同，或者每年的比賽次數都不同，從一次到千次都有可能，或者比賽結果還有許多介於贏和輸之間的可能性，或者甚至比賽規則常常改變，假如NFL變得如此瘋狂混亂，莫布新用來區分運氣與技術的方式就不可能成功了。那就像把乒乓球丟進優勝美地瀑布，並試圖預測每顆球最終會落在哪裡。只不過，與規則固定、詳細量化過的運動相比，這和我們的真實生活接近多了。

回想一下紅男爵、比爾・蓋茲、哈瑙爾這些已經準備好接受運氣在自己的成功當中占有一席之地的人們，還有小威廉絲和瓦尼這些堅持自己的成就完全是來自努力和技術的人。我們不可

能找到統計學上的方法，來區分像哈瑙爾投資成功這種事情上運氣和技術的貢獻。哈瑙爾跟某些人保持聯絡，而不是另一些；試圖和某些人建立關係，而不是另一些；在這個時間點投資，而不是更早或更晚；雖然其他投資者都在做一樣的事情，但他們是投資其他人、其他公司、其他證券。除此之外，資本投資的規則和習慣是浮動的，且市場本身就會因為每天的政治新聞而瘋狂地上下浮動。創業就像瘋狂混亂的 NFL ——我們不能叫電腦模擬5000 次哈瑙爾的人生，看看其中有幾次他會成為億萬富翁。規律、正常的 NFL 讓我們在每年秋天都會贏來新的賽季，比賽場地和規則都是一樣的，但是我們的人生只會發生一次，在持續進化的社會經濟環境之下，每個人的環境背景都是獨一無二。如果一切都是取決於運氣，哈瑙爾的人生（或者我們任何一個人的人生）有多大的機率會發展成一模一樣？如果一切都是取決於技術呢？不可能把這些假設都繪製成有意義的曲線，並將它和實際分布情況進行比較。

　　數學家及科學家喜歡運氣機率理論，因為它是可以計算的，可以用數字來定義運氣，並配合公式及圖表。即便是在很難算出數據的複雜案例，人們仍可能相信原則上，機率可以告訴我們運氣的角色。只不過我們很難（或甚至根本不可能）獲得好的數據罷了。更困難的一點是，運氣不像機率是有標準規範。超級電腦本來便具有偶然的特性，但是如果我們要用機率來解釋某人對於自己身上發生的事到底有多少功勞或責任，或者某人的表現到底是不是因為自身的實力，事情就會出錯。運氣只有好或不好，而這項事實超出統計的範圍。當然，運氣機率理論還要求幸

運的事件要有某種意義，或者對某人來說是重要的。當地啤酒商店開始進貨十號修道院黑啤酒（Rochefort 10），這對於不喝酒的人來說一點也不幸運，但是對啤酒鑑賞家來說就是幸運的，因此有人或許認為，意義各有不同使得人們難分辨運氣因素究竟是規範性或可評估。然而，運氣的規範性不僅要適用於一個人幸運與否，還必須應用於功勞、貢獻、責罰。如果我們試圖光靠數據來決定這些事情，就會碰到某些嚴重的難題，即使是重要性條件也不會有幫助。這一章節中最後一個關於運氣機率理論的質疑就是規範性問題（problem of normativity）。

如果有一位籃球球員投進了罰球，那是因為運氣、技術，還是兩者的結合呢？有多少部分可以歸功於投球者？一個很自然的想法是，投球者的功勞就跟技術程度一樣高。如果球員的成功有 90％是來自技術，那麼剩下的 10％就是來自幸運了。而因為投球者的功勞跟技術程度一樣高，所以這樣一來投球者的功勞就只有 90％了。同樣的，成功率高於 90％或低於 90％都是運氣，高於 90％就是幸運，低於 90％就是不幸。假設洛杉磯快艇的控球後衛賈邁爾‧克勞佛（Jamal Crawford）罰球命中率有 90％（他 2016 年的紀錄差不多就是這樣），那麼我們直接假設他的真正技術是 9/10，也就是說我們可以期望他罰球的表現有 90％。如果他投得比 90％還要更好，那就是運氣不錯，因為這超出了以他的實力來說可以期待的數值。如果他投不到 90％，那就是運氣不太好，因為這低於他的實力程度。我們甚至可以把它量化——如果克勞佛這一年的罰球命中率只有 83％，那麼他就是因為不幸而損失了 7％。[35]

　　如果這樣的統計數值真的能通用的話，那會是一件很令人高興的事情，但很不幸地，它不能通用，而且是因為一個很討人厭的理由——它會導致一個矛盾的結論。事情是這樣的，想像一下如果下一個賽季，克勞佛投了 100 顆罰球，中了 83 顆。因為他的命中率是 90％，那就表示他投進的球當中有 0.9 是來自技術，0.1 是來自幸運，因此 83 顆球當中有 74.7 顆（＝ 83 × 0.9）是來自技術，8.3 顆（＝ 83 － 74.7）是來自幸運。另一方面，因為這個結果低於克勞佛 90％的命中率，所以他是不幸的。有多不幸？以他的技術來說，應該還要再多投進 7 顆球才對，所以他的不幸就是 7 顆球的量。那我們可以整理出結論，總結來說克勞佛是幸運的，幸運的量是 1.3 顆球（＝ 8.3 － 7）。我們將克勞佛的運氣量化，找出有多少部分是來自技術，並且定義投進的 83 顆球中有多少是來自他的功勞。所以這有什麼問題？問題是，在 100 顆球當中投進 83 顆是低於他的期望命中率 90％，這是不幸的——他已經盡力了，卻仍然低於平均。如此一來我們就導出一個矛盾的結論，克勞佛在 100 顆球當中投進 83 顆，既是幸運也是不幸。無論到底是怎麼樣，克勞佛可能是幸運，也可能是不幸，但他絕對不可能同時是幸運也是不幸。

　　也許問題是在某個地方有什麼錯誤的重複計算。在 83 顆球當中，我們說有 74.7 顆是來自技術，8.3 顆是來自幸運，而他沒投進的那 17 顆球當中，我們說有 10 顆是來自技術（因為他的命中率是 90％，我們本來就預期他有 10 顆會投不中），剩下 7 顆是來自不幸。這樣看來在 90％數值當中有重複計算——一次是定義他應該要投進的球數，另一次是定義他投進的球之中有多少

是歸功於他。也許我們應該單純地計算 83 顆有投進，和 10 顆沒有投進的球是來自他的技術，剩下 7 顆沒投進的球是來自不幸。這樣就不會產生矛盾了。

　　雖然可以這樣計算，但還是會導致某種很奇怪的結論。比如說，這樣就代表 83 顆投進的球是 100％來自克勞佛的技術，100％都是歸功於他。即使他的命中率是 90％，每一顆球還是有 100％的功勞是他的，比 90％還要更高，那不可能是對的呀。這表示我們只能計算大量的一連串事件的運氣程度，而不能去計算某個特定事件的運氣百分比。有一個例子可以強調這種謬誤，那就是一桿進洞。如果專業高爾夫球選手打出一桿進洞，那就是 100％來自他們的實力，他們可以獲得 100％的功勞——如果這不是他們 2500 次的嘗試之一的話（專業選手的平均機率），那就完全沒有涉及運氣。「哇！羅伊，你在四桿洞一桿進洞真是幸運。」「謝謝你，不過那完全是來自我的實力。」這聽起來就很奇怪。統計可讓我們獲悉群體與整體的特性，而不是個人與特定事件的特性。此外，人生中很少有像籃球罰球這種可以系統性地重複的事件。如果唯有在多方嘗試找到衡量技能的方法之後，才能評估運氣的存在與數量，那麼幾乎沒有什麼可以歸因於運氣。人的一生是不幸的嗎？人生就是終極的僅此一次事件，所以這個問題沒什麼意義。

　　區分技能與運氣是否有意義，是個棘手問題，即便是僅此一次的事件，沒有成功與失敗的歷史可設定預期表現。

　　想像一下，有兩個人在玩梭哈（five-card stud）。兩人都拿了 4 張牌之後，他們手上的牌如下：

一號玩家有：2♠、3♦、Q♣、K♦

二號玩家有：5♥、6♥、7♥、8♥

牌組當中還有 44 張牌。

一號玩家一無所有，頂多只能抽到對子。如果是抽到 2♦、2♥、2♣、3♣、3♥、3♠、Q♦、Q♥、Q♠、K♣、K♥、K♠ 的話就會是對子。發生這種情況的客觀機率是 12/44。因為一號玩家完全不知道二號玩家手上的牌，對她而言抽到對子的機率（主觀機率）是 12/48，機率不大。對於一號玩家來說，希望很渺茫，她頂多只能過牌或跟注。

二號玩家發現他是雙頭順子聽牌，也是同花聽牌。事實上，他只要抽到 4♣、4♦、4♥、4♠、9♣、9♦、9♥、9♠、A♥、2♥、3♥、10♥、J♥、Q♥、K♥ 之中的任何一張就能達成，主觀機率是 15/48。再來，他還有很多對子可以抽──有 12 張。雖然二號玩家不覺得僅僅是對子就可以讓他獲勝，但是順子當中的對子在梭哈裡也是很好的牌。總結來說，他抽到順子、同花，或對子的主觀機率大於 50%（27/48 > 0.5），客觀機率也是（27/44 > 0.5）。

現在，假設二號玩家是個徹頭徹尾的天真傻子，只會盲目地隨便下注，或根據稍縱即逝的直覺來下注，他還是會贏。即使他贏了，仍然是因為幸運才贏的，並不是他做了什麼才獲勝。二號玩家可能有想要贏，然而「試圖做某件事並且成功」，跟「這件事情是因為二號玩家的所作所為才成功」是兩回事。你可能會想要中獎──當然，買彩券的重點就是為了中獎，你也非常想要

中獎。所以為了中獎，你竭盡一切努力，也就是去買彩券。假設你中了獎，那也不是因為你試圖中獎才中，這完全是運氣。同樣地，玩撲克時試圖要獲勝，並且真的獲勝，即使是在有可能獲勝的情況下，也許仍然不能算是因為你的行為才獲勝（因為打牌技巧很好才獲勝）。即使你有獲勝的意圖，而且客觀來說有獲勝的可能，這樣的獲勝仍然是因為運氣好。

另一種情況是，二號玩家雖然是菜鳥，但仍然非常小心謹慎地觀察卡牌及賠率，並在最後下了大注。這樣的話我們就比較能夠認同二號玩家的勝利是有一部分，或者大部分來自他的實力。雖然沒有追蹤紀錄，無法評估二號玩家的打牌技術（像賈邁爾‧克勞佛的罰球命中率那樣），但我們還是會覺得他的獲勝更加值得欽佩和稱讚。

第三種情況是，現在是第 5 張牌，也就是最後一張牌，發出來的牌是面朝上的。

一號玩家抽中 K♣，現在他有一個大的對子，感覺還不錯，比起什麼都沒有（也就是二號玩家拿了 4 張牌之後的情況）要來得好多。

二號玩家抽中 9♥，現在他有同花順，是撲克牌中最強也最稀有的牌組。

在這個情況下，二號玩家獲勝是因為幸運嗎？他一定沒想到自己會以這個方式獲勝，他抽到同花順的機率就只有 2/44。看見一號玩家的第 5 張牌，二號玩家必須湊到順子或同花才能贏。根據這個條件，二號玩家輸的客觀機率很高，只有 15/47 的機率能抽到。技術究竟在這裡扮演何種角色已不再明確，如果有

的話，或者是贏牌時有多少運氣。此時直覺十分錯綜複雜，簡單的運算技術公式根本無用武之地。

近世學者們為了根除運氣、用數學這個武器來征服並抹除運氣，而發展出機率論。然而，在非線性互動的混亂世界裡，即使拿整個宇宙來計算，也不能用暴力法來解決圍棋這種單純的棋盤遊戲，完美的預測已被證實只存在於幻影之中。較為合理的提案是，將機率作為一種運氣理論，並設置一些門檻，必須是一件不太可能發生的事情且對某人是有意義的，這樣我們就能評估這個人是幸運還是不幸。好的運氣機率理論必須滿足一個要求，就是可以有效區分成果是光靠幸運達成，還是來自真正的實力。而我們已經知道了，它做不到。[36]

運氣並非只有在玩撲克牌或擲骰子的時候才重要。若要了解人生中所遭遇到的失敗有多少成分是我們自作自受，要探討到底是福圖納害我們的，還是我們活該的話，運氣是不可或缺的。有些成功人士已經有心理準備要接受運氣在他們的成功中所占的地位，但有些人只贊同埃爾文·布魯克斯·懷特（E. B. White）所說的：「運氣是一個不能在白手起家的人面前提起的字眼。」[37] 如果運氣的理論對人類能夠產生什麼幫助，那它至少可以將運氣和技術的貢獻區分開來，並幫助我們測量兩者各自的貢獻程度。然而，即使是最樂觀的假設，也只能在人為訂定的嚴格限制下做到，例如運動和遊戲。現實一點，我們不可能光看數據就決定功勞和責罰。我們給機率安排太多工作了，應該去尋找其他方法才對。

第三章

FRAGILITY AND CONTROL

脆弱與控制

> 「每項發明的關鍵環節在於機會的運作，
> 然而大多數人永遠沒有遇到這個機會。」
> ——尼采，《破曉》（*Daybreak*）§363 (1881)

　　萊布尼茲（Gottfried Leibniz）最為人知的或許是發明微積分，他有跟牛頓（Isaac Newton）合作，也有獨立完成的部分。他們兩人因而捲入誰先發明微積分的長期爭議，雖然大部分學者

在這場難分勝負的競賽把獎項頒給牛頓，我們仍舊使用萊布尼茲的數學符號，而不是他的對手的。不過，萊布尼茲博學多才，他千變萬化的心思由組合數學到形上學（abstract metaphysics），再到物理學、科學、神學，甚至是圖書館學。他的作品集第一版長達 4600 頁，都還不完整。[1] 萊布尼茲討論的問題之一是罪惡，自從《約伯記》不令人滿意的探討以來，它便成為一個神學難題。

　　這個問題本身很容易陳述。上帝本應是全能、全知與全善，然而這個世界仍舊充滿苦難──人類與動物，年輕與年老，富貴與貧窮，男人與女人，罪人與聖人──萬物皆經歷過一些痛苦。我們都會有時孤獨、害怕、苦悶與悔恨；我們都會受到瘀傷、割傷、燒傷與生病。上帝以其全知明白我們的痛苦，並且憑其全能可以輕易舒緩或加以阻止。然而，苦難仍排山倒海而來，儘管我們盡全力抵抗，卻猶如揮舞著一把長柄刷去對抗浪潮一般。這意味著上帝根本是袖手旁觀。這真是一個謎，因為上帝表面上是全善，理應知道痛苦是一件悲慘的事，而想要加以挽救。聖潔如祂，不可能牽扯到罪惡。上帝是否有著很好卻微妙的理由，去允許各種的苦難？祂是否並非全善？這是否證明上帝不像傳統說法中的存在？不用說，哲學家與神學家已探索過這些途徑的每個角落和縫隙。

隱形的可能城市

　　萊布尼茲的方法巧妙而且非正統。想像上帝存在於太虛，

在宇宙洪荒之前。在他的腦海裡，他可以測量宇宙的每種可能方式，由很普通的，像是物理常數與自然法則，到非常精細的，像是你草坪上蒲公英的占比及你聲音的準確音高。這些東西都是要讓大家猜不透的意思，因為上帝可能選擇某一種光速或另一種，沙灘上砂粒的某一個數量而不是另一個不同的數量。另一種思考方式是想像一個不同、完整宇宙的無限陣列，每個宇宙只有些微差異。上帝坐在這些可能世界的前面，就像是一個小孩進了一家糖果店，想要挑選最甜的。一些可能的現實明顯比其他的更好，由充斥極權主義反烏托邦的世界，到比較相似於《星艦迷航記》（*Star Trek*）的和平星球聯盟。假設這些虛構的現實由最壞到最好嚴格排列，如圖 3.1 所示。

　　完美的上帝只需全部加以測量，然後從中挑選最好的一個變成現實即可。可能世界當中最好的一個未必是完全沒有苦難；它只需要是世界的可能最佳樣態就好，以免去除一種苦難，我們反而會遭受許多更大的悲慘。沒有危險的世界也是沒有英勇、慈善與無私的世界，而那或許比我們現在所擁有的更糟。因此，萊布尼茲對於罪惡問題的解答是，在各種可能的現實當中，上帝挑選了最佳選項。一個明顯的顧慮是，無論世界有多麼美好，我們

較壞						較好
洛夫克拉夫特筆下吞噬一切的古神	核子冬天	史達林的蘇聯	文藝復興義大利	飛天車	瑞文戴爾精靈村	人類墮落前的伊甸園

圖 3.1：可能世界的排序

必然會想像它可以再好一點點。然後，世界可以再好一點點，永無止境。假如確實有一個按照道德優越排序的可能世界無限陣列，那麼，對任一個世界 W 來說，W ＋ 1 才是更好的世界。那意味著沒有現實的「最佳」配置，更沒有所謂的最大數。[2]

　　想像上帝進了坎特糖果店。這家店有無限長的糖果架，按照可口程度排序——每種糖果都比左邊架上的好一些，但沒有右邊的那麼好。上帝自然想要挑選最好的糖果，於是他開始沿著貨架移動。當然，無論他在何處停下腳步，隔壁必定有更好的糖果。上帝開始跑下長長的貨架。他在一種真正美味的覆盆子香檳太妃糖停下來，可是旁邊那種更加可口。他又跑了起來，但是無論跑得多快，上帝永遠不會跑到選擇的盡頭，永遠找不到絕對最好、最美味的糖果。問題來了：上帝確實跟坎特買了一些糖果。祂確實創造了一個世界，也就是我們的世界。這是怎麼辦到的？

　　萊布尼茲也明白這種異議，因此拒絕世界無限陣列的概念。他支持充足理由律（The Principle of Sufficient Reason）：萬物皆有其理由。[3] 為何上帝創造我們擁有的世界，而不是另一個世界，必定有其理由。祂不是舉手喊叫：「可惡，我要創造這個！」事實上，假設上帝真的那麼做了，祂將付出無限高的機會成本，而那極不符合神的理性。

　　假如真的有無限的可能世界，每個都比上一個更好，上帝便沒有理由去創造任何世界，因為祂永遠得不到清單上最後、最好的世界。既然祂確實創造了這個世界，一定有祂的理由。「如果在所有可能世界裡沒有最好的，上帝便不會創造世界。」[4] 和糖果一樣，祂挑選了這個世界，是因為事實上這是最好的，或許

看起來不像。為何上帝沒有插手去阻止苦難或拯救人們免於災難，這個永恆問題因而有了一個簡單的答案：這已是所有可能世界之中最好的。如果上帝必須半途中矯正什麼事情，那便意味著這不是最好的，當然也意味著上帝一開始便不會創造這個世界。

　　基本上，對於罪惡的問題，沒有人提出比萊布尼茲更好的概念，所以它像是一個好解決方案。直到 1755 年。那一年的 11 月 1 日，史上最嚴重地震之一發生在葡萄牙外海的大西洋。估計芮氏規模 8.5-9.0，這次地震摧毀沿岸城鎮，一路到巴西都能感受到地震效應。里斯本的市中心被震出一道寬 15 英尺（4.572 公尺）的裂縫，市區遭受海嘯襲擊，引發的大火延燒了 6 天。里斯本 85％的建築物被毀，數千人死亡，偉大的文化傳承，包括宮殿、圖書館、教堂、藝術、皇家檔案，全被夷為平地。地震已經夠糟了，可是竟然在諸聖節（All Saints Day）當天發生在葡萄牙這個羅馬天主教的堡壘，這個事實只能有一種意義。不可能只是某種自然（或未知的）原因造成地震；其幕後必定有一種意圖，對里斯本人的某種神旨或審判。以下是耶穌會神父加百利·馬拉格里達（Gabriel Malagrida）紀錄的共同反應：「里斯本的人們啊，你們要明白，摧毀我們房屋、宮殿、教堂和修道院的，那麼多人死亡與大火吞噬如此龐大寶藏的原因，是你們可惡的罪，而不是彗星、星辰、蒸汽和蒸發，類似的自然現象……佯裝地震不過是一個自然事件是可恥的，因為如果屬實，便不需要懺悔及努力避免上帝的憤怒，甚至魔鬼本人都無法想出更可能帶領我們全體走向無可彌補毀滅的錯誤主意。」[5]

　　我們內心深處聽聞上帝的聲音，但是祂為何將如此痛苦施

加在信徒身上？或許是一些罪人需要教誨，但是祂為何用教堂的落石砸死那些參加聖日彌撒的人？同樣令人困擾的是，位在市區另一邊的妓院卻僥倖逃過一劫。這種脫節情況顯露出罪惡問題，就像 20 世紀的納粹大屠殺（Holocaust），里斯本大地震是苦難大瀑布，令萊布尼茲的神義論顯得輕率及空洞。日常的罪惡或許可視為某種隱密神聖計畫的基本元素，但這已超過任何可以理解的辯護。

法國啟蒙時代作家伏爾泰（Voltaire）立即將里斯本大地震作為小說《憨第德》（*Candide*）的靈感來源，刻薄諷刺萊布尼茲。[6] 憨第德與他的老師潘葛洛斯（Pangloss）一同旅行，遭遇各種災難，儘管情況雪上加霜，仍無損他們相信一切都會好起來的信心。他們抵達里斯本時正巧趕上大地震，他們的船沉沒，憨第德的朋友，重浸派（Anabaptist）教徒雅克溺斃在港裡，等到上岸後，憨第德又被掉下來的石材擊中。憨第德被半埋在瓦礫之中，他乞求潘葛洛斯給他一點酒與油，安撫他即將到來的死亡。未料潘葛洛斯回來時兩手抱滿萊布尼茲的陳腔濫調著作，說什麼這必然是所有可能世界當中最好的，凡事都是慈愛的上帝安排好的，一切都會安好。

（邏輯）歧路花園

為了解決罪惡問題，而認為這是所有可能世界當中最好的，這個觀念在現代吸引不到什麼追隨者；它不過是為了調解人類苦難與全善上帝的另一個巧妙卻不充分的嘗試。然而，萊布尼

茲對於可能世界的基本概念在邏輯領域是站得住腳的。邏輯學家早已明白，某些型態的語句沒有其應有的表現。在一般直陳語氣的直述句行得通的正式推論規則，在假設語氣及反事實條件句卻會失控。例如，在古典邏輯，直陳語氣是遞移性的（transitive）：

① 如果冰上旅館開放的話，那麼天氣是真的很冷。
② 如果真的很冷的話，那麼可能是冬季。
③ 因此，如果冰上旅館開放的話，那麼可能是冬季。

這類似於若 A 則 B，若 B 則 C，因此若 A 則 C 是合邏輯的，也很合理。但是，如果換成是反事實條件，我們來看看會發生什麼情況。

① 如果高速公路上有堵車的話，那麼約翰就會走替代道路以節省時間。
② 如果約翰在高速公路上發生車禍，那麼就會發生堵車。
③ 因此，如果約翰在高速公路上發生車禍，那麼他就會走替代道路以節省時間。

這裡很明顯看出，結論不合理。約翰不可能在高速公路上發生車禍的同時，又去走更有效率的替代路線。問題是，假設約翰會走其他路線以避開高速公路堵車，是完全合理的。假設他如果在高速公路上發生車禍，就會發生堵車，也是同樣正確。換句話說，前提為真，結論卻不是。其背後邏輯必然什麼地方出錯

了。然而，這是用在冰上旅館的範例完全正確的相同遞移性邏輯。看起來，反事實條件根本拒絕服從遞移性，而我們需要用不同邏輯去了解它們是如何運作。

　　一個密切相關的問題是，我們如何理解涉及可能性與必然性的語句。我們知道下列句子為真的條件：「雷克斯是人」，我們也知道該句為假的條件。我們找到雷克斯，看看他的特質是什麼──或許他是人類，或許雷克斯是條狗或其他。以下這句呢？「雷克斯必然是人」，要如何讓該句為真？只是找到雷克斯並看到他是個人類，無助於判斷是否雷克斯必然是人。「必然」在此處增添了些什麼，但是什麼呢？或者「這個三角形的底是三吋長」是視條件而定，而「這個三角形有三邊」則不是。到底是什麼讓後者屬於必然，而前者不是？

　　作家們顯然對於探討可能性很感興趣──如果浩克大戰蜘蛛人，誰會贏？如果有人回到過去阻止甘迺迪被刺殺？如果兔子可以講話？假設一個多才多藝的瑞士家庭被困在荒島，會是什麼情況？如果我們發現外星人曾經拜訪過史前人類，並且在月球留下一塊巨石，我們要如何理解自己呢？不僅是小說作家在可能性當中編織世界，一板一眼的歷史學家也是。

　　歷史學家不只是對真實的世界歷史感興趣，也對反事實歷史感趣，亦即如果某些關鍵事件以不同方式發展，會是什麼樣子。舉例來說，13世紀初葉，成吉思汗的蒙古征服者在中國與中亞征戰所向披靡。這些人擅長騎馬射箭，速度快、紀律嚴明，而且武器精良。最重要的是，他們令人聞風喪膽。成吉思汗的戰略是系統性大屠殺；如果一個城市抵抗他的軍隊，等到攻下城池

（他們攻無不克），便殺光所有居民。根據當代編年史家，死亡人數驚人，達到數百萬。蒙古人讓中國人口減少了 30％，他們還蹂躪伊斯蘭世界，將一名哈里發（譯注：穆斯林國家的統治者）裝在袋子裡，用馬踐踏致死。伊斯蘭帝國從此再也沒有恢復。即便是投降以避免趕盡殺絕的城市，也遭到掠奪搶劫並夷為平地，居民被載走充當奴隸。1242 年，由名將速不台（Sabotai）率領的一支蒙古軍隊一路殺進東歐，殲滅波蘭與匈牙利的基督徒軍隊。蒙古軍隊旋即在距離西歐大門維也納數百英里處紮營。

　　歷史學家西西莉亞・霍蘭德（Cecelia Holland）認為，討厭城市的遊牧蒙古人原本毫無阻撓，便可長驅直入巴黎、羅馬等地，完全摧毀歐洲文明。果真如此的話，便不會有宗教改革，沒有文藝復興，沒有民主革命，沒有科學人文主義，沒有路德（譯注：路德教派創始人馬丁・路德）、古騰堡或達文西。那麼是什麼阻止了他們？一個人的死訊。窩闊台汗（Ögedei Khan）是成吉思汗的兒子與繼承人，也是蒙古帝國大汗。這位狂歡作樂的大汗與一名宮廷官員徹夜豪飲，暴斃而亡，消息傳出後，速不台與他的部隊必須依法返回中土以選舉新大汗。蒙古人立即撤營回轉中國，從此不再回來。霍蘭德說，西方倖存是因為「盲目的幸運」（blind luck）。7

　　確實是，或者至少可能是，窩闊台汗之死拯救了歐洲免於毀滅。當然也有可能是，假如他活得好好的，歐洲歷史將會大為不同。問題是，很難看到實際世界有哪些事實可以讓上述宣稱為真。事實如何能夠告知我們事情原本、可能或應該是怎樣呢？我們無從由實際事情去得知可能或必然的事情，只能用狹隘的隧道

視野緩慢前進。索爾・克里普克（Saul Kripke）和羅伯特・斯托奈克（Robert Stalnaker）等著名邏輯學家，推動根據萊布尼茲理論去了解反事實條件、可能性與必然性，並提出可能世界的正式語義。

讓反事實歷史為真的不是實際世界，而是其他可能世界的事實，以及我們世界與其他世界有什麼關連。我們的世界，也就是實際世界，漂浮在可能性的海洋，裡頭都是現實可能不同的其他形式。這些其他的可能世界之中，有一些非常類似我們的世界；如果我們世界的事情有一個小改變，一項小事實不同，那麼其他世界就會變得真實了。我們世界的事實有一個小改變，例如窩闊台汗沒有死於 1241 年 12 月，那麼西歐就會被蒙古人征服了。就此而言，歐洲在 13 世紀崩潰的模態鄰近我們的世界。那個世界跟我們世界並沒有很不一樣；很容易就可以由這個世界到那個世界。世界變得不同的可能性被進一步推離我們的世界；因為需要做出許多改變才能讓那個版本變成現實。舉例來說，要讓兔子會說話，便需要戲劇性更改生命進化史，不僅包括兔子腦容量與聲帶發展的急遽改變，還有對掠奪者——獵物關係以及整體生態的全面影響。當兔子比狼還要聰明，並且可以彼此交談，便會成為嶄新的局面。比兔子會講話更加遙遠的是其生物迥異於地球生物的世界，或者自然法則便已不同的世界。浩克大戰蜘蛛人的世界是一個可能世界，但是與我們的世界相去甚遠。[8]

有些世界則是不可能，例如，結婚的單身漢，內角和為二百度的歐基里德三角形，圓形與正方形涵蓋相同範圍等等的世界。正好相反的是，有些事實在每個可能世界均為真，無論我們

想像事實有多麼不同，一些事情的結果總是一樣。這是大家理解
必然事實的方式：所有可能世界的事實。數學與邏輯的事實通常
被視為必然為真。同義反覆（tautologies）亦符合此類。

- 該來的總會來。
- 任何會發生的事情都會發生。
- 事情就是這樣。
- 夠了就是夠了。
- 公事公辦。
- 男孩就是男孩。（本性難移之意）
- 東西總是在你最後去找的地方。
- 人們想要他們想要的。
- 你應該做你自己。
- 正統走了好運，才會無所不在。〔語出約翰·洛克（John Locke）〕

那些話在每個可能世界均為真，也是最無法反駁的陳腔濫
調。必然假的語句則在任何世界都不為真。可能世界由實際世界
發散出來，沿著各個可能不同於實際的層面，而可能世界的鄰近
性有一個自然度量（intrinsic metric），可測量可能世界與實際
世界有多麼「鄰近」或多麼「遙遠」。由實際世界發散的一個方
向，高速公路堵車，致使約翰走替代道路而避免了車禍。而在另
一個方向，是約翰發生了車禍而造成堵車。現在，我們很容易看
出為何反事實不具遞移性：當一個前提在一個世界得到正確評

估，而另一個前提在不同世界得到正確評估，它們就是在各說各話。沒有合理方法可以得出結論。這類似於一詞多義。有個人說：「我要讓自己過個快樂的耶誕節，但我不要讓耶誕節充滿快樂欣喜（make the Yuletide gay）。我不認為性取向應該跟享受這個節日扯上關係。」這句話混淆了「gay」這個單字「欣喜」與「同志」兩個不同意思。假設反事實具遞移性，便是在混淆兩個不同的可能世界。

運氣的模態理論

　　如同萊布尼茲的神義論，基本上無人提出更好的觀念來理解必然性、可能性與反事實（這些稱為模態觀念），因此，使用可能世界來解釋它們已變得相當根深柢固。這個觀念機制給了我們一個新方法去理解運氣的本質。還記得霍蘭德說，西方文明是被「盲目的幸運」（blind luck）拯救了。在一個鄰近的可能世界，窩闊台汗活著，蒙古人橫掃歐洲，世界史大幅改寫。你很好運，因為假如 1241 年只有一個小改變（即便當時所有其他事實都維持相同），你或許就不會存在，而如果你確實存在，你的人生幾乎必定不如其實際情況。繁盛的人生在模態上是脆弱的──鄰近的可能世界並不存在這個模態，人們死於可怕的意外，年紀輕輕便有動脈瘤，或是在難民營勉強度日。即使一個人的人生從開始到結束都很美好，仍像是一片倖存了 100 年的窗玻璃。玻璃之所以脆弱，是因為現實的一個小改變，它就會破裂；在鄰近世界，它化為碎片與塵土。

　　脆弱的相反是強韌。當我們由實際世界的筏子漸行漸遠，深入可能性的汪洋大海，仍然為真的事實或是仍然發生的事件在模態上便是強韌。事情可能要大幅改變，才能讓特定事實不再為真。不同於玻璃，這裡的圖像是鑽石。舉例來說，自然法則是模態上強韌。我們要遠離實際世界才會改變光速，或是強核力變成其他東西。即使無邊無際地遠離現實，邏輯上與隱喻上的必然事實依然為真。一加一永遠都等於二，複合物件永遠都有其正確零件，而每個物件仍然相同。至少你可以指望那些事情。

　　根據運氣的模態理論，一個事件重大而脆弱時，便是運氣。當事情原本容易出錯卻沒有時，你就是幸運。當事情原本容易做對卻沒有時，你就是不幸運。一件事不重大或在模態上強韌時，便是沒運氣。哲學家鄧肯・普里查德（Duncan Pritchard）是模態理論的最熱中支持者，他指出這有助於解釋運氣程度。[9]籃球隊因為一個壓哨三分球而贏得比賽是很好運（在鄰近世界，那記投球在籃框內轉了一圈就出來了），球隊因為壓哨二分球而贏得比賽就沒那麼好運，更沒那麼好運的是他們輕鬆上籃而贏球，甚至更沒那麼好運的是他們大幅領先而贏球。如果湖人隊以 87 分比 52 分打敗公牛隊，這個世界便必須大幅改變才能讓湖人隊輸球。湖人隊不是靠著運氣而贏球。牛津科學家理查・道金斯（Richard Dawkins）提出這個有趣的例子，使用模態來了解運氣，將我們的生活比喻為浩瀚未出生可能性當中的脆弱孤島：「我們都會死，而這使得我們成為幸運兒。大多數人永遠不會死，因為他們永遠不會出生。原本可能取代我、而現實中卻永遠沒看見天日的人，多過阿拉伯的砂粒。當然，那些未出生的鬼魂

包括比濟慈還偉大的詩人，比牛頓更偉大的科學家。我們明白這點，因為我們的 DNA 可能組成的人遠遠多過實際的人。而在這些令人目瞪口呆的機率下，平凡如你我的人活在這裡。我們這些特權的少數人，突破萬難贏得出生樂透的人，我們怎敢抱怨終將回歸絕大部分從未攪動過的先前狀態。」[10]

　　說到了解運氣，模態理論真是一項創新。乍看之下，它跟機率（這我們已經討論過）沒什麼不同，它們確實經常得出相同結果。這其實是好事一件，因為互相競爭的理論本應得出相同現象，只在異常、離群或爭議性案例才會產生分歧結果。不過，模態與機率理論提出很不相同的解釋。根據機率理論，你很幸運能中樂透，是因為中樂透對你而言極為重要，而你非常不可能中樂透。根據模態理論，你很幸運能中樂透，是因為中樂透對你很重要，而你在鄰近的可能世界並沒有中獎；假如你選了一個不同號碼，或者樂透抽獎機的一顆球又再旋轉 20 度，或者世上許多其他小改變發生了，那麼你就不會中獎。雖然這兩種理論對於為何中樂透很幸運提出不同解釋，它們一致認為它是真的幸運。因此，你也許懷疑它們不過是用兩種不同方式在說同一件事情。

　　可是，並非如此。以下例子是模態理論與機率理論分道揚鑣之處。想像你決定去玩俄羅斯輪盤，而且很幸運的，你是一名贏家。真的是幸運嗎？根據模態，你很幸運才會贏；世界的一丁點改變，例如槍膛再多轉一格，你就輸了。在俄羅斯輪盤獲勝在模態上是脆弱的；很輕易便會輸掉。但是根據機率，你並不是幸運才贏。贏的機率是 5/6 ──你很有可能在俄羅斯輪盤獲勝，所以根本無關運氣。如果你想像用槍膛超級大的槍來玩俄羅斯輪

盤，比如裝得下大數（googolplex）的子彈，模態與機率方法的差異便更加明顯。如果只裝一發子彈，那麼你極有可能贏得俄羅斯輪盤；以運氣的機率理論來看，很明顯贏得俄羅斯羅盤沒什麼運氣成分，跟你所做的每件事差不多。其他每件事都比輸掉大數俄羅斯輪盤更有可能。然而，如果被你選到的那一格的隔壁便裝有子彈，那麼跟六發子彈的例子一樣，你都可能輸掉。同樣的小改變便可能讓你輸掉，因此，根據模態理論，你贏得輪盤還是很幸運。

以下是另一個例子，說明運氣的模態與機率理論得出不同結論。以樂透沒中獎來說。你去到彩券行買一張威力球（Powerball）彩券，正如以往，你又沒中獎。因為你很有可能沒中獎，根據機率理論，你沒中獎無關運氣（或沒運氣）；確實，你本來就應該預期這個情況。然而，根據模態理論，你沒中樂透真的是沒運氣——你中樂透在模態上是很接近的。只要世界的一丁點改變（假如你最後一個號碼選 56 號就好了！）那麼大獎就會是你的。你中樂透的那個可能世界非常鄰近實際世界。中樂透在模態上很鄰近，但在機率上很遙遠，適足以解釋人們為何要玩樂透。沒有人會去賭機率很低且模態上遙遠，好比打賭隨機挑選的哲學家將在下屆奧運贏得 100 公尺短跑金牌一樣。實際世界要做出多少改變才能讓這個賭注有勝算呢？可是，許多人卻打算押注他們在鄰近可能世界中獎的極低機率，好比威力球。

這些例子說明模態理論或許優於機率理論。許多事我們認為是運氣的關係，其實只是遺漏了某些東西。統計機率並沒有準確傳達出接近成功或接近失敗的概念，而模態理論則表達一些事

件是處於不確定狀態，一丁點出錯便會形成非常不同的結果。

穿越世界 2000

　　萊布尼茲提出一個道德良善的世界圖像（圖 3.1），所有世界依照相對公正的尺度井然有序排列。對於運氣模態理論，不可或缺的是類似世界度量的概念。運氣，好運或厄運，取決於鄰近世界發生了什麼；那正是讓一件事在模態上脆弱的原因。距離我們世界遙遠的可能世界跟運氣沒有什麼關連，因為強韌的事實或事件完全與運氣無關。因此，必定有一個客觀的測量可以讓我們用來判斷哪些可能世界鄰近我們、哪些距離遙遠。普里查德按照它們與實際世界的相似度來排列可能世界。另一個世界越是不同於我們世界、越是不相似，那個可能世界便越是遙遠。與實際僅有少數不同，或是只有一起事件或事實不同的可能世界，便是鄰近我們的世界。然而，鄰近與遙遠世界的度量或許不是很有意義，而這構成對運氣模態理論的艱鉅挑戰。為了說明這種異議，我們用科幻小說版本來想像邏輯上的可能世界。

　　你漫步走過鎮上公園，享受美麗的初秋天氣，此時看到從未見過的怪異車輛。停在草地上的是一部看似迪羅倫（DeLorean）汽車的東西，卻沒有車輪，而且似乎是水銀製成。事實上，你很難專注看它，你有一種身處鏡廳的詭異感受。車門升起，一個大眼圓睜、神色倉惶的人爬了出來。她環顧四周。「老天……好吧」，她說，放心地鬆了口氣。她看見你正看著她的機器，給了你一個讚賞的眼神。「你喜歡嗎？送給你了。」這名旅行者竊笑

地走開。

　　你小心翼翼走向那部機器，看向裡頭。你看見類似未來的汽車駕駛座。你心想，管它的。你爬了進去，坐在厚厚的皮椅裡。車門自動關上，你感受到氣閘密封起來。在你眼前的是一大片深色電腦螢幕，而不是擋風玻璃。儀表板上貼著一頁小抄。

　　「歡迎來到穿越世界2000。我們希望你滿意這次的購買。可能世界之間的距離由導航螢幕上的轉盤（你看到一個大的黑色變阻器）控制。轉到『一約塔』（iota），是最小的距離。一約塔代表與實際世界的最小改變，一項事實或事件以最小方式改變，影響輕微。一約塔將讓你抵達最接近實際的無窮可能世界。如果你選擇二約塔，將有兩項事實不同於實際世界，並提供更多的改變。如果你把轉盤轉到最大約塔（你看到轉盤上的這個選項標示著紅色警報器），甚至連自然法則都會不同。甚至可能連法則都沒有。」警告：你可能無法由那種世界回來。請注意這個選項將使你的穿越世界2000保固失效。「等你選好約塔距離，請用滑鼠選擇你的新世界」。

　　你心想，嗯，姑且一試吧。最好在開始時小心一點。你把旋鈕轉到一約塔，然後撳下旁邊寫著「啟動」的按鈕。你面前的電腦螢幕立即充滿小小的發光球體。好像哈伯太空望遠鏡拍下一幀浩瀚黑色宇宙滿布發光粉圓的照片。你使用滑鼠不斷滾動時，粉圓從四面八方消失在螢幕的邊框，你隨即明白你永遠看不到終點。那些發光球體看起來完全一模一樣。你無從分辨它們；每個發光球體是一個完整宇宙，只有一項事實與我們的世界不同。你隨機點擊了其中一個世界。穿越世界2000的鷗翼式艙門悄然無

聲地打開了。

　　你走了出來，正是你散步時遇到那名旅行者的那處公園。好吧，看起來沒什麼不同。相同的小孩在盪鞦韆，相同的狗狗在追飛盤，相同的天氣，相同的烤熱狗香味。沒什麼大不了。然後你定睛一看，這才看到鞦韆架位於溜滑梯的另一邊，而不是以前的那邊。原本是在溜滑梯的右邊，現在是左邊。這就是世界的一項改變？沒什麼嘛。此時，你想到，如果鞦韆架位於不同位置，那就表示這一約塔的改變必定是在以前發生，而不是現在。那項改變是造成鞦韆架設在溜滑梯左邊的原因。你不知道可能是什麼原因，或者你猜想許多原因，但不知道哪個才是對的。公園設計者做出不同的決定，溜滑梯右邊的地面太崎嶇不平，小孩們惡作劇搬動了鞦韆架，工人看錯藍圖而把鞦韆裝在錯誤位置，隨機的神經走火導致安裝人員搞錯左右邊；有無數的可能事實可能在過去的一個時點改變，而導致鞦韆架換到這個位置。

　　你這才恍然大悟，世界發生一約塔改變的當下，便立即引發一連串其他改變，一條無法預測、非線性、分支放射的未來道路，就像一滴血落到一瓶牛奶裡。想要一個事件現在變得不同，便意味著過去有某起事件造成現今事件變得不同──除非有某種自發、隨機的因果關係在運作。等到我們準備好接受，過去必然有一起事件或多起事件變得不同，才會造成現在的不同，我們便會明白一約塔的改變是發生在過去，而不是現在。另外，實際世界的一項改變並不意味著「我們在現實之中特定時間位置的一項改變」。我們只是在眾多時間點當中的一點，就如同我們位於眾多同等真實地點當中的一個地點。所有現實的一項改變可能發生

在任何時間點，而那個世界仍然與我們世界極為相似；等於我們的世界有了一項不同而已。

　　你回到穿越世界 2000，想說不妨去看看其他地方。你仍然把旋鈕設在一約塔，按下啟動鈕。螢幕再度充滿無盡的相同發光球體，每個代表一個與我們世界只有一項不同的世界。你點擊了其中一個球體。

　　假設可能世界與我們世界的一約塔不同，是窩闊台汗在 1241 年 12 月 11 日沒有喝得那麼爛醉，當晚活了下來。或者這一約塔的不同是李・哈維・奧斯瓦德（Lee Harvey Oswald，譯注：被認為是暗殺甘迺迪總統的凶手）。在德州教科書倉庫大樓扣下扳機之際，一顆亂飛的花粉刺激了他的鼻子，害他打噴嚏。或者彼拉多（Pontius Pilate）決定把討厭的「猶太人的王」趕出鎮外，而不是屈服於暴民，把他釘死在十字架。或者諾曼人那支災難性的箭射偏了幾英寸，只稍微擦傷哈羅德・戈德溫森國王（King Harold Godwinson）的耳朵，而不是正中他的眼睛，因此他得以在黑斯廷戰役（Battle of Hastings）成功守衛英格蘭。或者想像直徑約 10 公里的希克蘇魯伯隕石在 6600 萬年前無害地與地球擦身而過，而沒有撞擊墨西哥猶加敦半島，造成恐龍滅絕。那些世界看起來在模態上應該與我們世界距離遙遠，它們與我們世界有著極大不同。然而，它們完全不遙遠：一約塔的改變，一個微小的真實事件，便會讓那些世界成真。

　　不顧一切之下，你回到穿越世界 2000。「去它的」，你想著，把黑色旋鈕一直轉到指著紅色警告區。最大的約塔。你按下「啟動」，點擊了你看到的第一個發光球體。鷗翼式艙門升起，

有那麼一秒鐘，你什麼都看不見，只有一片漆黑。空氣衝出機器，彷彿最後一口氣，你有一種奇異感受，好像被用不可能的方式拉扯，像是五度空間瑜珈。你最後的想法是「哦噢」。在巨大黑洞把你的身體撕碎，吸入其原子組成之前，你不可能想到這項改變：這個宇宙的萬有引力跟實際世界只有一些不同。如果萬有引力強一些，那麼大爆炸（Big Bang）產生的膨脹力便無法充分克服萬有引力的強大吸引力。結果，那個宇宙的所有物質都被吸進巨大黑洞，星星、行星、生命，與任何實體都不可能存在。你最終落在那個世界，算你倒楣。當然，你也可能選到一個萬有引力稍微弱一些的世界，該宇宙急速膨脹成熱力學上的熵清湯，由無生命基本粒子組成。惡搞自然法則的話，什麼都說不準了。

　　「萬物被塞進巨大黑洞」的世界在模態上跟我們世界距離遙遠嗎？這不是一個可以明確回答的簡單問題。自然法則可以輕易就變得不同嗎？一個假說是，自然法則是大爆炸的當下隨機選擇的。另一假說是，自然法則誕生自（意外發生自）宇宙的經驗事實，而那些事實是在起源時隨機創造的。又或者自然法則其實在形而上學有其必要，只是我們還不了解，而其他可能世界有著不同法則的觀念並無條理可言。這些事情被人激烈爭議。[11] 不過，很可能是現實中的一個極小改變（例如起初的隨機性發生器設定到一個不同的萬有引力常數），便會讓我們進入黑洞世界。假如那樣的話，即便是有著其他自然法則的世界也不是遙遠的；只要事實的一個約塔改變，我們便到那個世界了。

　　現在，好像根本沒有什麼是在模態上遙遠。一個約塔的距離，或者最大約塔，根本沒有什麼真的不同。只要改變了現實，

你便可能去到任何地方。可能世界沒有一個距離的秩序，所有現實之間的架構既扁又淺。這便是運氣模態理論的真正問題。還記得，我們的直覺訴求是，運氣與模態脆弱性有關。當事情原本容易出錯卻沒有時，你就是幸運。當事情原本容易做對卻沒有時，你就是不幸運。原本無關運氣的事是模態上強韌：事情做對了，不過它很難往其他方向發展，那麼這件事便不算是幸運或沒運氣，而是一件無關運氣的事。雷霸龍‧詹姆斯（LeBron James）在無人防守的球場上籃進球不是幸運，不過，在被團團圍住之下從半場投進三分球，就是幸運。運氣模態理論利用模態脆弱／模態強韌的差異，來區分好運／厄運與無關運氣。穿越世界 2000 的思想實驗，重點是要證明脆弱／強韌的區分根本站不住腳。每個事件都是脆弱的，因為每件事跟沒有發生的事只有一個約塔的改變；因此，每件事都是運氣好。現在，我們得出一個完整的圓圈。經歷萊布尼茲與邏輯語義旅程之後，運氣模態理論帶我們回到米南德（Menander）：「我們所想所說，或所做的一切均出於運氣；我們不過是在底下簽名而已。」

幸運的必然性

黑洞世界距離現實僅有一個約塔的差異，這種議論其實是兩難的其中一角。愛因斯坦有一次跟他的助手說：「我真正感興趣的是上帝能否以不同方式創造出這個世界；也就是說，邏輯簡潔的必然性是否留下任何自由。」[12] 愛因斯坦想要知道，上帝是否可能讓自然法則變得不同，抑或法則源於某種更為深奧的必然

性，而物理常數必須遵守。如果事情就是這樣運作，那麼黑洞世界在形而上是不可能的——也就是說它不是距離一個約塔，它遠超過穿越世界 2000 的最大設定。這種替代情境跟運氣模態理論同樣糟糕。我們可以完全合理地說：「老天，我們真是幸運，引力常數是現在的樣子，既沒有弱一點也沒有強一點。如果宇宙什麼都沒有，只是巨大黑洞，或者像是一碗均勻漫射粒子的熵清粥，生命根本不可能出現。」不過，模態理論的整個策略是堅持說，唯有模態脆弱的事件才是幸運的；模態強韌的事件算不上是幸運，它們是無關運氣的事情。此時，兩難產生了：要不黑洞世界距離我們世界僅一個約塔的不同，因此每件事皆為幸運，要不黑洞世界是模態上遙遠，可是我們很幸運，因為重力的設定讓生命得以出現。無論哪一種說法，模態理論都不正確。

　　還有更令人困擾的例子。假如有什麼事情是真的在模態上強韌，那必定是邏輯上必然的真理。無論發生何種改變，它們都會發生；即使自然法則不同，邏輯法則與數學真理依然會是真的。根據運氣模態理論，至少那些事情不算是幸運的事；無關運氣的範疇必然存在。然而，模態理論在這裡也說不通。以下是兩個例子。

　　「邏輯強盜」。邏輯強盜拿槍對著你，跟你說除非你正確回答一道邏輯謎題，不然他就要搶走你的錢包。他給了你這道難題：「假設你去到一家餐館，那兒的廚師以鬆餅而聞名。實際上，他是以煎焦了一半的鬆餅，另一半鬆餅煎得完美而聞名。其統計數字是：他的鬆餅有 1/3 是兩面煎得金黃；1/3 是兩面煎得焦黑；剩下的 1/3 是一面金黃、一面焦黑。你點了一份鬆餅。送

上來時，你看得到的那一面是金黃的。試問另一面為金黃的機率是多少？」

你被這種事情嚇壞了，槍、謎題，及整個局面把你弄得不知所措。你隨便亂猜，回答是「2/3」。那名邏輯強盜看得出你是在瞎猜，懊惱地笑笑說：「你很幸運，正確答案確實是2/3」，然後便消失在夜色之中。[13]

數學真理當然必定為真，因此，鬆餅謎題的正確答案是2/3，屬於邏輯必然性。

「費瑪」。畢氏定理（Pythagorean Theorem）為 $A^2 + B^2 = C^2$。1637 年，皮耶・德・費瑪（Pierre de Fermat）猜想，這個公式是否適用於二以外的次方。他認為答案是不行，$A^N + B^N = C^N$ 無法解答出大於二的正整數 N。據說，他曾在數學家丟番圖（Diophantus）《算術》（Arithmetica）一書的空白處寫下，他已發現這個定理的巧妙證據，可是空白處太小，寫不下。數個世代的數學家企圖證明費馬最後定理為真或偽，然而都不成功，直到 1995 年安德魯・懷爾斯（Andrew Wiles）才證明出來。因為花了 358 年才有人證明這項定理，而且是用費瑪的時代尚不存在的數學學派，沒有人相信費瑪本人確實發現合理的證明。相反的，他的未知「證明」被認為是不完整或有瑕疵，一如三個世紀以來的其他嘗試。儘管證明不充足，費瑪最後定理仍為真，算是費瑪走運，因為它奠定了他的數學不朽地位。不用說，費瑪最後定理必然為真。

「鬆餅謎題的正確答案是 2/3，算你幸運」或「儘管證明不充足，費瑪最後定理仍為真，算是費瑪走運，因為它奠定了他的

數學不朽地位」，這種說法聽起來完全合理。這些事情確實聽起來像是幸運的事。可是，根據運氣模態理論，它們並不算是。在每個可能世界，鬆餅謎題的正確答案都是 2/3，費瑪最後定理也是。模態理論告訴我們，幸運代表脆弱性，可是那些事無比強韌、一點也不脆弱。請注意，這也是運氣機率理論的問題。唯有不可能的事實才會是幸運；超級有可能的事是我們原本就應該預期為真的，一點也不幸運。邏輯強盜與費瑪均為「運氣必然性」的例子，模態或機率理論都說的不對。一方面，模態理論將所有無關運氣的事情均視為幸運，因為各個可能世界之間的距離沒有可執行的度量，而且幾乎每件事都是脆弱的。另一方面，又存在模態理論不允許的運氣必然性，因為必然性是強韌的。

運氣的控制理論

　　機率與模態都不會聽從我們的命令。雖然運氣的本質難以捉摸，那些方法並不是大海裡僅有的魚。還有一種更為普及的運氣理論，與不可能事件或模態脆弱事情無關（至少在表面上）。艾德・史密斯（Ed Smith）是一名英國職業板球選手，後來轉任新聞記者，他曾寫過自己從事運動員時的想法轉折。他在生涯之初認為自己的運動命運完全在他的掌控之下，只需鍛鍊鋼鐵意志、不計代價求取成功即可。他的板球球隊甚至禁止提及厄運，將之視為真正的冠軍不會有的意志軟弱藉口。這聽起來很不錯，直到史密斯因為一次可怕的腳踝受傷而致板球生涯突然結束。命運之輪的無情轉向，讓他認為意志力根本不能打敗厄運。史密斯

表達出他對於勵志書籍虛假承諾的不屑一顧，說什麼你可以創造自己的運氣，或者透過正向思考，你便能成為自己命運的主人。[14]「運氣」，他寫說：「是超出我所能控制的東西。」[15] 創造自己的運氣是一種矛盾修辭——你無法控制必定超出你所能控制的東西。而有許多東西超出你所能控制。

　　史密斯並不是唯一提倡運氣控制理論的人，[16] 而且這種理論聽起來很有希望。舉例來說，它真的像是可以替代我們迄今討論過的機率與模態理論的方法。它確實對運氣給出一種不同的解釋。這些方法對於何謂幸運的事情有著許多共識，只不過對於那些事情為何是幸運的卻有著不同見解。因此，運氣控制理論跟其他有何不同呢？模態理論最後一個遭到反對的理由是它與運氣必然性不相容；因為必然的真理在模態上強韌，所以不算是幸運，然而有好些例子又顯示它們似乎確實是幸運。不過，根據運氣控制理論，它們真的是幸運。宇宙引力常數是現在這個樣子，算是我們幸運嗎？當然是：那絕對超出我們所能控制的。費瑪最後定理後來被證明為真，算是費瑪幸運嗎？他當然是。因為定理是真是偽，確實超出他所能控制。表 3.1 總結其間的不同。

　　這三種理論告訴我們，樂透中獎是好運，而輸掉俄羅斯輪盤是厄運，雖然它們對於理由提出不同的解釋。請注意到，這三種理論之中有兩種都認為在公平的樂透沒中獎是不走運，其中兩種認為運氣必然性根本與運氣無關，唯有一種認為在俄羅斯輪盤獲勝不算是幸運。這些理論一點也不相同，它們各自提出不同的解釋與分歧的結局。

　　這個謎團有一個未解之處：如果我們接受控制理論，哪些

表 3.1：運氣的三種理論

	好運	厄運	無關運氣
機率理論	在公平的樂透中獎（因為你非常不可能中獎）	在俄羅斯輪盤輸掉（因為你輸掉的機率很低）	在公平的樂透沒中獎（因為你非常可能沒中獎）
			在俄羅斯輪盤獲勝（因為你很可能贏）
			運氣必然性（因為必然真理的機率為1）
模態理論	在公平的樂透中獎（因為你中獎在模態上脆弱；亦即你很容易沒中獎）	在俄羅斯輪盤輸掉（因為你很容易可以贏）	運氣必然性（因為它們在模態上強韌）
	在俄羅斯輪盤獲勝（因為你很可能輸）	在公平的樂透沒中獎（因為你非常容易中獎）	
控制理論	在公平的樂透中獎（因為中獎在你所能控制之外）	在俄羅斯輪盤輸掉（因為結果超出任何人所能控制）	？？？？
	在俄羅斯輪盤獲勝（因為獲勝在你所能控制之外）	在公平的樂透沒中獎（因為樂透結果在你所能控制之外）	
	（運氣必然性，因為必然的真理超出任何人所能控制）		

事情可被歸類為不算是運氣。在你控制之下的事情應該不是只因為運氣而發生。這也沒關係，只要我們可以搞清楚什麼時候一件事是在我們控制之內，什麼時候不是。要將控制分類比表面看起來複雜多了，這點或許不令人意外。

通靈會與橡膠手

　　人們很少意識到自己陷入一種流行的著迷。在 1980 年代魔術方塊風靡的高峰，向來聰明的認知科學家侯世達（Douglas Hofstadter）寫道：「（魔術方塊）是不是只是一時流行？我的個人意見是，它會流行下去。我認為魔術方塊具有某種基本、直覺、『原始』的吸引力……它在我們心靈占據一個地位，連結到許許多多的普世觀念。」[17] 在侯世達寫下這些話的一兩年後，魔術方塊便在大家的衣櫥裡堆積灰塵了。在 19 世紀歐洲，招魂術極為狂熱。這有違理性時代（Age of Reason）[18] 與工業革命的古老信仰傳統，令人們著迷於給看不見的事物找出實證證據。顯靈、桌靈轉（table-turning）、通靈板和招魂室（spirit cabinets），均被奉為人間通往不可見的靈魂世界的入口。當然，有許多騙子只是披著招魂師的外衣，對容易上當的大眾表演魔術。還有一些靈媒真心認為自己接觸到另一個世界，並把自己視為鬼魂神祕傳遞訊息的管道。這些狂熱引起知名科學家的高度注意。例如，富蘭克林（Benjamin Franklin）與拉瓦節（Antoine Lavoisier）調查催眠術（mesmerism），該假說聲稱生物體內有一股磁流，造成各種怪誕現象，結果他們認為這整件事都是幻想

與詐騙。[19]

　　化學家法拉第（Michael Faraday）則是調查桌靈轉，在這種通靈會，參與者圍繞小桌而坐，輕輕將手指放在桌上。桌子會開始傾斜、旋轉及倒向不同方向，甚至在房間內移動。傾倒的方向有時是要指出不同字母，接著拼出孤魂野鬼的訊息。法拉第在這些通靈會上進行不同實驗，排除電力、磁力或地球旋轉等其他假說。最後，法拉第將四根玻璃棒夾在兩片薄紙板之間，再用橡皮筋鬆散地綁起來。然後，他把這個三夾板的底部固定在桌面。但上層紙板可以在橡皮筋的限制內，隨著玻璃棒而移動。他用兩根圖釘與「一根 15 英寸長的筆直麥桿」，做成一支顯示桿。通靈會參與者應該只能把手放在桌面，向下壓而已；再怎麼輕微的橫向運動都能經由麥桿顯示器的搖晃顯示出來。當然，桌邊的每個人均發誓他們什麼都沒做，是鬼魂在移動桌子。然而，麥桿說出不同的實情。當每個人小心翼翼不要移動雙手，保持顯示器固定不動，桌子就沒有移動了。[20]

　　通靈會的參加者可能都是誠懇、誠實、正直的公民，他們真心相信桌子移動跟他們沒有關係。原來，他們跟自己的大腦撒謊了。因為預期桌子會傾斜或旋轉，參與者潛意識開始把手壓往預期運動的方向，因此形成他們後來體驗到的效果。心理學家威廉・卡本特（William B. Carpenter）於 1852 年首先發現這點，他稱之為「意念動作效應」（ideomotor effect）。[21] 探測棒（Dowsing rods）則是另一個細微、潛意識肌肉動作被放大為明顯、怪誕結果的例子。更為常見的體驗是電影觀眾以第一人稱視角看著滑翔翼或賽車時，每當轉彎時也會跟著側彎。我們預期到離心力，於

是表現得好像自己經歷其作用，即便是坐在不會動的影院座椅上。意動效應的例子說明我們確實對於一些事情有著因果控制──我們是移動桌子的人，轉動探測棒的人，或在轉彎時側身的人；這些事不是出於自然或超自然力量──然而，我們有意識地否認這種控制的存在。

我們不僅在自認沒有控制時擁有控制，也在我們自認擁有控制時缺乏那種控制。在一項有名實驗，心理學家馬修・波維尼克（Matthew Botvinick）與強納森・柯恩（Jonathan Cohen）讓實驗對象坐下來，左手放在小桌上。他們用一個屏風讓實驗對象看不到左手，再把一隻栩栩如生的橡膠手臂放在實驗對象前面的桌上。實驗對象注視橡膠手之際，實驗人員用畫筆去輕觸其真實左手（看不到）及橡膠左手（顯而易見）的手背。過了幾分鐘，實驗對象報告說他們感受到看得見畫筆的碰觸，而不是看不見的畫筆；他們發揮本體感覺（proprioception），將橡膠手加入他們自己的身體意象（body image）。大腦試圖合成與理會所看到與感受到的輕敲及輕撫，過了一會，實驗對象的大腦認定，橡膠手必然是身體的一部分。他們感受到橡膠手彷彿是他們自己的。[22]

神經科學家拉瑪錢德朗（V. S. Ramachandran）進一步推動這些實驗。結果發現，實驗對象可以將身體感受投射到甚至一點也不像普通身體部位的靜物。拉瑪錢德朗不是用橡膠手，而是輕敲及輕撫一張桌子的表面，並且同步對實驗對象藏在桌子底下的左手做相同的事。沒多久，實驗對象開始感受到來自桌子的輕敲及輕撫，儘管這種事情明顯荒唐。這種錯覺如此強烈，以至於拉瑪錢德朗在桌上畫出一道長長的撫摸，而不是實驗對象的手，實

驗對象宣稱自己的手伸長或被拉長到荒謬的長度，好像電影《驚奇 4 超人》（*Fantastic Four*）的里德‧理查茲（「神奇先生」）。拉瑪錢德朗此時拿出一把鐵鎚砸向桌子，引起戰鬥或逃跑反應（fight-or-flight response），彷彿他砸的是實驗對象的手臂。未受錯覺影響的對照組則沒有這種反應。[23] 即便是通常看不到的身體部位，也會產生投射。在另一個環境，拉瑪錢德朗讓實驗對象觀看一名人員用一隻手輕拍假人模特兒的後腦勺，另一隻手完全同步地輕拍實驗對象的後腦勺。天真的實驗對象隨即開始感覺那些感受來自於假人的腦袋，而不是自己的。[24]

　　這些體驗的怪異之處在於，實驗對象十分清楚自己沒有一隻橡膠手，然而卻強烈地感受到它的存在。在某些實驗對象，他們對假人產生的「幻影頭部」（phantom head）效應極為強烈，以至於他們驚悚地暫時感覺自己被砍頭了！[25] 如果（在極端懷疑論的範疇內）有什麼是你可以確信的，那就是你的腦袋還在自己頭上。在這些例子，人們並不感覺自己控制了身體部位，可是他們確實有在控制；他們甚至沒有認知到那些身體部位屬於他們。這些個案的神奇之處是，它們是任何人都可以在家嘗試的簡單實驗，沒有造成罕見醫學疾病的案例。[26] 其結論是，我們非常不擅於判斷自己控制些什麼，沒有控制些什麼；我們對於控制的直覺或感覺是不值得信賴的，很輕易被操縱。如果基於缺乏控制的運氣理論要成立的話，我們便需要更加了解何謂控制。我們不能依賴自己的感受來告訴我們是否缺乏控制。

　　既然我們對自己是否掌控某件事的直覺式判斷不能被信任，到底什麼叫做「控制」？意外的是，大多數討論過控制的

學者，往往只是在研究比較迫切的事情，例如「意識控制」
（conscious control）、「理性控制」（rational control）或「隨意
控制」（voluntary control）之類的，順便提及控制的本質。[27] 大
家一致同意的唯一一點是，控制與因果影響有關。當然，這跟威
士忌與酒精有關一樣廢話。威士忌當然與酒精有關，就像啤酒、
葡萄酒和酒櫃裡其他酒類一樣。每種意外都牽扯到因果影響，而
不是控制——撞車造成某件事發生，但你確實沒有控制那件事。
因此大家時常附加一個意圖條件（condition of intention）：如果
你有在控制自己正手拍往對方半場，那麼你想要把球打到對方半
場的意圖，便與球實際飛往對方半場有著因果關係。那麼通靈會
的參加者呢？他們去參加通靈會，打算成為轉動桌子的參與者，
因此，他們造成桌子轉動。如果你認為這仍無法充分證明他們
有在控制桌子運動，那麼我們或許需要附加意識意圖（conscious
intention）的條件。但即便如此，仍會發生因果偏差的問題。假
設你在打網球，有意識地意圖打出一記致勝球，結果確實擊出致
勝球；換句話說，致勝球是意識意圖的結果。我們可以確定你有
在控制那記制勝球嗎？很遺憾，我們無法確定。如果網球意外觸
網，勉強落下變成無法回擊的球，我們便無法肯定地說你的控球
贏得比賽。那仍然是運氣。

2012 年溫布頓

　　我們想到控制時，往往會想到技藝精湛——如果某人控制
一個結果或事件，他必然是那個領域的專家。或許仔細觀察專家

行動可以幫助我們釐清運氣與控制之間的差異。受過高度訓練的心臟外科醫師順利進行一項例行性手術，並不是因為幸運，而是因為她全程控制一切。一名雜技表演者沒有漏接球，並不是因為幸運；他已經練習過上千遍，完全熟練拋接球。爵士樂鋼琴家凱斯‧傑瑞特（Keith Jarrett）動人心弦，並不是因為幸運，賽車手小戴爾‧恩哈特（Dale Earnhardt, Jr.）能夠輕易切入車陣之中，也不是光靠運氣。然而，即便是專家，即便忽略因果偏差問題，我們也無法一直輕易判斷他們的成功是控制的結果，或是運氣的結果。這對控制理論而言不是好消息，因為該理論的宗旨正是要剖析這種差異。以下是一個令人困擾的案例。

2012 年溫布頓網球賽的第二輪，納達爾（Rafael Nadal）對上捷克好手拉索爾（Lukas Rosol）。納達爾世界排名第二，並且是溫布頓第二種子球員。拉索爾世界排名一百，所有人都預期納達爾將輾壓他。即使是拉索爾本人也僅僅希望「能夠好好打上三盤，而且沒有以 6–0、6–1、6–1 輸掉。」結果，拉索爾大敗納達爾，堪稱是過去 1/4 個世紀溫布頓最大反轉（6–7 (9)、6–4、6–4、2–6、6–4）。納達爾輸球是不走運，或者正好相反，是拉索爾走運才贏球？直覺來看，拉索爾幸運到離譜才會打敗更為高超的納達爾，但這點在運氣控制理論並不好證明。

根據控制理論，如果輸球是在他控制之外的話，才能說納達爾運氣不好才會輸球。根據美國網球協會，控球的五項因素是深度、高度、方向、速度和旋轉，當然納達爾可以重複與有效選擇這些。此外，他可以導引擊球點，進行戰略性擊球選擇，以及追求戰術性優勢。在比賽的總比分 276 分之中。納達爾只犯

下 16 次非受迫性失誤（unforced errors）。[28] 換言之，納達爾表現出世界級網球冠軍應有的水準，而不是周末打球、控球很差的人。他輸球也不是因為一連串烏龍；以任何合理的標準來看，納達爾在球場上的表現均在他的控制之下。

控制理論認為，唯有在輸球超出或遠遠超出他所能控制時，納達爾輸球便能算是與運氣有關。可是，當然不是這樣。相較之下，如果一名業餘網球選手對上納達爾，前者無可避免及迅速輸球必然是超出他自己所能控制。周末打球的人想要打敗納達爾是不可能的事，而納達爾大勝根本算不上運氣。然而，他輸給拉索爾在直覺上被視為運氣不好，即便輸球並不算超出他的控制。控制理論說得不對。

那麼，拉索爾贏球算是幸運嗎？他無法控制納達爾的回擊球選擇、速度、旋轉或戰略，儘管他得以主控比賽時大部分的得分，並且讓納達爾處於守勢。因此，我們可以合理地說，根據運氣控制理論，拉索爾勝利並不是運氣——他只是打出一場精彩的比賽，對比賽的控制優於納達爾。所以，根據控制理論，拉索爾贏球不是幸運，納達爾輸球也不是沒運氣。這不對吧。很顯然，拉索爾的傑出表現是在他作為職業網球選手的技能範圍內，可是他卻遠超出表現的中間水準。他很幸運才能在他與納達爾比賽時打出「意外的高水準」。他人生的最佳比賽可能出現在網球生涯的任何時候，可是卻發生在溫布頓與納達爾比賽時，算是拉索爾幸運。

有人或許反對拉索爾對於自己的表現水準、對於他何時在球場上有傑出表現沒有控制權，以及這種缺乏控制代表著他的成

功純粹出於運氣的說法。然而，這種異議讓控制的標準變得不合理，甚至不可能之高。拉索爾與納達爾總是在大型比賽使出渾身解數。作為球技精湛的頂尖運動員，沒有異常干擾（沒有人生病，受傷），他們對於自己的表現是有控制權。當表現大幅偏離中間水準時，才能說他們失去控制；否則，每個人每次都會盡量求取最佳表現。能在「par 5」洞打出老鷹（比標準桿少兩桿）的高爾夫球球員，每次都可以打出老鷹。那麼，老鷹便成為中間表現。換句話說：不可能永遠都表現得高於平均水準。一直取得控制，在數學上是不可能的。

　　現在，有人或許指出，如果納達爾真正控制了那場比賽，那麼他就會贏球；真正的控制可創造成功。但是，如果那算是標準的話，那麼控制的標準便會嚴格到幾乎無法合格。[29] 你究竟要取得多少控制才能創造完美的成功？如同山繆・詹森（Samuel Johnson）所說：「各行各業的人一定會有錯誤與缺點。」[30] 如果真正的控制是必須沒有失敗，那麼幾乎所有的成功都是運氣。我們非但沒有擊退命運，反而再度陷入宿命論，把每件事都歸因於運氣。我們降低標準吧。我們當然可以合理地說，某人在一件事總是成功或者很有可能成功表示他取得掌控。

　　控制某件事意味著可能或經常在做那件事時成功，這種概念在棒球便說不通。以泰・柯布（Ty Cobb）為例，他是職棒史上最佳打擊手之一，亦為入選棒球名人堂的最初四名球員之一。柯布仍保有職棒大聯盟生涯最佳平均打擊率，「0.366」的打擊率。然而，他並不是經常成功——雖然號稱史上最佳打擊王，他有將近 2/3 的時間都未能擊中球。每次站上本壘板，他可能沒有

安打，因此，柯布能否在上場打擊時安打，已遠超他所能控制。不僅安打不是在他直接控制內的基本行動（例如，揮動手臂），而且柯布也無法控制自己要接哪幾球、可能影響他專注力的干擾，或者對方外野手在做什麼。我們沒有辦法合理地說，打擊手可以控制自己能否安打。這些意味著當柯布成功擊球時，他一定是幸運的。推進到邏輯的下一步：棒球史上無人在一個球季，甚或連續安打達成高於「0.500」的打擊率。安打是異常、非尋常，並不是完全在打擊手的控制之內，這意味著棒球史上每一支安打都要歸因於運氣。

　　如果排除運氣的不穩定結果，「控制」便無法被視為一定會成功或可能會成功。可是，如果我們只是把控制視為「優於平均成功」呢？柯布並不是幸運才擊出安打，因為他比一般人更有可能做到，而那正是我們說他掌控比賽的意思。他在職業棒球擊出安打的成功率遠高於一般人——叫一名周末壘球球員站到板上面對諾蘭‧萊恩（Nolan Ryan）的高速球，他若能勉強碰到球便算他幸運。反過來說，職業選手碰到球的機率是可預期的，即便大多數時間未能擊出安打。

　　「優於平均成功」或許可以讓柯布因為控制比賽才擊出安打的說法成立，不過這個概念也有站不住腳的地方。舉例來說，假設有一項任務是一般人 99％的機率都會失敗，可是你失敗的機率只有 98％。你算是有控制局面嗎？其中一個例子便是我們在上一章提到業餘高球手與職業高球手一桿進洞的差異。儘管職業高球手一桿進洞的機率是五倍高，不過這種情況少之又少，要說職業選手對於一桿進洞是有控制的，也太可笑了。又或者假設

一名職業賭徒預測賽馬的成功率只比新手略好一點。即便賭徒猜對了，便假設她控制了結果，也是毫無道理而言。「優於平均成功」只能勉強說是隨機泥潭冒出的泡泡，而不能確定是控制。

我們一開始問說什麼事情是運氣，控制理論認為完全與運氣無關，結果發現這整個主題與泥巴一樣不明不白。總而言之，運氣控制理論沒辦法把事情說清楚。因此我們無法依賴我們對於控制的天真判斷，如同通靈會與橡膠手的幻覺案例證明，我們需要的是理論上的理解。然而，想要得出令人滿意的分析卻是相當困難。拉索爾很幸運才會在溫布頓擊敗更為優異的納達爾，即便大家很清楚這兩名選手都沒有缺乏控制。當控制的標準被提高到足以認定拉索爾很幸運才會贏球（因為納達爾的控制並未確保其勝利），我們便可能將所有事情都認定是幸運。如果我們把控制的標準降低到只是可能成功，便會產生史上最佳職棒打擊手每次擊中球都是運氣的結論。當我們試著將控制視為優於平均成功，又會遇到某人的技能僅僅略高於隨機便被視為控制局面的情況。

控制理論被宣稱真的是模態與機率的替代理論。當我們試著理解何謂「控制」，它又變成敵對理論。如果你有控制某個結果或事情的意思是指，你辦到那件事的機率高於平均水準或者你可能造成那個結果，這不過是換個方式陳述機率理論而已。有控制代表具有某種機率形成一種效應，而沒有控制／形成一種效應的機率低便意味著運氣。如果我們反過來把「控制」視為你想要失敗都很困難，這又會變成模態理論。「控制」不過是在模態上具有強韌能力可達成某件事，而運氣＝缺乏控制＝在模態上做成某件事的能力脆弱。因此，控制理論想要被視為充足，不僅必須

要能解決拉索爾／納達爾與柯布問題，還必須設法在觀念領域建立地盤，證明控制不單是陳述運氣機率或模態理論的累贅方式。

慢著，且聽下文分解！

共時與歷時的運氣

我們很容易便能找到一些排行榜，例如「NBA 季後賽史上 25 大壓哨球與決勝球」或「過去 20 年 10 大絕殺」或「運動史上 50 最佳關鍵球」。這些列表的背景都有相同的架構：比賽馬上就要結束了，比分極為接近，兩隊都有可能獲勝。此時，橫掃千軍的英雄做出大膽舉動，決定了隊伍的勝利，像是兩手叉腰，配劍刺入斷氣的惡龍身上。舉例來說，維基百科不帶感情地描述麥可·喬丹（Michael Jordan）在 1998 年 NBA 決定的第 6 場比賽最後進球是「一記決勝球，已名垂青史」。這類英雄敘述實在令人討厭。那些也在場上得分的其他球員呢？他們的貢獻對於勝利同樣至關重要。如果喬丹的隊友沒有把比數追到 86–85，與猶太爵士隊僅一分之差，喬丹的壓哨兩分球便沒有任何意義。他為什麼比其他人更為重要或受人仰慕？唯一可能的答案是他是天選的幸運者，因為他最後一秒的進球讓球隊領先。同樣一球在比賽的任何其他時間都會是例行公事——有貢獻，但很普通。可是，最後一秒的絕殺呢？那正是幸運的特殊之處。

長時間發生的事稱為歷時（diachronic），同時間發生的事則稱為共時（synchronic）。運氣好壞的判斷對於這種區別很敏感，惟其方式很驚人又不一致，迄今我們檢視過的理論都無法說

得通。以歷時來看，一件事從長時間發生的連串或系列來判斷屬於好運，但就共時而言，同一件事不受時間影響、與其他事件分開來看，便不會被視為好運。一件事以歷時來看是好運，但以共時來看不是，反之亦然。這個問題稱為歷時運氣問題。以下是一些歷時運氣的案例，以及它們如何構成運氣理論的問題。

以喬・迪馬喬（Joe DiMaggio）的紀錄為例。他在 1941 年創下連續 56 場安打，被視為運動史上最傑出紀錄。[31] 已故的史蒂芬・傑・古爾德（Stephen Jay Gould）宣稱迪馬喬「打敗最艱難的大師、讓諾蘭・萊恩的快速球像是慢動作哈密瓜的女子——幸運女神。」迪馬喬完全同意，他寫道：「我已說過好多遍，你必須很幸運才能連續安打。」[32] 數學家山繆・亞貝斯曼（Samuel Arbesman）與史蒂芬・史特加茲（Steven Strogatz）就棒球史進行了一項蒙地卡羅模擬，使用綜合棒球統計資料庫（由 1871 年到 2004 年）。[33] 他們建構了多個不同的可能棒球史數學模型，考量到每名球員上場比賽的次數、打數（at-bats）、四壞球保送、觸身球、犧牲打等等。他們的五個模型的變數包括最低打席（plate appearances）及其他數項變數，他們給每個模型進行一萬次電腦模擬。這些模擬等於完成了不同的棒球史。其中一項結果是，任何人達成連續 56 場以上安打的機率只有 20％至 50％。在真實世界達成連續 56 場安打的迪馬喬，幾乎擠不進最有可能保持該紀錄的前五十位球員之列。事實上，他們寫說：「雖然沒有一名球員特別有可能保持該項紀錄，還是有可能出現極端的連續安打紀錄。」[34] 某人擁有連續安打紀錄的機率很高，但是迪馬喬擁有該紀錄的機率很低。

　　因此，根據亞貝斯曼與史特加茲的分析，迪馬喬極不可能連續 56 場安打，所以他無比幸運才能擁有這項紀錄。事實上，連續安打紀錄越長，他越是幸運才能保有紀錄。迪馬喬在 1941 年 7 月 17 日那天是否不幸運，亦即他的連續安打中止的日子？他是這麼想的：「當我的連續紀錄中止時，也是一種運氣——這回是厄運。」[35] 在那場比賽，印第安人隊三壘手肯恩・凱特納（Ken Keltner）做出兩次漂亮的反手接球，阻斷迪馬喬連續第 57 場安打。連續安打紀錄終結的翌日，迪馬喬又展開另一次連續安打，持續了 17 場比賽。凱特納做出這麼漂亮的動作，阻止迪馬喬連續第 57 場安打，當然是非常幸運。如果他成功了的話，那麼就不是 57 場連續安打，迪馬喬將會達成驚人的連續 74 場安打。值的一提的是，在連續 74 場比賽之中安打 73 場仍是一項紀錄。以經歷一段時間的序列因素來看（歷時觀點），迪馬喬是對的：他在第 57 場對上印第安人隊是運氣不好。假如他在那場比賽設法擊出一支安打的話，他將會達成連續 74 場安打的無敵紀錄。

　　如果不考慮時間點或每次安打的關係（共時觀點），迪馬喬未能持續下去並不是厄運。事實上，我們也應該這麼預期。棒球球員並不常安打；進入名人堂的打擊手安打的次數僅為其打數的 1/3。如同我們稍早談到，三種運氣理論一致認為棒球球員擊出安打是幸運的——因為這是很不可能、模態上脆弱，以及不在他們的控制之內。即便是在他的連續紀錄期間，迪馬喬大多數時間也都沒有打中球（打擊率「0.409」）。他在第 57 場比賽沒有安打原本就是棒球普通、常見的部分。換做是其他場比賽，沒有人

會認為迪馬喬太不走運了；只不過因為那場比賽介於他的兩次連續安打紀錄之間，而使他看起來很倒楣。那麼，迪馬喬在第 57 場比賽是走了霉運，還是說這根本無關運氣？答案是，如果不採取一種特定的觀點，似乎無法評估他的運氣。我們充其量只能有一種觀點評估：迪馬喬在歷時上來看不幸運（與討論過的運氣理論不相容），但由共時來看，他的表現完全與壞運無關（直覺來看，以及三種運氣理論來看）。

　　或者，我們可以說一名球員的連續紀錄由歷時來看是幸運的，但由共時來看，他的表現並不是因為幸運。明尼蘇達灰狼隊控球後衛麥可・威廉斯（Micheal Williams）擁有 NBA 罰球連續紀錄：1993 年的 9 個月期間，他投進 97 次罰球，而後才失手。[36] 因此，他的生涯罰球率為「0.868」，就機率而言，沒有任何一次罰球是幸運的──威廉斯進球的可能性很高。就模態而言，很難判斷威廉斯沒有投進罰球的可能世界距離我們有多遙遠。棒球每次投球都不一樣，比賽情況也不同；未若棒球，籃球罰球的情況是可重複的。球員在相同位置投籃，在投籃前沒有人干擾或控球。因此，世界或許要大幅改變，才會讓威廉斯沒有投進罰球。就控制理論而言，威廉斯對籃球擁有相當控制──他是職籃球員，而且在沒有干擾或異常分心之下投籃。因此，這三項運氣理論似乎有了共識：威廉斯每次投進罰球並不是因為幸運。但是，他也不是不走運；成功投進罰球根本與運氣無關。他的成功似乎可歸功於技巧，而不是運氣。

　　然而，威廉斯達成連續第 79 次罰球算是幸運，因為那一球打破凱文・墨菲（Calvin Murphy）的舊紀錄，奠定他在紀錄簿

上的地位。入駐 NBA 名人堂的瑞克‧貝瑞（Rick Berry）寫道：
「所有罰球高手都必須具備技巧、信心、常規和一點運氣。」墨
菲也同意，他當時抱怨說：「真正困擾我的是威廉斯打破我的連
續紀錄，現在他的罰球率達到 83％。那告訴我，他很幸運。」
威廉斯是幸運的才能投進打破紀錄的那一球，儘管他控制了籃
球、很有可能進球，而且如果不計連續紀錄的話，那一次罰球跟
其他次其實沒什麼不同。

　　或許那只是運動的特色。我們喜歡創造神話，英雄克服萬
難、偉大行徑晉身榮耀的傳說。或許我們太過深究凡人傾向，捏
造出大人拿著棒子擊球的點石成金故事。因此，我們很容易質疑
這一切不過是人們刻意要給予運氣重要的意義。然而，在運動以
外的背景下，與技能或個人成就無關的純粹隨機事，也會出現相
同問題。

　　假設你在玩老式機械式老虎機（新式的是數位、電腦控制、
隨機）。拉下桿子，三排圖案各自翻轉，翻出檸檬、櫻桃、蘋
果、萊姆、葡萄、西瓜等的機率均相同。常見的設定是每一排
有 16 種不同圖案。這三排不會同時停止；最左邊的先停下來，
接著是中間那排，然後是右邊。你拉下拉桿。第一排出現櫻桃。
這無關運氣；你不放在心上。第一個圖案是什麼並無關連。接著
第二排也停在櫻桃上。你還是沒有覺得幸運，因為兩個櫻桃沒有
獎賞。現在，你必定祈求第三排能得到幸運女神眷顧。等它停止
時，也出現了櫻桃。中獎了！你非常幸運才會在第三排也出現櫻
桃。

　　如此說來，第一顆櫻桃完全無關運氣，第二顆櫻桃也不是

運氣（或者說有那麼一丁點），但第三顆櫻桃卻是相當幸運，這是完全合理的。以歷時序列的因素來看，最後一顆櫻桃是幸運的，因為有它才能贏得大獎。然而，每一排的翻轉是獨立的，彼此之間沒有因果關係。況且，每一格必須停在相同圖案才能中獎；第三格停在櫻桃的必要性跟前兩格是一樣的。如果第三格是櫻桃，前兩格也必須是才行。若以共時來看，沒有任何一格比其他的更為幸運。它們都必須共同合作才能獲得獎賞。

　　我們現在來看看運氣的三種理論是怎麼說的。最後圖案是櫻桃的機率並沒有低於第一個圖案。三格都出現相同水果的機率甚低（0.02％），因此機率理論給出了正確結論，亦即老虎機中獎是幸運的。然而，連續出現櫻桃是否幸運並不是問題所在，真正的問題是：「第三格出現櫻桃是否比第一格或第二格更加幸運？」就機率理論來看，答案是否定的。每一格的機率都是一樣。

　　我們稍早看到，模態理論依賴區分某些事情是脆弱的，某些是強韌的，可是其間的差異站不住腳。穿越世界 2000 那個思想實驗的重點是要證明，幾乎每一項事實都是脆弱的。我們姑且先撇開不談。即便脆弱／強韌的區分站得住腳，模態理論在老虎機的案例幫不上忙。只要世界的一個小改變（那一排多轉幾圈或少轉幾圈），第三排就不會出現櫻桃。可是，第一排及第二排也是一樣。第三格成功出現櫻桃，在模態上並沒有比另外兩格更為脆弱。控制理論和其他理論一樣。

　　玩家無法控制那三排要停在哪一格。他們對於第三排的控制跟前兩排一樣的少。因此，根據控制理論，每一排分配到的運

氣都完全相同。格子出現櫻桃是幸運或不是幸運，都跟我們這裡的目的沒有關係。主要的問題是，第三格出現櫻桃是否比較幸運。

由共時來看，這些理論都說對了：第三格出現櫻桃並沒有比另外兩格來得更為幸運。可是，這些理論都經不起歷時觀點的審視，亦即在玩拉霸機時，第三格出現櫻桃似乎遠比另外兩格來得更為幸運。第三格出現櫻桃似乎比前兩格更為幸運（由歷時來看），但也算不上幸運（由共時來看）。這好像格式塔轉換（gestalt switch），一邊看是鴨子，另一邊看是兔子。雖然既有的理論在共時運氣說得通，卻無法解釋歷時運氣。

有人或許堅持說，第三格出現櫻桃遠比前兩格來得重要。因此，即便第三格的機率、模態脆弱，或對於櫻桃的控制與前兩格無異，但其重要性確實不同，所以，第三格出現櫻桃真的是比前兩格來得幸運。然而，這種反駁並不正確，事實上恰巧突顯出共時對歷時運氣的問題。就共時來看，也就是不管其在時間序列的位置，某一格出現櫻桃並沒有比其他格來得更為重要。同等重要的是，每一格必須出現相同水果才能中獎。第一或第二格出現櫻桃，跟第三格出現櫻桃是同樣重要，或者說同樣不重要。另一種陳述方式是，若單獨就某一格而言，哪一格出現什麼水果根本不重要，不去管之前或之後發生的事的話。總會出現某種水果。如果是櫻桃，那就這樣吧。然而，就歷時來看，亦即時間序列的角度，第三格確實更為重要。由於前兩格已經出現櫻桃，第三格出現櫻桃便變得極為意義重大。這種基本現象是依據歷時或共時角度來區分運氣。

　　幸運的連續紀錄與決勝進球除了是我們從運氣觀點選擇的案例，同時也是基於它們本身的成就。當然，反派角色也是如此。1986 年美國職棒大聯盟世界大賽，紐約大都會隊（Mets）贏得第 6 場比賽，因為紅襪隊一壘手比爾・巴克納（Bill Buckner）在第十局漏接一記滾地球。巴克納的厄運不僅在於他外野守備失誤，而且由歷時觀點來看亦復如此。相同的失誤發生在該場比賽的任何其他時間點，將會淹沒在時間的流沙裡。我們採用什麼運氣觀點無關何者為真、何者更佳，而是我們要用運氣來講什麼故事。認知到運氣的觀點性質，可能使世上的喬丹們謙虛為懷，而世上的巴克納們則可感到慰藉；他們的「運氣」可說是我們自己捏造出來的。

　　運氣的模態理論採取萊布尼茲的邏輯可能世界，每個世界由真實世界輻射發散出去，嚴格按照它們與真實的相似度來排序。很可能不會發生的實際事件（但在鄰近可能世界發生了），便是脆弱的。脆弱事件是幸運的。很難不發生的事情便是強韌的，與運氣無關。模態理論不同於機率理論，似乎可能是了解運氣的方法。然而，鄰近與遙遠世界的概念經不起審視；我們僅僅改變一約塔的事實，便會發生各種千奇百怪的可能性，使得幾乎每件事都變成幸運。即便在邏輯或數學必然性之下——亦即絕對強韌、按照模態理論，不可能是幸運的真理——我們都能找出幸運的案例。這項發現對於運氣模態理論的衝擊，猶如發現 20 億年前的兔子化石對於天擇（natural selection）而言將如同演化。如果這項理論是對的，這種事根本不可能有。[37] 運氣的控制理論則嘗試新方法，唯有在事情超出人們的控制時，那件事對他們而

言才是幸運的。假如某件事在你的控制之內，那麼事情發生便無關運氣。我們容易有一些心理怪癖，動搖我們可以憑觀察或直覺便知道我們是否控制某件事的信心。我們需要的是一項可以依賴的控制理論。產生控制感，把事情做好，也是一項大挑戰。歷時的運氣問題，構成所有運氣理論的難題，包括機率、模態和控制。

　　運氣令人瘋狂，因為我們很容易便提出看似正確的運氣本質分析，可是只要一丁點的臨界壓力，它們又都會四分五裂。我們很難看到一條道路，可以讓我們在觀念上了解運氣，而且解決或避開迄今討論過的各種棘手問題；麻煩來自四面八方，來自各種考量，宛如一名士兵面對眾多前線的戰爭。或者換個比喻，就像我們想要脫離一個坑，卻越挖越深一樣。或許更加深入檢視運氣在我們生活中扮演的角色，可以幫助我們找到出路。在接下來兩章，我們將深入探討為何運氣對人類發現真相占有很大的地位，以及它在理解我們的道德罪責與道德可及性所扮演的角色。我們將由不同方向來接觸運氣的問題，希望我們可以三角測量出真相。

第四章

MORAL LUCK
道德運氣

「我們坐下來譏諷命運之神，那個蕩婦，使她離開她的轉輪，以後她的恩惠或者就可以公平的施給了。」

——莎士比亞（William Shakespeare）[1]

西奧勒岡州一個晴朗的 10 月天，當地婦人辛西亞·賈西亞—希斯內羅斯（Cinthya Garcia-Cisneros）和哥哥外帶了一頓餐點，正開車回家準備享用。一大堆掃起來的落葉由一棟郊區住宅

的前院延伸到街道，辛西亞想都沒想就直接開過去。她注意到輾過落葉時發出砰的一聲，但心想那只是樹枝或結塊的庭院垃圾。

現在，想像這個故事的兩個可能結局：

① 辛西亞和哥哥順利回到家裡；這不過是一趟平凡無奇的秋日郊區駕車行程。

② 回家幾小時後，辛西亞看到新聞報導一起肇事逃逸死亡事故，兩名小女孩躲在落葉堆內，結果慘被輾斃——辛西亞這才明白發生了什麼事。

辛西亞並沒有危險駕駛；她沒有在發簡訊、酒醉、嗑藥、超速或不專心。她沒有任何惡意。她只是開過馬路上的一堆落葉。這兩個結局之間的唯一差異是運氣：第一個結局是好運，那一堆確實只是樹枝和踏實的葉子，而第二個結局是厄運，小孩子藏身在落葉堆裡。哈佛心理學家賈斯汀・馬丁（Justin W. Martin）和菲爾瑞・庫許曼（Fiery Cushman）給兩個不同團體看了辛西亞的案例，其中一個團體看到第一個結局，另一團體則讀到第二個結局。研究人員接著詢問他們，辛西亞是否應該受到懲罰，如果應該的話，應該受到多大的懲罰。在無人受傷的結局，85％的受訪者表示她不必受罰。而在死亡結局，94％表示她應該受罰，並建議平均 1 至 3 年刑期，[2] 即便這兩者之間的唯一差異是運氣。

這是一則真實故事。不幸的是，第二個版本才是真實發生的事情。剛開始，辛西亞因惡意肇事逃逸而被判 3 年緩刑，

但這項判決後來被推翻，因為奧勒岡州法律並未「隱含要求」
（implicit requirement）駕駛人在事後得知有人受傷或死亡時重
回車禍現場。[3] 基本上，她是因為厄運而被判刑。開車輾過落葉
的道德性似乎維繫在命運的任性。但這正是令人不解之處。我們
行動的道德立場應該取決於我們的自由與知情選擇、我們可以控
制的結果、我們意志的產物，或者最起碼是對於我們行動的合理
預期結局——而不是運氣。當某件事因為運氣而發生，它便與
我們的主體性（agency）脫節。它與我們做對或做錯沒有任何關
係。反過來說，運氣在辛西亞案例至關重要。為何運氣跟道德有
關係？如何有關係？何時有關係？

康德問題

　　伊曼努爾・康德（Immanuel Kant）身材短小，聲音尖銳，
一生都住在波羅的海普魯士柯尼斯堡（Konigsberg）這個平淡無
奇的港口小鎮。終身未婚，康德最為鄰人熟知的是他的夜間散步
準時無比，他們會在他走過時校正時鐘。他不是最清晰或最流
暢的作家。尼采形容他的寫作是必須忍受的東西，是無法讓文
字舞動的「畸型概念跛子」的作品。[4] 康德或許也明白自己的短
處，而在他最著名的著作《純粹理性批判》（*The Critique of Pure
Reason*）作者序寫道：「本書絕對不宜大眾消費。」然而，在這
種令人不敢恭維的背景下，康德仍然成為現代時期最重要的哲學
家，而他的道德著作奠定當代權利理論的基礎。在《道德形上學
基礎》（*Groundwork of the Metaphysics of Morals*）這本自 1784 年

發行後便從未絕版過的書籍中，康德寫道：「善意為什麼是好的？不在於它造就了什麼，幫忙達成了某個所欲結果。相反的，善意是好的，是因為它的意願，亦即它的本質就是好的。就其本身而言，它的評價遠高於它所能造成的任何事，因其滿足某種喜好——或者你可以說，所有喜好的總和！這麼想吧：由於厄運或是繼母似的自然的悲慘施捨，這個人根本沒有力量去完成其目的；即使他本身盡最大努力，也無法達成任何目的。可是他仍然具有善意——不僅僅止於願望，而是使盡他自己所有的手段。這個人的善意本身會像寶石般閃閃發光，像是本身即已充滿價值的東西。其價值不會因為有用或無用而上升或下跌。」5

你或許有著最純淨、最善良的意志，並且竭盡所能去遵守道德法則，卻仍受到墨菲定律〔Murphy's Law，或墨菲冪定律？（Murphy's Power Law?）〕的嚴懲，一切都出錯了。根據康德，這不是你的錯。不然的話，如果你走大運，你的行動的正面結果超乎預期，你便不值得額外稱讚了。我們把糧食撒在水面上（譯注：慷慨施捨之意），但如何或者是否得到回報，並非我們所能控制。道德評估取決於意圖與努力，而不是無法保證的未來發生了什麼事。運氣可能在任何時候插手，所以我們對於未來可能發生什麼事情的控制很有限。未來是一個未經探索的國度；我們作為開拓者的名聲不能取決於無人涉足過的土地。6 我們確實可以控制的是我們的決定與意志，這正是為何康德主張我們應該依據我們做的事情來受到評估，而不是事情的結果。

用一句口號來說，「你只能在你可以控制的因素程度內受到適當的道德審判」。7 如果你搭電梯時一名老朋友走進來，

卻完全沒注意到你，甚至也沒有表示出他認得你的樣子，你或許會感覺不高興、被藐視了。然而，假設你的朋友是神經科學家奧利佛・薩克斯（Oliver Sacks）。薩克斯罹患中度的臉盲症（prosopagnosia），讓他難以辨認各種東西，尤其是臉部。薩克斯有一次遇到他熟識的心理治療師，5 分鐘後在大廳又看到他卻不知道他是誰。他經常走過自己的房子，因為他認不出來，甚至也不認得自己的鏡子裡的倒影。[8] 臉盲症是無法治療或治癒，薩克斯花了一輩子想要找出解決方法，卻徒勞無功。當你獲悉你的朋友罹患神經缺陷，沒有看到你並不是他的錯，你對於在電梯裡被無視的憤怒與不滿立即消散。那不是他能控制的，因此他沒有過錯——這是康德式直覺。

　　善意（投入其中的意圖與疏忽）及結果之間的相互作用是長久以來的問題。後來，功利主義認為，行動的正確與錯誤取決於後果，而不是一個人的行動是否值得責怪或稱許，這正是善意發揮作用之處。

　　以「友軍炮火」（friendly fire）為例，亦即戰場上的部隊誤傷己方人員。石牆傑克森（T. J. "Stonewall"Jackson）便是這樣喪命的。[9] 傑克森是美國南北戰爭時期的南軍將軍，普遍被視為美國軍事史上最傑出戰術家之一。在錢斯勒斯維爾戰役（Chancellorsville）大敗北軍之後，傑克森與幕僚趁著夜色返回營區，未料被北卡羅萊納第十八步兵團誤認為敵軍。傑克森一方試圖表明身分，但步兵團認定這是北佬在搞鬼，便開槍射擊。傑克森身中三槍，為了保命甚至截肢，惟仍感染肺炎，一周內便死去。卡羅萊納士兵當然不是故意要殺掉他們自己的將領；功利主

義者會說，雖然他們射殺傑克森是一件錯事，但不應被責怪。康德也會認為北卡羅萊納第十八步兵團沒有得到應有的責備，但在他看來，這裡沒有道德非難可言。步兵團以為可惡的敵人企圖摸黑欺騙他們，於是秉持誠摯的意圖開火了。我們或許可以抽象地責怪戰爭，可是步兵團本身沒有做錯任何事；他們與石牆傑克森不過是厄運的受害者。那麼，為何我們依然覺得北卡羅萊納步兵團的厄運讓他們的行動在道德上更為惡劣，比起那確實是北軍詭計，而他們對北軍開火更加糟糕？

　　直到 1976 年，哲學家伯納德・威廉斯（Bernard Williams）與湯瑪斯・內格爾（Thomas Nagel）發表兩篇著名文章，才令人注意以下這組不一致的說法，每項看起來都好像正確：

① 無人應為他們沒有錯的事情而被道德批判。
② 因為運氣而發生的事，不是任何人的錯。
③ 厄運可能讓一個人在道德上卑劣。

　　內格爾表示：「運氣在人類生活的重要性並不令人訝異……運氣在德道的地位才令人困惑。」[10] 類似石牆傑克森之死與早前提到的辛西亞肇事逃逸，內格爾稱為「結果運氣」（outcome luck）。在你了解配方之後，便很容易組合出更多案例。內格爾自己舉出的例子包括一名酒醉駕駛人平安到家（這種過失行為很糟，但「沒那麼」糟）與一名酒醉駕駛人撞死跑到車前的行人（這種過失行為顯然更糟）。再舉一個例子，一名殺手因暗殺對象忽然彎腰繫鞋帶而失手，這是一件可怕的事，意圖明顯惡劣。

當然，沒有失手而暗殺成功，是一件更可怕的事。倒楣的酒醉駕駛人無法控制行人跑到車子前面，而殺手也無法控制暗殺對象是否想要繫鞋帶。但是，和辛西亞一樣，他們的道德地位均取決於運氣。幸運的酒醉駕駛人在道德上「優於」倒楣的駕駛人；他們的行為沒有那麼差勁。

　　我們的普通批判如圖 4.1。

圖 4.1：成功的暗殺比失敗的暗殺更值得責怪

圖 4.2：成功與不成功的暗殺同樣值得責怪

　　道德運氣的問題在於酒駕或企圖暗殺的結果終究不在我們的控制之下，屬於我們無法指揮的未來。那正是我們不該為之負起責任的原因，如同薩克斯不應為了在電梯裡對你視而不見而被指責無禮。如果我們真的想要否決厄運讓你成為道德上惡劣，而好運讓你在道德上優越的觀念，我們便必須否決圖 4.1。簡易的解決方案將是平等視之，如圖 4.2。

　　圖 4.2 有三種詮釋方式。

　　第一種：安全的酒駕和企圖暗殺比我們通常以為的更加惡劣。實際上，它們跟酒駕撞上行人與成功暗殺同等惡劣。你可以跟康德統一口徑，說因為運氣才失敗的企圖暗殺跟成功暗殺是同等惡劣。不然你可以宣稱，安全駕車的酒醉駕駛人跟倒楣撞上行人的駕駛同樣不道德。無論安全與否，酒駕都是一件差勁的事，置他人於險境。因此，或許即便是安全酒駕也比我們想的來得糟糕。同樣的，企圖殺死別人是一件道德上惡劣的行徑，即使沒有成功。或許正確的寓意是，暗殺失敗比我們想的更為惡劣，跟成功暗殺同樣不道德。過失與惡意比我們所想的更為邪惡。

　　第二種：安全酒駕其實和酒駕撞上行人是一樣的，暗殺失敗與暗殺成功也是相同的。不是說安全酒駕與暗殺失敗遠比我們所想的惡劣，而是酒駕撞上行人與暗殺成功不像我們一般認為的那麼糟糕。事實上，它們並不比安全酒駕與暗殺失敗更加惡劣。謀殺是壞事，但不比企圖謀殺惡劣；其間只有運氣的差別。

　　第三種：安全酒駕（或是暗殺失敗）比我們一般認為的更為糟糕，但在同時，撞死人的酒駕與暗殺成功也不如我們一般認為的糟糕。換句話說，我們應該區分第一種與第二種之間的差

圖 **4.3**：開車案例應受責怪的程度相同

別。總的來說，我們只需要調節我們的直覺。康德說的沒錯，運氣並不會讓一個人在道德上更好或更壞。問題是，這些方法似乎都不適用於石牆傑克森的案例，因為北卡羅萊納第十八步兵團沒有惡意，亦無法輕易指控他們過失。事實上，南軍領導似乎認為他們在混亂的局面下表現得當，甚至晉升一名涉案軍官。[11]辛西亞一案也是這樣：儘管她釀成悲劇，她既無惡意亦無過失。她甚至不知道發生慘劇，直到她看到新聞。企圖調整我們的直覺道德反應，並沒有用。如果我們試圖調整直覺，就會是圖 4.3。

　　圖 4.3 的概念是，開車壓過落葉堆的人和開車輾過藏著兩個小孩的落葉堆的人同樣值得責怪——他們並無道德差異。可是，這種概念不可能是對的。辛西亞做的事情不是原已錯誤，厄運又使其雪上加霜，如同酒駕或企圖暗殺。她根本沒有做錯事。或許更為奇怪的是，在友軍炮火案例運用康德式直覺。

　　根據圖 4.4，在戰時射殺敵人與殺死自己的袍澤並沒有道德差異。即便在最堅決的和平主義者看來，這也太荒謬了。北卡羅萊納第十八步兵團遵守戰爭法則。如同辛西亞，他們沒有惡意，他們沒有私下憎恨石牆傑克森，唯有事後看來，他們才似乎有過

圖 4.4：友軍炮火案例應受責怪的程度相同

失。辛西亞與友軍炮火所遭受的道德質疑都是因為厄運。如果我們考慮「快樂結局」，亦即落葉堆只是落葉堆，真的是北軍在跟南軍耍詭計，就沒有什麼道德惡劣可言。對於幸運的酒駕者，我們可以斷言：「啊，她做的事情終究是壞事，不過她走運，沒有人受傷。石牆傑克森與辛西亞的案例就沒法這麼說了；真實生活場景裡的道德壞事 100％ 都是運氣的結果。道德運氣無法輕易分類。

　　現在，我們回到了起點，而康德問題依然無解。一方面是康德認為你的道德良善與任性、你無法控制的運氣無關。另一方面則是，造成可怕的結果確實讓你變成差勁的人，無論你的意圖如何，即使你覺得自己做的是對的事情或者自覺沒有做錯事。接下來呢？

哥倫布的蛋

　　每件事在事後看來都是一清二楚。魔術師的戲法可能叫人

無法理解——因明顯違反自然而令人困擾 [12] ——但在祕密揭開後又是如此淺白，令人不解我們為何一開始沒看出來。即便是偉大成就與發現在事後也是那麼平庸。1565 年，義大利歷史學家與探險家吉羅拉莫‧本佐尼（Girolamo Benzoni）在他的著作《新世界史》（*History of the New World*）講述了這個故事。哥倫布由劃時代大西洋航行回來後，他受到歐洲上流社會的宴請。在與西班牙貴族的一場宴會上，話題自然是西印度群島。一名傲慢的西班牙人跟哥倫布說，即使他從未抵達新世界，寶藏也不會長久被掩藏，因為西班牙「多的是熟知宇宙與文學的傑出人士」。哥倫布沒有多說什麼，而是請人拿給他一顆蛋。有時候，小小的證明勝過千言萬語。他要把蛋立在桌上，接著提出一項賭注：除了他以外，沒有人可以讓蛋立起來。所有貴族紛紛一試，但雞蛋都跌倒，立不起來。哥倫布拿起蛋，把一端在桌上輕壓一下。當然，現在雞蛋立正了。哥倫布環顧四周，一語不發，可是大家都明白他的意思。在這之後，大家都知道該怎麼做了。[13]

開始航行前，這位海洋上將（Admiral of the Ocean Sea）被嘲笑、無視，四處奔走去募集這趟必然是有勇無謀航行的資金。等到他回來後，所有西班牙貴族卻等不及跟他說，他們多的是傑出人士排隊要去發現新世界，哥倫布做的事沒什麼特別。雖然立蛋的簡單例證指出貴族們的愚蠢，他們仍然無法抗拒做出「我們早就知道了」或「我們看得出終究是會發現新世界」的批評。在事前預測是很困難的，但事後我們往往在回顧時認為那些都是可以輕易預測。

一旦我們知道要找些什麼之後，後見之明便四處浮現。[14] 局

外人政客勝選，我們便看到選民不信任老牌政客的明顯證據。不忠的配偶被發現後，她的丈夫便痛斥自己沒看到現今昭然若揭的警訊。表現落後的四分衛打了一場漂亮的比賽，教練便慶賀自己知人善任，那個球員果然有一套。後見之明是我們在事前對於發生機率的預測，以及我們在事後對同一件事預測的差異所在。這造成一種狹隘視野，我們鎖定在一件事的最簡單或最明顯的解釋，而不再看向他處。明年收成不佳的機率如何？這不容易回答，雖然農民和商品經紀商都熱切地想要知道；農業受到各種混亂因素的影響。去年歉收的機率呢？我們都應該明白會發生什麼事，全球暖化帶來的影響（聖嬰現象、乾旱、蝗蟲、移工，任何你愛講的話題）。

運氣與後見之明有著密切相關，就像靈魂伴侶這件事所說明的。在這個每件事都要黨派爭吵的國家，有一件事倒是有著普遍共識：人們有靈魂伴侶。根據一項全國蓋洛普調查，「從未結婚的單身人士絕大多數（94％）都認同，『結婚的話，我希望配偶是我的靈魂伴侶，這是最重要的。』」[15]一項羅格斯大學（Rutgers University）的研究發現：「在單身男女（年齡介於20至29歲）之中，絕大多數（88％）同意『一個特別的人，靈魂伴侶，正在某處等候著你。』從未結婚過的單身人士高度相信他們將成功找到那位靈魂伴侶；大多數人（87％）同意說，等他們準備好要結婚時，他們便會找到那個特別的人。」

這些數字很驚人。認為自己有個靈魂伴侶而且會找到他／她的人，多過認為地球繞著太陽公轉的人。[16]

就眾多的人類數量以及你一生中所能遇見的極少部分來

看，找到與你完美契合的人的客觀機率有多少？容貌、興趣、教育、幽默感、政治與宗教看法、個人嗜好、態度、時尚品味、音樂品味、道德觀等等都符合你的理想，比地球上其他人都更好的人？機率極為渺茫。[17] 因此，假如你真的遇到靈魂伴侶，那必然是命運。

　　顯然，事後認為你的另一半便是你的靈魂伴侶，是後見之明的另一例子。回顧形成關係的各種偶發事件——選擇大學，跟這個人或那個人交朋友，參加某一次派對或活動，喝酒壯膽——我們找出串連其間的一條亮線，並看出命運的詭計。如果這些選擇點有了其他變化，那麼你的伴侶便會是不同人，然後你會看到歷史途徑改變讓你遇到那個人。無論你的伴侶是誰，你都可以說出你們的結合是無可避免的講法，唯有天意才能解釋的無可避免。

　　除了命運鼓聲之外，另一種熟悉的講法是把它視為巧合與運氣。[18] 遇見你的「靈魂伴侶」並成功建立關係的每件事，不過是一連串極不可能的偶然事件。另一種觀點是，假設你上自己讀的大學的機率是 25％，參加你遇見配偶的那一次派對的機率是 25％，你的朋友介紹你們認識的機率是 25％，你沒有讓自己出糗的機率是 25％，諸如此類。這些事情都發生的總機率是多少？把個別機率相乘，便會得出相當低的數值。這又是後見之明：事後知曉遇到靈魂伴侶的機會渺小，於是修改所有歷史資料去配合它。你可能有很高的機率把自己的另一半當成靈魂伴侶，無論那個人是誰。

　　我們認定事情的現況極為重要（「我和靈魂伴侶結婚

了！」）之後，回溯一路走來，過去的每一步都是幸運的。我們走到了 Z 的一步，回顧由 A 以來的每件事，把醉鬼般歪七扭八的步行看成是一連串幸運事件。可是，如果我們由 A 的一步出發，相像未來在 Z 和相同的人結婚，我們便不會認為由 A 到 Z 是幸運的事。如同攝影師安瑟・亞當斯（Ansel Adams）所說：「我時常回想，我過去人生的每件事似乎都是有意義地排成合理的順序。」[19] 當然，這是人類天生的傾向；合理的順序被視為命運或運氣，不過是同一枚硬幣的兩面。

　　後見之明是解釋道德運氣心理的堅實競爭者。我們聽到辛西亞輾死兩名小女孩，心想：「她開車輾過那些落葉時聽見砰然巨響，卻沒有想過停下車子去看看怎麼回事？大家都知道小朋友會在樹葉裡玩耍。我不敢相信她甚至都不繞過那堆樹葉。她的罪責感覺很明顯。又或者，我們看到石牆傑克森一行人慌亂地想要表明自己的身分，可是北卡羅萊納第十八步兵團的上尉約翰・貝瑞（John D. Barry）反抗地大喊：「那是該死的北軍在搞鬼！開火！」我們心想，先開火，然後才問問題？在開火前沒有辦法確認那到底是不是傑克森和他的人員嗎？貝瑞好像喜歡亂開槍、愚蠢，甚或是怠忽職守。事情出錯了，我們想要找出一個責怪的對象。我們想要辛西亞及北卡羅萊納第十八步兵團是有過失的。我們想要告訴自己，他們行動的結果是可以預見的結果，有理性的人不會那麼做之類的陳腔爛調。[20] 那些人應該知道才對，我們知道這點，是因為事後來看他們的行動與可怕結果之間的直線連結顯而易見。當然，在當下絕對不是那樣。

　　發生可怕的事情時，我們迫切想要找出責怪的事或人。如

果地震摧毀我們里斯本的家鄉，我們責怪自己不敬上帝及罪惡。當小威廉絲（Serena Williams）發生非受迫性失誤，我們責怪她選球差勁。我們熱中責怪似乎跟我們熱愛痛苦有關。在其1887年著作《道德系譜論》（*The Genealogy of Morals*），尼采將人類施加予彼此的殘酷行徑分門別類，由戰爭到婚禮等各種背景，結論指出「看到人們痛苦對你有益，可以製造痛苦的話，甚至更好──這是個艱難的命題，卻是一個古老、強大、太過人性的命題，甚至連人猿都接受⋯⋯在懲罰當中，有太多的歡樂了！」[21] 儘管這有違寬容與開明的愉快自我，尼采說的對極了。看到美式足球邊鋒被防守絆鋒使出一記金臂勾，而不感到內心滿足的人少之又少。誰不喜歡驚悚片壞人血腥結局的宣洩（catharsis）？《決勝時刻》（*Call of Duty*）、職業摔跤、《貓鼠大戰》（*Itchy and Scratchy*）、《復仇者聯盟》（*The Avengers*）──我們熱愛暴力的可接受管道無窮無盡。

　　你或許認為我們喜歡的不是痛苦，而是正義。如果是敵人的話〔球員、士兵、團隊、罪犯、外群體（outgroup）〕，那麼他們遭受悲慘不過是正義的重擊。在他的一部動作片裡，阿諾‧史瓦辛格（Arnold Schwarzenegger）飾演的角色被他的妻子意外發現他是個祕密幹員。她質問說，他是否殺過人，史瓦辛格的解釋／辯解很簡單：「有的⋯⋯不過他們都是壞人。」可惜的是，覺得我們懲罰別人只因為他們原本是壞人，也是自利（self-serving）的想法。後二戰心理學的一大故事是，一般公民迫不及待想要懲罰，接著惡魔化受害者，說他們活該受到虐待；懲罰不是真正因為他們的失敗。[22] 米爾格倫服從實驗（Milgram）的一

名實驗對象堅持說，他的假定受害者「如此愚蠢與頑固，應該受到電擊」。在戰爭開打之後，敵人都變成了猶太人、越共、帝國主義分子、十字軍或包頭佬（raghead）。他們都是壞人。

　　同樣令人意外的是，我們喜愛糾正與懲罰別人，即便我們相信他們不應該被責怪。把食物扔到地上的奶娃不知道她做了錯事，或許是調皮搗蛋，但絕對不是出於惡意。這沒什麼好責罵的，不過她的父母仍然糾正她。在家裡大便的狗狗會被懲罰，儘管牠不明白這是不可接受的行為。尼采合理提出，懲罰具有灌輸記憶與責任感的作用；奶娃與狗狗或許不「應該」被懲罰，可是他們會學習調整自己的行為，避免將來再犯。

　　這些顯示出道德運氣的另一項解釋。第一個概念是，作為事後諸葛，我們高估人們可以預估自己行動導致可怕後果的機率。因此，後見偏誤說明了我們何以認為即便是厄運導致的結果也有罪，例如辛西亞開車輾過落葉堆。道德運氣心理學的另一種解釋是：我們想要讓人們為自己的行動負起絕對責任，即使他們不應受到責怪，即使那些結果是運氣導致，這樣才能讓他們學到教訓，影響他們未來的行為。[23] 幸運的酒醉駕駛人在受到懲罰之後，對於酒駕便會三思而後行，儘管他安全開車回到家，沒有傷害到任何人。而且北卡羅萊納第十八步兵團下回遇到一隊夜間旅人時，應該會更為謹慎。

　　道德運氣與修正未來行為有關，亦非常符合這項基準：你或許會為了奶娃亂丟食物而懲罰她，卻不會為了她打噴嚏、把食物翻倒到地上而懲罰她。在前者，我們假設奶娃對於結果有所控制，至於後者，她完全沒有控制。為了打噴嚏而懲罰奶娃是不會

產生任何正面成果。當然，這些都無法幫助我們決定是否應該為
了其意外行為或厄運結果而去懲罰別人。只是解釋了我們為何那
麼做。

意外的納粹與醫療怪事博物館

　　如同一條妒忌的狗，運氣在我們的行動與其意圖結果之間
小心翼翼前進，讓我們在事情出錯時驚慌沮喪。延續這個比喻，
我們於是指責狗狗不乖。好的一面是，雖然這些運氣的詭計對我
們形成不良影響，卻不會改變我們的本質。辛西亞的性格並沒有
因為孩童們在樹葉中玩耍的厄運而改變；她是不是一個忠誠、公
正、有耐心、自立、慷慨或有禮的人，都和那起不幸與無法預測
的事件沒有關係。俗諺說「一燕不成夏」，在那些幸運的結果，
道德本身並未受到影響。如果道德勇氣的問題發生在我們個人主
體性，我們自己性格與意願的深沉層面，才更令人困擾。

　　準備更加困擾吧！我們是誰、我們成為什麼樣的人，通常
是被環境塑造，而那些環境很可能是運氣的結果，如同下列這個
戲劇性的例子。

　　1929 年，19 歲的猶太人約瑟夫・尤菲（Josef Yufe）離開羅
馬尼亞的家鄉前往加勒比，想要逃離普遍的反猶太主義以及正統
派父親的嚴格宗教期望。[24] 在半路上，他遇見年輕的德國天主教
女人萊賽兒，她愛上英俊的約瑟夫。他們在英屬領地千里達住了
4 年，生下三個小孩，其中的同卵雙胞胎男孩奧斯卡與傑克誕生
於 1933 年 1 月。他們出生 6 個月後，萊賽兒受夠了約瑟夫拈花

惹草與酗酒，不願再忍受。他們仳離，萊賽兒回到德國，顯然還指望著約瑟夫會回心轉意來找她。但是約瑟夫這個花花公子，一見不到人便忘得精光；萊賽兒離開後，他便娶了選美皇后，千里達小姐。他從此沒再回去歐洲。

　　真正重要的是奧斯卡與傑克的故事。隨著父母仳離，兩個男孩也被分開。奧斯卡與母親去到德國，適逢第三帝國成立，對一個有著猶太父親的男孩來說，時機真是太不湊巧了。情況立即顯示，任何猶太血源的痕跡都必須遺忘，奧斯卡被勸告絕對不能再提起「猶太」。他明白自己的新生活會有什麼情況？當他的學校副校長問起他的姓氏：「尤菲？那不是猶太人嗎？」奧斯卡迅速回答：「不是，那是法國姓氏，唸做尤菲。」奧斯卡的外婆未雨綢繆，更換了他的姓氏，並讓他受洗為基督徒。奧斯卡成為希特勒青年團（Hitler Youth）的熱切成員，相信了元首的話，受到德國國家主義的鼓動。雖然戰爭結束時他還是個孩子，不難想像假如戰爭再打得久一點或者軸心國打贏的話，奧斯卡的人生會是如何。

　　傑克則和父親留在千里達，與當地黑人小孩交朋友，成為英國公民，以猶太人身分成長。如同奧斯卡否認他的猶太血統，傑克盡力減輕他有一個德國母親的羞恥。他成為英國愛國分子，加入航海童子軍（進入英國海軍的第一步），甚至在青少年時便獲得國王喬治六世頒發獎項。及至戰爭結束，傑克已完全接受他的猶太血統。他前往以色列，加入以色列海軍，並娶了一名他在集團農場結識的女子。以自己的信仰為榮，傑克在脖子刺了一顆六芒星。很難像這對孿生兄弟人生道路如此分歧。

　　這對孿生兄弟在 1950 年代相逢時，起初氣氛緊張，不意外的，他們忐忑不安地打量對方。雖然他們發現彼此有許多相同習慣，例如在筆管上纏繞膠帶以加強握筆，閱讀書報時劃了許多重點，超愛吃奶油，搔頭的姿勢一樣，還有脾氣急躁，他們卻沒有共同的文化、家庭、政治或宗教背景，甚至語言都不同。雖然奧斯卡與傑克最後仍持續聯絡，他們深刻感受到環境運氣在他們人生扮演的戲劇性角色。奧斯卡曾經對傑克說：「如果我們交換了，我會成為猶太人，而你會成為納粹。」一語道破人生無常。

　　早期的思想家明白運氣與塑造我們的性格有關，但他們未能看出運氣對於道德的奇特影響。例如，馬基維利比較美德與幸運對於政治家和議員們成長的影響，頌揚那些因為自身美德而得以利用幸運所提供的情勢。他的一名評論者說：「社會裡每個人的生涯均受到該社會特定環境的制約，非出自他的創造，而是他的運氣。」[25] 這其實是說，馬基維利認同環境運氣對於設定我們未來參數的重要作用。馬基維利認為，你如何運用那種運氣，便與美德有關。然而，他沒有看到內格爾看到的：我們的道德性格，亦即習慣性的美德與邪惡，是運氣的結果，而不是我們的結果。運氣造就日後的奧斯卡與傑克；而不只是他們出於自己的本質與不變天性對外部刺激所做出的回應。他們自己的性格是在命運的火焰中鍛造。

　　奧斯卡與傑克是環境運氣的極端案例，也是很好的案例，但卻不是罕見案例。國王的嫡子光榮地繼承王位，庶子則活在祕密的羞恥之中。貧窮學生冒著大雪爬坡去上平庸州立大學，另一個不是特別有才華的學生卻開著 BMW 轎車去上鍍金長春藤大

學。史提夫・萊許（Steve Reich）獲得葛萊美獎的古典樂曲《不同的火車》（*Different Trains*）便是講述這種運氣：樂曲對比 1940 年代美國火車旅行，有臥車腳伕伺候的橫跨美國浪漫之旅，而同一年代的歐洲火車則是擠滿納粹大屠殺的受害者要被送往集中營。[26] 如同唐納・川普所說：「你們誕生在世上最偉大的國家。你們不認為那是幸運嗎？」[27]《不同的火車》正好激起那種感覺：搭乘風景如畫的加州微風號列車抵達海邊，而不是無窗戶的特別列車被送往特雷布林卡（Treblinka）的毒氣室。

　　在結果運氣之下，我們很難硬是去責怪辛西亞或貝瑞上尉，因為他們行動的結果明顯不在他們控制。然而，後見偏誤卻在誘惑我們──我們在事後試圖找出某種理由，認為他們畢竟是有過失或不小心。又或者，我們決定他們無論如何應該負責，即使我們承認他們不應被責怪。在環境運氣案例，那些因應方法就沒有那麼誘人。我們如何叫一名愛國的希特勒青年團為了變成這種人負起責任？納粹對於自己的成長無能為力，如同安妮・法蘭克（Anne Frank）一樣。我們或許會懲罰幸運的酒醉駕駛人，希望他學會不要心存僥倖，可是懲罰一名納粹好讓他學會──什麼？永遠不要再次在希特勒時代的德國長大？要培養超大的道德勇氣，下次要加入抵抗運動？傑克與奧斯卡的個人道德選擇並不是環境道德運氣的重點。相反的，這種運氣影響到更大的層面，他們的個人福祉、活得好與行善的前景、他們本人對於美德、愛國與如何分辨善惡的觀念。這些均由他們截然不同的成長決定。

　　運氣介入我們的計畫與計畫結果之間，決定我們會成為猶太人或納粹，甚至決定我們的物質組成。真希望我們是光明與純

理性的無形產物，我們生活中的所有選擇都是出於完美知識與全能全由。那樣的話，我們便能被正確地評判，那樣的話，我們便能確實為那些選擇的不幸或良好結果負起責任。去一趟費城（Philadelphia）的話，便能了解命運對我們成為何種人與人生價值的影響力。遠甚於環境，我們人生的書本是用核苷酸鹼基的字母所寫成的雙螺旋句子，可能包含錯字的句子。

費城醫學院有一間美術風格的紅磚博物館，裡頭有著十分令人不安的收藏，包括醫療怪事、病變和詭譎的異常。例如，一具 228.6 公分的垂體性巨人症骨骼，旁邊便是一具 106.7 公分侏儒的骨骼。還有一列又一列的頭骨，有的因為三期梅毒而呈蜂窩狀，有的則是被子彈射穿。還有玻璃罐裡裝著膨脹的大腸、雙頭嬰兒、各種腫瘤，和泰國連體嬰相連的肝臟，全都泡在福馬林。一項展示品是一個女人被埋在強鹼環境中，即刻變成了肥皂。這間博物館收藏大量古老醫療器具，看起來很適合科學怪人實驗室，那兒還有一個櫃子擺滿由人們喉嚨取出的兩千個物品。

馬特博物館（Mütter Museum）的收藏品顯示人類基因組廣大的可能性，以及我們的生埋決定我們人生道路。一個極端案例是哈利・伊斯特雷克（Harry Eastlack），他患有極其罕見的遺傳性疾病，名為進行性骨化性纖維發育不良（FOP）。患者的骨骼修復系統異常，將身體的所有結締組織，包括肌肉、韌帶、肌腱，都變成骨頭。關節被融合，原本應該是柔軟組織的部位形成大片及大條骨頭。捲鬚般的骨頭讓伊斯特雷克無法張開下巴，胸腔蔓生的骨質將上臂焊接在軀幹。在將近 40 歲臨終之際，他的嘴唇已不能動，完全被閉鎖，好像他有第二副完整的骨骼。一般

情況下，在柔軟的肌肉部位腐爛後，骨頭會散成一堆，要由專家重新拼成人體形狀。但伊斯特雷克不是：他的骷髏在博物館像一副盔甲般挺立，不需要策展的設計。他的基因主導他一生的故事，不是由他撰寫，也超出他的控制。他是一個厄運的故事，與結果或環境無關，而是他自己的組成。

伊斯特雷克的相反極端是亞伯特・愛因斯坦（Albert Einstein），他的名字是天才的同義字。他強大的腦子展示在馬特博物館，被切成薄片放在顯微鏡切片上。雖然愛因斯坦要求火化，他的醫師無論如何也無法讓愛因斯坦的大腦被燒掉，希望後世研究能夠解開他的智慧祕密。那項計畫尚未產生成果，然而那些切片本身就像是朝聖的神聖遺物。當然，愛因斯坦對於自己的科學天賦沒有控制權，就如同伊斯特雷克無法控制自己的身體構成。這兩個人都對自己必須面對的盡了最大努力。

愛因斯坦與伊斯特雷克代表遺傳樂透的贏家與輸家，逛一趟馬特博物館好像是運氣結果旅程，好運與厄運。我們誕生的社會開鑿我們生活的渠道，塑造我們的性格與決定我們繁盛的程度，也就是環境運氣。我們出生時亦帶有特定的基因優點與缺點，我們毫無決定權與選擇。舉例來說，二戰退伍軍人理查・奧佛頓（Richard Overton）活了將近 113 歲。[28] 他是一名非裔美國人，出生於 1906 年，他的壽命是出生時平均餘命的三倍；此外，他還每天喝威士忌、抽雪茄。很顯然，良好的遺傳運氣對於他的長壽具有最大的影響。另一方面，唐氏症的兒童除了認知功能受損與壽命縮短之外，亦可能罹患各種疾病。出生時多了一條 21 號染色體顯然是無可預測、無法控制的遺傳厄運。

　　我們為何覺得結果運氣案例必須責怪與懲罰的心理解釋，並不適用於環境運氣，對遺傳運氣更不適用。我們可以對愛因斯坦的創意、巧思與敬業讚不絕口，但不是對於他無能為力的天賦。俠客歐尼爾（Shaquille O'Neal）因為數酷炫灌籃備受稱讚，而不是為了他身高 215.9 公分才能那麼做。當然，讓可憐的伊斯特雷克為了 FOP 所遭受的限制負起責任，既殘忍又是判斷錯誤。我們或許因為個人行動的結果而遭到道德批判，即便是受到運氣的影響，卻不會因為人類的全球結果而被批判，即便這顯然也是運氣的結果。莎士比亞說我們要譏諷命運之神，「以後她的恩惠或者就可以公平的施給了」，這句話或許平庸無奇，卻是可以用來均衡環境及遺傳運氣影響的事情。

均衡命運

　　社會與遺傳樂透之間大量重疊，能夠單獨劃分到其中之一的事情不是很多。以身高來說。在史前及古代，經由基因遺傳而長到身高 213.36 公分是一項真正優勢。體型高大可以更為輕易擊退掠食者及打倒獵物。在戰爭當中也是加分項目；把錢押注在巨人歌利亞而不是大衛，是很有道理的，即使最後大衛幸運贏了。在倫敦塔有一套為身高 203.2 公分的男人所打造的中古板金盔甲，想像這名戰手揮舞雙刃大劍進攻的可怕力量。後來，人類研發工具以增強各種身高，不需要高大才能躲避掠食或狩獵。身高在戰爭甚至不是一項優勢，矮子拿一把來福槍便可輕易摺倒一名揮舞大劍的裝甲巨人。

　　在現代，身高帶來一大串劣勢。比平均略高一些的人收入較高，也是更理想的伴侶選擇，但是身高多出一個標準差的話就不行。不僅很難找到合適的衣服，頭還會撞上門口，更不用想坐進餐廳卡座了。搭乘飛機、火車和汽車不是很不舒適，就是不可能。總的來說，這個世界不是為了你的身高而打造，超高的身高真的沒有好處。至少在詹姆斯・奈史密斯（James Naismith）把裝桃子的籃子安裝在離地十英呎高的牆上，將足球投入其中之前是這樣。等到職業籃球興盛之後，突然間，七呎之軀變成一項巨大優勢，直接轉化為個人繁榮與成功。我們在這裡看到生理決定（遺傳＋營養）的特質由優勢轉為劣勢，又轉回優勢，完全是根據社會的改變。

　　還有其他例子說明生理特質的價值隨著社會情況而改變。舉例來說，人體演化成為餐後 20 分鐘才會感到飽足感，這項進化頗適合更新世，因為偶爾才能飽餐一頓，久久暴食一次有助於堆積脂肪，以備飢饉之需。如今我們有成堆的高量食物，這種古老設計便導致肥胖。肥胖以往被視為富裕指標，因為這證明肥胖者無需在田地或磨坊體力勞動，沒有受到最近一次饑荒的波及。許多人認為，體重過重有助於抵抗傳染性或消耗性疾病。19 世紀時，人們認為必變胖，甚至研發專利藥物（圖 4.5）。此外，在許多社會，體重過重被視為歡樂與社會和諧的表徵，他們喜愛快活的胖子，甚於悲哀的瘦子。想想法斯塔夫（Falstaff）與哈姆雷特（譯注：莎士比亞作品中的喜劇人物與悲劇人物代表），以及費茲威格（Fezziwig）與斯克魯奇（Scrooge）（譯注：狄更斯名著《聖誕頌歌》裡的仁慈善良老闆及吝嗇鬼）。

圖 4.5：葛洛夫的涼爽通寧水。公共領域圖像

譯注：海報上寫著：讓小孩與成人胖得像豬。葛洛夫的涼爽通寧水。上市逾 20 年。去年賣出 150 萬瓶。

　　在現代西方，當然肥胖被視為糖尿病、高血壓與心臟病的風險因子。肥胖不僅不再被視為健康表徵，過重更被視為道德缺陷，是缺乏自制的貪吃鬼。[29] 這種現代西方態度迥異於奈及利亞艾菲克族（Efik），直至今日，待嫁新娘仍要花很長時間住在增胖房，增加體重直到變成理想的豐滿妻子。我們或許因為演化而變得暴食，可是過重被視為肥胖與食物成癮疾病症狀，或者被視為美麗與繁榮的象徵，都只與社會規範有關。

　　我們應該崇拜身材適中的新娘,還是擅長三分球的籃球員?他們得到最好的獎勵,選擇高水準伴侶,還有財富。作為一個社會,我們盡全力確保他們的生活優渥,金融與社會成功遠高於平準水平。我們想要相信的說法是,他們的成就完全是個人努力、才華與辛勤工作。是個人選擇與決心,日復一日在球場上練習、保持吸引力,因此那些人當然值得獎勵。但是,遺傳與環境運氣使得這種說法變得複雜——伊斯特雷克永遠無法為湖人隊效力,無論他再怎麼努力。

　　才華值得獎勵。然而,才華未必會得到任何獎勵,而且當我們想到公平分配時,事實又有出入。有些能力出眾的人過著美好生活,名利雙收,其他人則否。舉例來說,以下是一些將實質成就化為財富的冠軍們,以及未能做到的其他人:

① 保羅‧胡恩(Paul Hunn)是金氏世界紀錄的打嗝冠軍。他打嗝可以達到 110 分貝,跟搖滾音樂會一樣大聲。

② 凱蒂‧佩芮(Katy Perry)是著名的流行樂創作歌手,有數首暢銷歌曲。

③ 喬伊‧卻斯納(Joey Chestnut)是大胃王紀錄保持者。他在 10 分鐘吃下 74 份熱狗麵包,41 秒鐘喝下 3.785 公升的牛奶,7 分鐘嚥下 4.763 公斤的乳酪通心麵。

④ 閃電博爾特(Usain Bolt)是地表最快男人,締造 100 米及 200 米比賽紀錄。

⑤ 德國豔星貝仙妮(Beshine)擁有世界上最大的人造胸。連串的擴胸手術將她的胸部擴大到 32Z 罩杯,植入了兩

個鹽水袋，每個的容量為 10 公升。

⑥ 湯瑪士‧布萊克索恩（Thomas Blackthorne）花了 6 年增強他的舌頭的力量，他在舌頭穿了一個鉤，現在可以抬起 10.9 公斤。

⑦ 克里斯‧凱爾（Chris Kyle）是美國史上最致命的軍方狙擊手，射殺 255 人。

⑧ 數學家馬里恩‧汀斯雷（Marion Tinsley）是史上最偉大的西洋跳棋棋手，45 年生涯中只輸掉 7 場比賽（其中兩場是敗給奇奴克電腦程式）。

　　這些成就都需要努力、練習和專注。其中許多還需要勇氣、才智與有效規劃。即使是聽起來奇特或愚蠢的例子，也有一絲令人仰慕。他們或許有才華，但不全是有錢又有才；也就是說，他們未必能靠自己的專長致富。這種成就未必能夠改善他們的生活，為家人提供安定，或是創造長久成功。不過，其中有些人是如此：凱蒂‧佩芮是世界上收入最高藝人，身家淨值 3 億 3 千萬美元。我們的社會構造讓佩芮的才華創造巨大成功；在沒有電信通訊的世界，她不過會是一名受歡迎的地方歌手，無論她技巧再好或投入更多心血。大多數人都聽說過博爾特，但沒聽過貝仙妮、布萊克索恩或胡恩，因為奧運沒有他們才能的項目。競賽棋手永遠得不到和世界撲克大賽（World Series of Poker）一樣的公眾注意，因此汀斯雷永遠無法發財。某個人可以成功，另一人卻不行的環境便是運氣。

　　我們人生的結果唯有在我們的選擇所導致的範圍內，才能歸咎於我們的個人責任。然而，選擇取決於機會，而機會不會憑空出現。機會是整體社會提供的結果。魯本斯（Peter Paul Rubens）筆下體態豐腴的裸女——那個時代稱頌的體型——永遠不會出現在 21 世紀米蘭時裝伸展台，而大胃王卻斯納在物質匱乏的時代不可能出現。有趣的是，凱爾明白這些因素而寫道：「你需要技能才可成為狙擊手，但亦需要機會，以及運氣。」[30] 凱爾在他的書《美國狙擊手》（American Sniper）提及運氣 20 多次。如果沒有漫長戰爭來磨練，凱爾的槍法不會創造出一本暢銷書與一部賣座電影，但這種背景因素已遠超過個人選擇。最重要的是，最成功的有才之士似乎都很幸運。

　　稱讚美德是合宜的，因為穩定的性格具備那些好的特質。但是，稱讚運氣卻不合宜。當然，我們妒忌樂透得主，可是我們並不尊敬他們，因為他們的成功與本人無關。沒有人因為優秀的個人特質而中樂透；不是因為技能、聰明或極為敬業才會中威力球。純粹是運氣。若個人都有公平的機會，運氣的分配便沒有不公平。樂透便是如此：彩券極為便宜，即使窮人也買得起。人們或許選擇不玩，但想要的話，人人玩得起，而且每個人都有平等的機率。因此一個人中樂透，而眾人輸錢，並非不公不義。

　　社會樂透的問題是，並非每個人都有公平機會——我們每個人都被賦予不同資質與能力，這些是否成為致富才能則完全取決於我們出生的社會環境。你可以選擇玩或不玩威力球，你可以挑選這組號碼或那組號碼。然而，你對於自己的能力或出生在什麼社會是沒有選擇的。在某些社會，高個或過重是有好處，在其

他社會則不是，你沒有選擇；從來沒有真正的替代選項。你不可能選擇不要出生，或者有機會出生在不同社會。奧斯卡·尤菲在社會樂透的運氣不好，他沒有孿生兄弟的那種好運似乎不公平。

或許，只是或許，我們應該採取措施讓運氣分配更為平等。或許社會可以做點什麼來削弱運氣在成功所扮演的角色，好讓個人加強主動、決心及努力便可創造成功。我們要如何讓遊戲變得公平呢？厄運是無法預測、不均衡分配的風險。降低風險的最佳方法是某種保險。我們在其他領域可以做些事情來降低風險，例如在房屋最高處安裝避雷針，購買配備三點式安全帶與安全氣囊的汽車，吃得健康及做運動。然而，健身教練也會心臟病突發，最謹慎的富豪汽車（Volvo）駕駛也會在結冰路面出事故。因此，我們購買保險。

大多數人沒有用到保險，或者使用不足：他們（與雇主們）支付的保費高於保險公司理賠的金額。這套系統的設計原本就是如此。買保險有部分是出於無知。我們把錢扔進風險共擔（risk pooling）機制，明白或許拿不回來──事實上也希望我們拿不回來（誰想要為了獲得理賠而罹患癌症？）一些人會獲得巨額理賠，因為他們的運氣不是普通的差，但即使理賠之後，還是會剩下一些利潤好讓保險公司支付員水薪水及繼續營業。簡言之，幸運的人為了他們不需要的東西而付錢，因為他們終究沒有申請理賠，而那些錢便到了倒楣的人手中，因為他們的不幸而獲得賠償。大多數人覺得這套系統挺不錯的，即使有人抱怨實施的細節。

醫療保險是反制在遺傳抽獎抽到下下籤的方法之一。BRCA1

或 BRCA2 腫瘤抑制基因產生突變的女性，約有半數會罹患乳癌，幾乎同樣比例的人會再罹患卵巢癌。有保險支付檢測和預防性治療或手術，可以幫助她們獲得平均壽命。設計保險以補償先前討論過的各種社會樂透輸家，是讓更多人有機會成功的一個正確方法，而不只是那些才華可以致富，或社會重視他們的特質，或出生在關愛富裕家庭的幸運者。這是運氣平等主義主張福利國家的論述理由。[31] 對不幸的人給予公共協助是另一種保險，是我們用稅金支付的風險共擔。

　　哲學家喜歡做的事情則是把這種論述顛倒過來。以下是哲學家蘇珊・賀利（Susan Hurley）的論述。[32] 各種運氣平等主義／保險／福利的東西均假設平等是自然狀態，而偏離平均才是需要證明。如果平等是事物的自然狀態，那麼我們便應該如此預期；它是世界的預設狀態。那樣的話，沒有人需要為「無差別」負責。但這並不表示有人要為「差別」負責。

　　我們很容易如此推論：

　　由：A 與 B 不平等是運氣之故。

　　到：如果 A 與 B 平等，便不是運氣之故。

　　可是以下這個較不吸引人的說法是相同的推論模式：

　　由：A 與 B 平等是運氣之故。

　　到：如果 A 與 B 不平等，便不是運氣之故。

　　平等可能是運氣的結果，正如同不平等。如果傑克與奧斯卡兩兄弟的人生無論在個人成功、快樂、道德與擁有幾輛車完全相同，那可能是幸運的結果，正如同他們的人生截然不同也是運氣的關係。如果我們的目標是要把運氣變成中立，我們便應該增

加不平等，而不是減少不平等。

　　以下是一種思考方式。想像有一位變裝的超級英雄反運氣（Antiluck）。配備可靠的中立槍，他與反派堤喀與福圖納戰鬥。這兩個運氣女神給人們的生活帶來幸運與不幸，她們可能給兩個人平等的生活或迥異的生活，取決於她們的運氣力量。當反運氣使用中立槍橫掃時，運氣的所有影響均告消散。幸運的人失去魔咒，不幸的人更有活力，不幸運的不公平消失了，幸運的平等也消失了。平等與不平等都不是自然狀態；公平與運氣中立之間原本便沒有關連。克服運氣並不表示我們一定要設立平等競爭的環境──擁有平等競爭環境也是一種幸運。

特權

　　文化戰爭的一個閃點是社會特權的概念。一方面是白人、男人與異性戀被指享有特權，當局給予他們尊敬與尊嚴。警察被指對白人駕駛有禮貌，但騷擾或毆打黑人，房東與銀行主管據說刁難黑人申請者甚於白人。成功白人男性會被別人說：「你不是靠自己做到的。」還叫他們檢視自己的特權。另一方面則是憤怒譴責說：「我所有的一切都是憑我赤手空拳打拼來的，沒有人幫我。」「我一貧如洗，你卻跟我說我是特權分子？」前者指責後者是白人脆弱（White Fragility）與道德盲目，後者則反駁說，前者是在將黑人（或女人或同志）嬰兒化，而且無法理解白人（或男人或異性戀）勞工窮人的痛苦。接著便變質為進一步的辱罵，大家吵到不可開交。

　　唯有在可以促進我們了解社會好處的分配，以及在何種程度算是公平合理的分配時，社會特權（無論是白人、男人或異性戀）的概念才會是有用的工具。如果做不到這點，那麼或許應該拋棄這個概念。「特權」並不是尤里卡時刻（Eureka-moment）的發現，而是一種理論概念，其價值僅限於它所能啟發的程度。結果，社會特權的概念其實奠立在運氣的基石之上。這或許令人不安，因為討論到現在，大家應該看出來，運氣是柔軟、不斷移動及多孔地面。

　　特權或者沒有特權的最基本概念，是擁有某些好處或優勢。這項優勢讓人可以取得財富，輕鬆申請到車貸，在你選擇的社區裡購屋，不會在路上被警察攔下來。僅僅是你擁有這些好處，而他人卻沒有，並不能讓我們明白到底誰值得擁有。你或許是因為努力工作及考績而變得富裕，因為小心維持優良的信用分數而申請到車貸，公平爭取到資源而得以住到自己想住的地方，沒有在路上被警察攔下來是因為謹慎與守法的駕駛習慣。這些優勢有可能是資質與努力的結果。比較好的概念是，特權不是爭取來的，特權人士完全是幸運才擁有別人沒有的好處，例如擁有信託基金的嬰兒一輩子都不用工作，或者是大明星的子女輕易便跨入名人世界。那種運氣是道德運氣，尤其是遺傳或環境道德運氣。

　　擁有信託基金的嬰兒或許是特權，但那沒有真正表達出白人特權或性別特權的意思。那些事情應該是系統性的，法律與社會規範給予優勢團體未經爭取的好處。覺得特權概念有用的人認為這不公平：優勢團體不應該得到比弱勢團體更好的待遇。打壓

弱勢、把一切都給了優勢團是問題所在——正好是全體人類平等公平的相反。[33]

　　單純說「給予優勢團體未經爭取的好處是不公平的」，這是錯誤的說法。舉例來說，奉公守法的公民明顯是優勢團體，他們擁有不被送進牢裡的好處。奉公守法的人或許沒有做任何事，甚或沒有刻意不去做任何事，俾以爭取那項特權；他們可能完全不懂法律。況且，守法可能是因為環境運氣——或許大多數人都不曾處於被引誘違法的處境。這樣的話，說守法的人「爭取到」不坐牢的特權就是錯誤的想法。他們什麼都沒做，甚至沒有想要做些什麼。因此，我們不能說法律賦予未經爭取的特權或好處（例如保持自由之身）給優勢團體（例如守法的人）就是不公平。

　　即便是一套體系因為運氣之故而把重大、改變人生的好處給了一些人，卻不給其他人，我們也不能說它不道德。以國家樂透為例。你或許要說，這種樂透是不公平的，因為一些玩家是賭博成癮者，窮人則是把錢亂花在樂透上。另一方面，我們往往讓人們去做不健康、可能致癮或是可疑之事，像是抽菸或過度飲酒。政府為了窮人的好處設想而控制他們的開銷，這本身便是一種有問題的父權主義。無論如何，我們假設國家樂透做到最起碼的公平，並且管理良好，所有公民可以自由選擇要不要參加。樂透贏家的特權在於他獲得鉅額好處，這是未經爭取的，因為運氣而不是技能或考績，之所以得到是因為有一套體系允許及給予這類優勢。可是，贏得樂透並沒有錯，並不是不公平。樂透贏家被人羨慕，而不是被人指責。

　　要讓「特權」說得通，我們需要添加更多東西。而讓特權的

說法更令人滿意的最佳選項是，分配好處的體系腐敗或不公正。例如，路易十六（Louis XIV）72 年的統治，他宣稱自己是神權的絕對君王，主張「朕即國家」，法國的財富集中在少數世襲貴族手中。在法國的舊制度（Ancien Régime），授與貿易專賣權、信仰自由，以及權力龐大顧問委員會的成員身分，都由國王一人決定。以相當直接的方式，你的人生道路與福祉均取決於一個人的任性決定，以及你與他或其親信的機會關係。在 18 世紀的法國，你的命運不僅深受環境運氣的影響，而且運氣的分配是根據恩寵與裙帶關係的不公平方法。

　　因此，以下似乎是特權的最正確說明：「不公平、系統性地差別，分配未經爭取或不配得到優勢或好處。」令人驚訝的是，就特權的最佳、最慈悲詮釋來看，擁有特權沒有什麼錯。糟糕的是沒有特權。理由如下：如果每個人都值得有尊嚴、受敬重的對待，卻只有一些團體因為系統性偏狹而得到如此待遇，那麼就不能說「特權」團體成員不配獲得尊敬的對待。我們的假設是，每個人都值得，但只有一些人得到。學者路易斯・葛登（Lewis Gordon）指出，每個人都追求透過教育及正面的自我感受以獲得安全、食物、衣服、庇護、自我提升。我們都想要並且有權獲得這些基本人權，因此取得這些事物並不是不公不義。那表示特權並不是不公平，沒有特權才是。葛登的推論是我們為何需要以運氣的角度來理解特權，而不是持有贓物。白人的特權並不是因為他們擁有從黑人身上不公平竊取的好處或優勢（因為，假設葛登的說法正確，那麼所有人，無論白人或黑人，都應該擁有這種好處），而是因為白人出生便是幸運兒。[34]

特權人士很幸運在過度優待白人的種族歧視社會生為白人，男人很幸運在男人優勢、女人劣勢的性別歧視社會生為男人。特權人士很幸運；以廣泛道德角度而言，他們或許值得尊重的待遇，不過他們確實不是那麼特別值得。沒有特權的人很倒楣，遭受道德傷害，損及他們的福祉，只因他們不幸在種族歧視社會生為黑人，在性別歧視社會生為女人，在異性戀文化生為同性戀，在遜尼派社會出生在什葉派家庭，在反猶太文化生為猶太人。特權即是環境與道德幸運，而缺乏特權不過是環境與道德厄運。重點是，所有關於特權的爭議完全圍繞在運氣概念。

此外，有關特權的各種省思背後是運氣平等主義的直覺：在公正社會，命運之神的施捨或多或少會均衡分配。我們先前看到，那種結論不只與運氣有關。平等本身就是一種運氣，消除運氣的話，便會增加不平等。特權的概念或許以道德運氣為基礎，卻是搖搖欲墜的基礎。

截至目前，道德運氣的討論一直是自成一格，獨立於前幾章對運氣的探索。但我們即將看到，當我們把道德運氣置於運氣總論的大環境之下，甚至會產生更多疑問。道德運氣源自於形上學的說法將面臨意想不到的考驗。

本質的起源

亞里斯多德是思想史上最偉大的思想家。他對古代人們所能研究的每個科目均做出重要貢獻，由解剖學到動物學，由美學到神學。他對詩詞、物理、哲學、心理學與政治極有興趣，而這

些只是其中一部分而已。亞里斯多德是一部行走的百科全書,他發明了邏輯,首創實證科學,南極洲亦是由他命名。他對形式邏輯(formal logic)的了解在之後 2 千 3 百年一直無人能出其右,他對德性倫理學(virtue ethics)的陳述或許仍是最好的。

　　他的興趣之一是分辨一個物體本質特性以及偶然特性。舉例來說,廚房基本上是烹煮飲食的房間。不烹煮飲食的房間可能是臥室、起居室、盥洗室,但絕不是廚房。亞里斯多德認為,廚房亦具有許多偶然特性;稱之為偶然並非「它們隨機發生」或者「哇的一聲發生」,而是因為它們「可能改變」。你把廚房重新粉刷,從棕色變為灰色,它仍是廚房。廚房必然要有某種顏色,但不必是某個特定顏色。你擺了一些新電器,它仍是廚房。安裝中島吧台或新燈光,它仍是廚房。可是你不可能把房間拆到剩下牆面,放置一張床和梳妝台,卻仍假裝它是廚房。你也不可能拆除整棟大樓而不摧毀廚房。廚房的一些特性是其存在的本質,一旦失去便無法續存。其他的則是附帶、「偶然」特質,可有可無。

　　歐洲中世紀,多瑪斯‧阿奎那(Thomas Aquinas)欣賞亞里斯多德辨別事物本質特性以及偶然特性的方法,他認為這是解釋基督教神祕事件的便捷方法。這起神祕事件便是聖餐變體論(transubstantiation)。在聖餐禮的聖禮上,牧師發給教友麵包和葡萄酒,這些食物化為耶穌的肉體和血液。教徒便吃下死去的上帝。聖餐是史前時代流傳下來的熟悉儀式。新石器時代的崇拜者吃下收成的穀物,代表豐收神祇的死亡讓大家不必挨餓,並將在春天重生。這種觀念的近期版本是中古英格蘭民謠「約翰‧巴利孔恩」(John Barleycorn),大麥這種穀物在歌謠裡被擬人化。

巴利孔恩被掩埋、殺害、毆打及磨碎，最後重新為威士忌，戰勝他的折磨者。現代的新教將麵包和葡萄酒的聖餐視為耶穌肉體和血液的象徵，阿奎那則認為那是真正的變體。但是，葡萄酒怎麼可能真的變成血？那怎麼說得通？他的觀念是，被吃掉的物質，其本質特性從頭到尾都不變，改變的是偶然特性。你在聖餐禮吃喝了一樣東西，但神蹟在於那些東西的附帶、偶然特性由酒變成了血，由麵包變成了肉體。

　　一樣東西有哪些特性是本質、哪些不是，並非總是明顯可見。事實上，很少時候是明顯可見。水的本質特性是 H_2O；許多東西是濕的，可以飲用、鹽洗，但若不是 H_2O，便不是水。人們花很長的時間才找出那個特性。除了其他事項，我們首先必須發明化學。同樣的，在原子物理學發展之前，我們才知道黃金的本質特性是它具有 79 個質子。黃金的形狀則是偶然特性——它可以是金幣、戒指或金塊，但是只要保持原子結構，它就是黃金。多於或少於 79 個質子就不是黃金。有些特質則尚有爭議。鯨魚的基本特性是哺乳類嗎？抑或林奈（Linnaeus）分類法是一種公約，「是哺乳類」根本不是本質，而是分類法的附帶特性？不過，我們不需要講到那麼深入。

　　對於運氣來說，重要的是首先由美國邏輯學家索爾・克里普克（Saul Kripke）提出的論調，亦即事物的起源便是其本質。櫻桃木書架不可能是源起於鋼鐵，那它就會是全然不同的書架了。伊莉莎白女王不可能是不同精子與卵子的產物。一個人要存在，必然是特定配子的結果。超人不會是湯瑪斯與瑪莎韋恩的兒子，如同蝙蝠俠不會是喬艾爾與拉拉的兒子。因為先有父母才有

你，兒時幻想如果有不同父母，你的人生將會如何，那是完全不可能的白日夢。別的父母生出來的孩子當然不會是你。他們是其他小孩。同樣的，黑人小孩不會是白人父母生出來的，擁有 XY 染色體的男孩不可能是擁有 XX 染色體的女孩。

　　從起源本質主義看來，遺傳與環境運氣很難說得通。如果我們採用運氣機率理論或模態理論，道德運氣便說不過去。大多數的道德運氣範例其實根本無關運氣，剩餘的例子頂多純屬巧合。首先就機率理論來看，該理論認為如果一起事件很不可能發生，對一個人又很重要，那件事對那個人就是厄運。很有可能的事既非幸運亦非厄運，只是預料中的人生道路而已。認為社會特權確實存在，並且屬於道德厄運的人，喜歡強調的社會樂透輸家案例是，在喜歡淡色皮膚的種族歧視社會生為黑人，或者在偏袒男人的性別歧視社會生為女人，或者在恐懼同性戀的社會是個同性戀。[35] 根據運氣機率與模態理論，上述的事情根本無關運氣，因此並非厄運或道德厄運的例子。

　　舉佛雷德里克・道格拉斯（Frederick Douglass）這個具體例子來說。在他激動人心的自傳裡，道格拉斯談到他在美國南方的奴隸生活，偷偷學習閱讀與寫字，成功逃離奴隸身分，以及推動廢奴與知名演說家的生活。唯有在道格拉斯人生的悲慘事情可以被標示為厄運時，我們才能說他是遺傳或社會樂透的輸家。那麼，下列事情有哪些是不可能發生的？

(A) 道格拉斯的父母是黑人。

(B) 道格拉斯於 1818 年出生在一個蓄奴州。

(C) 1818 年的馬里蘭州托爾伯特郡（Talbot）整體上是種族
　　歧視社會。

(D) 道格拉斯因為種族歧視社會而受到歧視。

(E) 道格拉斯性格的演變、其人際關係與社會地位，均受到
　　種族歧視的塑造。

(F) 道格拉斯的福祉與人生前景，因為種族歧視而受到傷害
　　或貶抑。

　　以本質的起源來看，（A）在形而上是必要的。上帝並不是
擲骰子來決定道格拉斯的父母；他不可能誕生在其他父母的家
裡。（A）的機率是 1。（B）的機率亦接近絕對。父母們鮮少
可以選擇自己的子女要出生在什麼社會，道格拉斯的父母當然也
沒有選擇。他一出生便是奴隸，從未見過自己的父親，自幼年便
與母親分開。（C）亦有高度可能性，這也是無庸置疑。當地有
無數蓄奴的主人與種植園，州法與聯邦法均允許蓄奴，黑人通常
被視為低賤。即使是簡短翻閱他的自傳也可看出，（D）、（E）
與（F）都是奴隸人生注定的結果，道格拉斯詳細敘述他必須承
受的貧困與打擊。道格拉斯人生的悲慘事實無一不是不可能，既
然運氣機率理論認為不可能的事才算是幸運的事，道格拉斯絕對
不是厄運的受害者。

　　同樣的道理適用於運氣模態理論。根據模態理論，唯有在
鄰近的可能世界未能發生發生的事，才算是幸運；換句話說，真
實世界的一丁點改變便可能讓事情無法發生。模態上脆弱的事情
屬於運氣，模態上強韌的便無關運氣。因為在形而上，道格拉斯

必須有他既有的父母，這是模態上強韌的主張。同樣的，我們可以合理的想像，道格拉斯如果出生在一個不同於真實世界的社會，他的世界將大為改觀。必須要改變非常多事情才能讓道格拉斯的父母在他出生前遷移到另一個國家，這實在難以想像。1818 年時馬里蘭不是種族歧視的世界，或者黑人奴隸沒有因為歧視而受苦的世界，與我們的真實世界距離遙遠。道格拉斯人生由（A）到（F）的事實均為模態上強韌，他的世界即便有了許多改變，那些事實仍可能為真。這意味著，這些事實都無關運氣。結果，道德運氣並不適用於模態理論，如同不適用於機率理論。

按照機率及模態理論，道格拉斯並不是厄運的受害者。完全沒有涉及運氣。顯然，大家還是可以爭論說，奴隸制度是不對的，種族歧視社會需要改變，道格拉斯的遭遇是不公平的，但這些都不是依據運氣平等主義。因為特權的概念是以道德運氣為基礎，他在道德上並不是沒有特權。

相同的論調證明，遺傳樂透的輸家也不是倒楣，至少就運氣機率與模態理論來看不是。以莎爾達・費茲傑羅（Zelda Fitzgerald）為例。她出生時便帶有思覺失調症的基因，青少年時開始發病，而後以可預期的方式承受痛苦。她是否有可能不發病？不，以她的基因組成而言，她發病的機率極高。並不是每個小孩出生時都帶有思覺失調症，因為這種病在一般大眾並不普遍，正如同並不是每位乘客都會死於空難。空難並不常見。然而，萬一發生空難，死亡的機率很高。同樣的，以費茲傑羅來說，就她的遺傳本質，思覺失調症是很可能發生的。當然，因為

她患有思覺失調症，生活很可能遭受負面影響。

以運氣模態理論來看，事情也一樣。如果我們都同意，費茲傑羅的基因編碼倘若不同，她就不會是她，而會是別人的話，那麼在她存在的那個世界，費茲傑羅便帶有思覺失調症的基因。由於她帶有那些基因，她在某個時間點發病屬於模態上強韌；唯有在遙遠世界，她才不會發病。真實世界必須大為改觀，才會讓費茲傑羅永不發病；那個世界必須迥異於讓費茲傑羅帶有思覺失調症基因的實際世界，才能讓她的人生不被毀掉。有關費茲傑羅的一切事實都是模態上強韌，所以就運氣模態理論而言，她不是厄運的受害者。運氣對費茲傑羅根本不構成問題。

本章要徹底說明的觀點是，運氣與道德或許是令人不安的混合，但總之就是混在一起。我們為了運氣造成的後果而在道德上被視為有罪，命運之神用環境與遺傳運氣編織出我們生命的經緯線。這些想法形成運氣平等主義與特權的政治觀念。儘管那些觀念看似強大，一旦我們開始思考運氣究竟是什麼，那些觀念便不攻自破。我們剛才看到，假如我們接受流行的機率或模態理論，道德運氣其實不存在。那就表示，只剩下一個可能的理論：運氣的控制理論。

道格拉斯的出生與成長都不是他所能控制，身為奴隸，幾乎他人生所有的環境都是。同樣的，費茲傑羅也無法控制她是否帶有思覺失調症基因。因此，就此理論來看，我們可以說，他們兩人都是運氣不好。在太過自滿而想支持運氣控制理論之前，請回想前一章我們談到，這種觀點面臨一些質疑，尤其是它很有可能變形成為機率或模態理論。如果「你控制某種結果」只是意味

著「你有可能造成那個結果」或是「假如你嘗試的話,很難不造成那個結果」,那麼運氣控制理論並沒有提供任何新省思。只是在鏽蝕的汽車塗上少許新漆,在屍體蓋上防疫罩。這對道德運氣來說是壞消息,令我們無從了解我們人生隨機或意外事件的意義。

　　我們已經用前幾章討論的運氣理論來檢視運氣與道德的關係,結果發現運氣與道德以各種方式交織在一起,無法輕易用心理學或哲學去釐清。運氣理論派不上什麼用場,因為三種運氣理論之中的兩種甚至不適用於道德運氣,而第三種理論不過是前兩種的變化而已。但是,先別管這些。假設我們可以為控制理論的正當性找到一個利基,結果發現它正是道德運氣所需要的萬靈丹。在熱烈慶祝之前,我們最好看看控制理論是否適用於我們希望了解的其他運氣運作領域。[36] 如果不適用的話,我們就很難說運氣是一種複雜,但意義明確的現象,好比地心引力理論適用於地球,卻不適用於其他地方。在下一章,我們將探討運氣如何影響人類的發現,以及人類的知識。

第五章

KNOWLEDGE AND SERENDIPITY

知識與意外發現

「在人類的商議和決策中，必然混雜著運氣和機緣，
因為我們的智慧所能及的實在微不足道，我們越聰
明，越敏銳，就越有弱點，越缺乏自信。」
——蒙田（Michel de Montaigne），《蒙田隨筆》第 24 章（1580 年）

「我們知道什麼事情均係自然的恩寵。」
——維根斯坦（Ludwig Wittgenstein），
《論確定性》（*On Certainty* §505）

　　我們想要在世上行善。最起碼，我們不想把事情變得更糟。道德行為是一種個人成就，是我們因性格或努力而做的事。我們先前已看到道德運氣可能以各種方式進行干預，把受允許的行為變成錯誤行為，把高尚的目的變成可怕的錯誤。命運之神下重手干預我們的遺傳與環境，想要釐清什麼事是我們自己達成的並不容易。我們不僅追求良善，亦追求真理，運用我們自己的能力去達成這些目標是一個崇高的使命。因此，運氣干擾我們的知識，如同它干預道德，這應該不令人意外。我們試著來梳理追求真理時，結果、環境、能力與運氣糾結的一團亂麻。

尋找米諾

　　2003 年迪士尼／皮克斯的動畫電影《海底總動員》（ *Finding Nemo* ），尼莫是住在澳洲大堡礁的一條小丑魚，跟過度保護他的爸爸馬林走散了。馬林的恐懼成真了，因為尼莫被潛水夫抓到，送到一名牙醫的海水魚缸當寵物。這部電影的主要情節是魚爸爸出發去尋找尼莫，帶他回家。馬林在尋找兒子的途中結交的第一位盟友是多莉，一條擬刺尾鯛。多莉是諧星角色；她患有嚴重短期失憶，記不得對話的脈絡，總在不同話題跳躍。多莉活潑樂觀，但作為偵探似乎不靠譜。潛水夫抓到尼莫之後，其中一人不慎將潛水面罩由船上打落海中。面罩內部寫有那個人的住址。後來，多莉看到面罩內的住址：「雪梨華勒比巷四十二號」，這是牠們找尋尼莫下落的唯一真正線索。

　　連多莉自己都吃驚的是，她竟然記住了住址，並告訴馬

林，故事才得以展開。多莉一直活在困惑的狀態，因此在電影結尾時，當她遇到逃離牙醫魚缸、重回海洋的尼莫，她甚至不明白能再遇見他有多麼叫人感動，儘管她一整趟旅程的重點就是要找到他。多莉是最不值得信任的證人，總是把事情搞混，捏造解釋以掩飾她的記憶空洞。當她設法記住一丁點事實，那也是出於偶然——她腦袋的黑暗處迸發一絲神經連結的光亮。她或馬林都沒有理由相信她知道自己在說些什麼。她正確說出「雪梨華勒比巷四十二號」，但在總是遺忘與搞錯之下，那算不上是一項知識。同樣的，在紀錄片《意識犯》（*Prisoner of Consciousness*），被廣泛研究的英國失憶症患者克萊夫・威林（Clive Wearing）看著一些相片，並說明相片。他正確指出其中一張相片是他的母校劍橋大學，不過，因為他把英國女王伊莉莎白二世誤認為他的合唱團成員（威林是一名指揮家），他零星的正確似乎只是湊巧而已。[1]

　　多莉說對了住址。她和馬林成功追蹤尼莫到了雪梨，那麼，她是否知道他們要去哪兒，這件事重要嗎？反正他們去到正確的地方。為什麼擁有知識比偶然做對了更具價值？柏拉圖在對話錄《米諾篇》（*Meno*）便提出這個問題。蘇格拉底想像一名旅人跟一名陌生人詢問去拉里薩的方向，那個城鎮距離雅典約 200 英里。那名陌生人知道去拉里薩的路比較好呢，抑或運氣好猜到怎麼去哪兒比較好？蘇格拉底的對話者米諾認為，知道方向比較好，因為如果你知道的話，你永遠會是對的，但是幸運猜中的話，有時你會對，有時則不會。

　　蘇格拉底指出，幸運猜中跟知道都是同等正確。如果你知道真相，那麼你便知道真相，即使是猜中的。幸運猜中的機率並

不會比較低，而是跟確實知道答案的機率同樣高。多莉正確帶路到雪梨，即使她不知道那是對的。她有錯過什麼嗎？蘇格拉底說過，雕刻家戴達羅斯（Daedalus）製作的雕像栩栩如生，名聞遐邇。如果不鍊起來，雕像會活動起來走掉。他認為，知識或許也是這樣；因此，一丁點知識可以鍊住真相，好讓它不能溜走。如果真相跑掉的話，知道真相又有何用呢？

　　正確猜測是掌握真相的完美可靠方法，但胡亂瞎猜便不是。你無法指望後者，未若你可以指望知識。假設你有一部老舊塑膠咖啡機，對比之下，1980 年代的咖啡先生（Mr. Coffee）也像是嶄新的佳吉亞（Gaggia）咖啡機。[2] 可是，你很想喝咖啡，便泡了一杯。老機器吞吞吐吐地噴氣，竟然也泡出一杯完美咖啡，跟義大利杜林咖啡店的咖啡師沖泡的一樣好喝。不過，這純屬巧合，下次你再用那部機器，它或許會弄出有咖啡味道的原油。你這杯咖啡有哪一點比好機器沖泡出來的差？沒有；我們假設它同樣好喝。但是，你無法指望那部咖啡機。

　　多莉猜測方向有比請教熟門熟路的人來得糟嗎？就這個例子，沒有。然而，多莉就沒有像她知道方向那樣值得讚許。確實知道某件事是一項值得居功的成就，碰巧獲得真相則不是。這好比靠著努力工作與天分而賺取財富，以及繼承財富之間的差異。你或許會同等富裕，可是唯有前者才會值得尊重。如果你知道一些事情，便會更令人欽佩，即便你的知識並沒有比湊巧猜對來得正確。

　　雖然多莉這次講對地址了，你未來也不能指望她。這是有知識的人勝出之處：他們值得信賴。真相無法輕易溜走。我們這

麼說吧，知識是斷言的規範。你不應做出一項斷言，亦即告訴別人某件事是事實，除非你確實知道那是事實。如果你不知道，只憑直覺或猜測，你應當謹慎行事或者不要叫別人去相信。實務指導亦是如此。如果你不懂的話，就不該跟人示範如何操作鏈鋸。如果你解剖學被當掉，或許就不該做外科手術。如果你不知道拉里薩在哪裡或者如何前往的話，就不該為別人指路。當然，如果多莉有遵守「斷言規範」，她便不會提起華勒比巷四十二號，《海底總動員》就會短暫、不讓人滿意。

　　無論如何，我們假設我們比較喜歡知道真相。幸運猜對事情儘管不錯，但沒有比確實知道來得好。果真如此的話，我們最好釐清什麼叫做知識，我們如何區分知識與幸運猜對。有毒的北美珊瑚蛇有著紅、黃、黑色環狀紋，但無毒的牛奶蛇也有，只不過顏色的排列不同。能夠加以分辨顯然很重要。即使我們很確定知識的價值，也無從得知如何追求或分辨不善良的近親。黃、紅、停止！是用交通號誌來記住珊瑚蛇的好方法，但是對於學問卻沒有類似方法。我們將會看到，當我們試圖找出知識的標準，便又會撞上運氣問題。

　　作為一個物種，人類實在記不住什麼事情。就以曼谷的金佛來說吧。中世紀時，泰國做了一尊純金大佛。[3] 這可不是普通黃金雕塑，而是高 3.048 公尺，重達 5.5 噸。也就是說，這是世

上最貴重的人造品，鎔化價值達 2 億 5 千萬美元。18 世紀泰國
受到緬甸入侵的威脅，泰國國王下令用石膏將金佛包覆起來，避
免引起注意，國王正確猜到沒有人想要盜取笨重的石膏像。這項
策略太過有用了，以至於之後兩百年大家都忘記有這麼大一塊黃
金，佛像被棄置在一座錫棚內。1950 年代，泰國人覺得這尊數
世紀的石膏佛像好歹應該有個比破棚子更好的棲身處，便決定在
當地一座寺廟打造一個房間來供奉祂。搬遷工人到現場後，毫不
意外發現他們低估了重量，在試圖抬高佛像時繩索斷裂。佛像落
地時，石膏外層龜裂，露出底層閃爍耀眼的黃金。

　　我們甚至記不住我們真得很棒的發現——新世界即為一
例。2 萬年前，東亞的勇猛探險者橫越白令海峽陸橋，來到現今
的阿拉斯加，便分散開來居住，卻忘了告訴家鄉的人，他們發現
了一塊嶄新的大陸。世界上有人再次注意到這片廣大土地是在 1
萬 9 千年以後，北歐水手前進格陵蘭與紐芬蘭島。維京人遇到當
地土著，並戲稱後者是「蠻夷」。這兩個族群立即彼此猜疑，並
產生暴力衝突，北歐人認為這趟冒險並不值得。因此，他們返航
回家鄉，萊夫・艾瑞克森（Leif Erikson）、索爾芬・卡爾瑟芬尼
（Thorfinn Karlsefni）、紅鬍子艾瑞克（ Erik the Red）之後相繼
出發締造探險傳奇。又過了 5 百年，哥倫布才開啟新一波發現新
大陸。

　　儘管不是發現新大陸或金佛像那種世界史等級，運氣對知
識的惡作劇式干預一再被注意、忽略，又再被發現。如同許多其
他事情，最初的問題來自柏拉圖。柏拉圖對話錄《泰阿泰德篇》
（*Theaetetus*）說道，蘇格拉斯在雅典角力學校的一場角力比賽，

有人介紹泰阿泰德給他認識，這名年輕人以其智慧而受稱讚（但不包括他的長相，據說與蘇格拉底不吸引人的面容不相上下）。蘇格拉底自然開始試探泰阿泰德傳聞中的睿智，於是問道：何謂知識？原來，知識的本質與其價值同樣棘手。

　　每個人都認為自己是對的。如果不是人們總在爭執誰才是真神、誰才是正確的政治領袖、誰才是最佳體育隊伍或者無數其他瑣碎問題的話，那倒也不成問題。典型相對主義策略仲介紛爭的方法之一是宣稱每個人都是贏家，這可以回溯到普羅達哥拉斯（Protagoras）說人為萬物尺度（homo mensura）。一個人的垃圾是另一人的寶藏，情人眼裡出西施，諸如此類。蘇格拉底和泰阿泰德指出，人為萬物尺度這句話本身對一些人是對的，對其他人則是錯的，蘇格拉底稱之為「非常微妙的衝突」。如果我們將相對主義斥為浮士德交易，那麼我們便是支持某些意見是客觀上正確，其他的是客觀上錯誤。[4] 這也無所謂，但是我們如何判斷誰言之有物，誰只是空包彈（套用柏拉圖的話）？

　　有人或許說，客觀上正確的意見是知識，其他則否。在《格列佛遊記》（*Gulliver's Travels*，1726 年出版），強納森・史威夫特（Jonathan Swift）猜測火星有兩顆衛星，後來證實他的猜測是對的。即使那真的是史威夫特自己的意見，他並不知道火星有兩顆衛星──直到 1877 年美國天文學家阿薩夫・霍爾（Asaph Hall）發現，大家才知道。史威夫特的想法或許是對的，但那是運氣而已。知識是正確的信念，這個概念的方向雖然正確，但必須更確實才行，因為碰巧正確的信念當然不算是知識。泰阿泰德提出的說法是，知識是正確信念加上驗證。意思是，你的信念必

須具有推論、證據、解釋、理由，某種保證。你可能有充分理由相信某件錯誤的事，像是高明謊言的受害者。你也可能毫無理由便相信正確的事，像是史威夫特與火星衛星。你甚至有理由相信你拒絕接受的事，例如猶太人大屠殺。不過，這三者必須齊備才行：真相、信念與理由。那才是知識，那才是智者與空包彈的區別。至少有很長一段時間人們是這麼認為。

8世紀藏傳佛教學者法上（Dharmottara）堪稱知識論領域的萊夫‧艾瑞克森，前者發現即便要求正確的信念必須有所推論，或者有證據證明，也無法阻止運氣干擾知識。他舉出的例子是想像你在沙漠的酷熱當中尋找水源。你看到遠處有水，急忙趕去，卻發現那不過是幻象。可是當你抵達現場之後，你真的在岩石底下挖出水。你是否真正知道那個地點有水？你看見了水，認為那裡有水，事實上也有水。然而，法上指出，你不是真的知道。只是碰巧岩石底下有水而已。[5]

在14世紀晚期，邏輯學家曼圖阿的彼得（Peter of Mantua）重新發現這個問題。他想像的情境是，你正在參加賽跑，並且堅信蘇格拉底就跑在你身旁。問題是，這些古希臘哲學家長得都很相似，你把蘇格拉底和柏拉圖搞混了。事實上，跑在你旁邊的是柏拉圖。問題是，你以為蘇格拉底在跑步，而你是對的——他的確是在跑步，只不過是在羅馬的另一場比賽。你堅信蘇格拉底在跑步，並且有充分理由，蘇格拉底也確實在跑步，然而你不知道這件事，因為他碰巧是在羅馬跑步。[6]

梵語（法上使用的語言）近乎失傳，而曼圖阿的彼得名不見經傳，甚至未被列入《史丹佛哲學百科全書》（*Stanford*

Encyclopedia of Philosophy）。他們的觀念之所以能被記住，是因為最專門的學術作者。20 世紀時，伯特蘭・羅素（Bertrand Russell）又再注意到運氣干擾我們知識觀念的這個問題。只不過這次就像泰國金佛一樣，羅素把自己的偉大觀念包裹起來，並未了解到其真正價值。羅素以一個名為朵拉的人舉例，她查看一個向來準確的時鐘。[7] 這似乎是知道時間的完美方法，朵拉認為當時是三點。她是對的，當時正是三點。只不過她沒注意到電池沒電了，時鐘正巧停在三點。就像俗話說的，停止的時鐘一天會正確兩次，朵拉很幸運在正好準確的時間看了時鐘。她以為是三點鐘，確實也是三點鐘，她有很好的理由如此認為，不過她不是真正知道。

羅素忙著思考其他事情，從未鑽研知識運氣的問題。直到 1963 年，愛德蒙德・葛梯爾（Edmund Gettier）才成為知識論領域的哥倫布。和哥倫布一樣，葛梯爾的發現成為永久流傳。他在哲學期刊《分析》（Analysis）所發表的一篇三頁短文被引述了成千上萬次，並且是該作者漫長生涯當中唯一的發表。[8] 葛梯爾提出知識即合理真信念的兩項反例。葛梯爾案例之一如下。[9] 想像你有一名同事，諾戈特先生。你有很好的理由認為諾戈特有一部福特汽車。他愛福特車，談論福特車，而且你看過他開著福特車。因此，你認為「我的辦公室裡有人有一部福特車」。你不知道的是，另一名同事，哈維持小姐，剛買了一部新的福特 Focus 轎車。你不知道的還包括，諾戈特因為繳不出錢，他的福特 F-150 皮卡被收回了。沒錯，你的辦公室裡有人有一部福特車，你如此認為，並且有充分理由相信。不過，你不是知道這件事；

你的信念的理由與真相不符。只是運氣把兩者串聯起來而已。

　　葛梯爾問題說明，就個案來看，一個合理形成的真信念可能被運氣擾亂，因而無法成為知識。這很可惜，因為我們喜歡具備知識。如同《米諾篇》所說，知識看起來比僅僅是真信念好多了。令人遺憾的另一原因是，它說明合理真信念即為知識的說法不正確（我們可能符合那些條件，卻依然不知道）。我們並未弄懂知識的本質，這表示一切又要從新開始。

　　有人主張，葛梯爾問題是無可避免的，[10] 其他人則認為，我們只需附加一條知識的「無運氣」條款即可。[11] 如同鄧肯・普里查德（Duncan Pritchard）所說：「一個人的信念為真，不可能與運氣有關。」[12] 所有後葛梯爾的知識分析都必須通過普里查德分水嶺；知識論學家就像緝毒犬，準備嗅聞任何一絲非法運氣的味道。「無運氣」的概念聽起來很好，直到我們明白理解運氣並不比釐清知識來得簡單。蘇格拉底問泰阿泰德：「你覺得發現知識的本質是小事情嗎？它不是最困難的問題之一嗎？」[13] 我們在本書可以看到，發現運氣的本質或許同樣艱難。

　　葛梯爾問題是一種結果運氣。在上一章，我們看到外部事件可能干擾一個人的行動，如同開關似翻轉其道德效價（valence）。開車輾過馬路上一堆落葉並無任何可責怪之處，當然，除非有小孩藏在裡頭，這項事實超出駕駛的控制，取決於運氣。在戰時向敵方士兵開火沒有什麼不對，除非你運氣很差、誤把友軍當成敵軍。葛梯爾問題也是一樣。朵拉確實知道時間是三點鐘，除非運氣打破證據與真相之間的關連。你確實知道辦公室有人有一輛福特車，或者至少你會知道，如果不是運氣切換了諾戈特先生與哈

維特小姐。身為相信者，你並沒有做錯任何事；而是運氣出手干預，搞砸了事情。

有人或許認為葛梯爾問題是一條學術死巷，只有專家關心的邊緣案例。以合理真信念來分析知識就好比古典力學——如此接近真相，完全適用於我們日常用途。我們不必參考相對論便能成功和朋友約吃午飯，即使我們處於不同慣性座標系，因此「中午」並不相同。那種差異細微到不必理會。更令人困擾的是，運氣可能不是惡作劇式、偶然威脅到一丁點知識，而是大規模毀滅性武器，可能消滅所有知識。那便是懷疑論的威脅。

賣掉艾菲爾鐵塔與其他懷疑威脅的男人

大家都說維克多・拉斯提格（Viktor Lustig, 1890?-1947）是一位溫文儒雅的紳士，能操五種語言，身著昂貴西裝，舉止彬彬有禮。拉斯提格自稱是歐洲伯爵，來自奧匈帝國的富裕移民。他是如此神祕，一名特工形容他「好像一縷雪茄煙般飄渺，如同少女夢想般吸引人」，拉斯提格有 47 個化名與數十本護照。無人知曉他真實血統；2015 年一名歷史學家考據後甚至找不出這個人確實存在的證據。但有一件事是可以確定：在騙子的等級裡，拉斯提格位居最高等級。

嫻熟扒手、盜竊和出老千等手法之後，拉斯提格升級他的騙局，雇用一名工匠為他打造一個假鈔箱。事實上，它比較像是偽造假鈔的箱子。他會搭乘大西洋客輪，假裝是有錢的奧地利年輕人。當那些富裕爵士時代的詐騙對象詢問他的財富來源，拉斯

提格便自信滿滿地展示一只「羅馬尼亞錢箱」，他請專人打造的杉木箱，裡頭滿布複雜銅製裝置與滾輪，宣稱使用鐳來複製紙鈔。拉斯提格已備妥證據。他會插入一張百元美鈔，滴入兩滴「加工化學品」，過了大約 12 個小時，便轉動把手。箱子會吐出兩張百元鈔票──原本的那張以及複製版（序號預先精心更改，跟真鈔一樣）。被勾起興趣後，那些詐騙對象便會試圖向拉斯提格收購那只箱子。在一陣推拉談判之後，他會在航行結束時同意賣掉箱子。拉斯提格會在箱子裡裝入兩張百元真鈔，好讓箱子在一段時間內吐出真鈔，他就趁機在對方發現之前迅速逃走。

　　拉斯提格最大膽的騙局是賣出艾菲爾鐵塔。在 1920 年代，艾菲爾鐵塔還不是今日的巴黎標誌。其現代設計與裸露的鋼鐵構造在尚稱保守的城市評價兩極，維修、油漆與保養構成公共財政的負擔。拉斯提格決定把它當成廢鐵賣掉。他在信紙印上官方信頭──郵政電訊部長，並請信差將信件交給巴黎六大廢鐵交易商，邀請他們私下開會。以事情太過機密不便在官方辦公室討論為由，這群人在協和廣場的一家大飯店開會。拉斯提格告訴與會者，政府希望收到密封投標，之後再公開宣布。事實上，他早已挑好目標，一名暴富的金屬交易商，名叫安德烈‧布瓦松（Andre Poisson）。

　　正式會議之後，拉斯提格把布瓦松拉到一旁，訴說自己薪俸微薄，並抱怨在不知體恤的官僚底下做事。布瓦松上鉤了。他之前是有一些懷疑這整件事，不過現在他確信無疑。除了真的法國部長，誰敢光明正大索賄？這必然就是在飯店套房裡神祕開會的真正解釋。布瓦松當場便開出支票──賄賂加上 7 千磅的廢

鐵。拉斯提格把支票存進銀行，拿起一本護照，搭上最快前往維也納的火車。布瓦松太過丟臉，不好意思去報警，等了一段時間後，拉斯提格心想他可以回到巴黎，再度賣出艾菲爾鐵塔。他又得手了。

不過，想大撈一筆還是要從錢下手。不滿足於使用羅馬尼亞錢箱偽造假鈔，拉斯提格與偽幣製作者湯姆・蕭（Tom Shaw）聯手做出如假包換的偽鈔。他們製作的 100 美元假鈔毫無瑕疵，騙過銀行出納員的法眼，他們大量印製，聯邦政府都害怕會動搖人們對美國貨幣體系的信心。美國錢幣協會形容他們的偽鈔是那個時代的「超級鈔票」。拉斯提格的印鈔機最終停了下來，因為一名吃醋的女友向政府告發他，他被羈押到紐約市聯邦拘留所。拉斯提格馬上用破床單綁成繩索逃走了。[14]

騙局得逞的關鍵是給出可信的證據，證明整件事是合法的。拉斯提格伯爵在推銷羅馬尼亞錢箱時，他的詐騙對象以為箱子吐出來的是假鈔，可是拉斯提格給他們充足理由去相信，箱子確實會印製鈔票。一方面，箱子本身就是證據：箱子的功用是印出鈔票，它確實做到了。拉斯提格會放入一張紙鈔，耍一些花招，然後出來原本的百元鈔票，附加序號與真鈔相同的另一張鈔票，兩張都是如假包換，城裡每個銀行出納員都會驗明它們是真的。另一方面，拉斯提格會捏造故事，說發明這只箱子的天才因觸犯歐洲法律正在逃亡，為這齣騙局設定必要的背景。

至於艾菲爾鐵塔，拉斯提格費盡功夫讓詐騙看起來可信，從鐵塔確實存在爭議，到官方信紙，到高級開會場所，到敲定交易的索賄舉動。被詐騙的人不是笨蛋；他們找尋證據，評估證

據，據此形成他們的信念，只不過錯得離譜。

你可以注意證據，推論出一個好決定，卻仍然無法接近真相。問題在於懷疑論：我們如何確定證據連接到真相，而不是誤導我們？問題不是我們如何確定，或是我們如何知道自己知道，而在於「為什麼我們認為自己的推論與洞察可讓我們接近真相？」

自古以來，我們隨時可能對真相嚴重誤解的問題，便一直困擾著人們。在《泰阿泰德篇》，柏拉圖提出我們無從分辨做夢與清醒，因為兩者當下都感覺迫切且真實。就在同一時期，距離5千英里之外，中國思想家莊子有過夢蝶的知名故事：「昔者莊周夢為胡蝶，栩栩然胡蝶也，自喻適志與，不知周也。俄然覺，則蘧蘧然周也。不知周之夢為胡蝶與，胡蝶之夢為周與？」

現代哲學之父笛卡兒（René Descartes）憂慮我們可能在一個巨大規模上被欺騙。[15] 他的一個思想實驗是有一個「惡魔」永無休止地在欺騙我們，我們因而不斷處在虛幻之間，永遠看不清事情，無論世界如何轉變。想像拉斯提格、胡迪尼與梅菲斯特（Mephistopheles，譯注：《浮士德》的魔鬼）的邪惡組合。如果有這種惡魔，我們根本無法發現它的存在；我們永遠無法發現騙局。

拉斯提格的詐騙對象以為，羅馬尼亞錢箱吐出來的100美元真鈔是假鈔。等到他真的印製假鈔時，詐騙對象又以為100美元假鈔是真鈔。在這兩場騙局，他們都被感官的證明給說服（鈔票看起來、摸起來、聞起來像是真的），加上背景知識（確實有100美元鈔票，而貨幣是印製出來的）。因為你從拉斯提格伯爵

拿到的錢有時是真的，有時是假的，你無法分辨差異，所以，如果你的證據讓你對手中鈔票得出正確信念，那也只是好運而已。

笛卡兒的邪靈概念則是否決我們的證據與真實之間有任何關連。有各種假設可解釋你的體驗——毒品、做夢、惡魔，你的知覺正確呈現出腦海以外的世界——你卻無法藉由經驗分辨何者是正確。更加密切、更加仔細地審視我們的知覺也沒有用，好比仔細研究鏡子也無法看出鏡子背面的樣子。迫切的體驗正是厲害的騙子使用的機制。懷疑論指出，這種體驗做到滴水不漏，如果我們真的正確分辨，那也是幸運之故。

一種知識運氣亦隨著這種懷疑問題而浮現。[16] 想像你正在跟拉斯提格伯爵打交道，你想要確定他剛拿給你的 100 美元鈔票是真的。你當然不會把他的話信以為真。你有兩個基本方法。第一個方法是假設你原本就有一些百元美鈔的真鈔。你拿過拉斯提格的鈔票跟自己手上的真鈔比對，看它們是否相同——浮水印、防偽線、正確的紙質、圖案等等。所以，你由真鈔著手，試圖以可靠方法來區分真鈔與假鈔。這就是特殊主義（particularism）的方法。

另一種判斷拉斯提格百元鈔票的方法是，首先假設你早已有個分辨真假鈔的好方法。或許你有一支出納員使用的驗鈔筆，這種筆使用碘墨水，會跟複印紙張的紙漿起作用，但對鈔票紙張則不會。你只需要使用你的方法，便會將鈔票區分為真鈔及假鈔。這就是方法論（methodism）的方法。

特殊主義假設你早已有一些確信為真鈔的百元美鈔。你要做的事是找出偵測假鈔的方法。方法論則由反方向著手。它假設

你有一套有效的測試程序，你只需用它來挑出真正的百元美鈔。你或許注意到這裡有一點問題。特殊主義假設你原本便能分辨真鈔與假鈔的不同。你就是這樣才知道自己有一些真正的美鈔。也就是說，特殊主義唯有在預設你已有分辨真偽的可靠方法之下才行得通。另一方面，方法論預設你已有一些真鈔——你就是這樣才能判斷仿偽鈔的不同方法，並找出那個系統最可靠。因此，特殊主義唯有在你已有可靠方法之下才行得通；換言之，方法論在邏輯上應該在特殊主義之前。但在另一方面，方法論唯有在你已有確信為真鈔的百元美鈔之下才行得通；換言之，特殊主義在邏輯上應該在方法論之前。結果我們陷入一個惡性循環，如圖 5.1 所示。

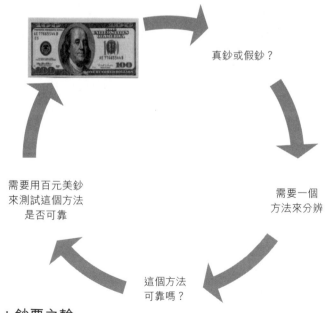

真鈔或假鈔？

需要一個
方法來分辨

這個方法
可靠嗎？

需要用百元美鈔
來測試這個方法
是否可靠

圖 5.1：鈔票之輪

　　這個鈔票之輪的解決方案是，聯邦雕版印刷局（BEP）生產鈔票。它是一個獨立保證人，分辨真鈔與假鈔。這表示我們可以是特殊主義者，站在雕版印刷局的印刷機後面，便可確定朝我們滾來的百元美鈔是真的。美國財政部擔心，萬一太多拉斯提格假鈔流通在外，美國貨幣體系將被動搖——假鈔將毀掉真鈔。好比將錢分成假鈔與真鈔兩堆，我們也想要把我們的信念分成兩堆：真實與錯誤。如同貨幣，壞信念往往毀掉好信念，所以我們需要辨認及拋棄壞信念。

　　我們無法像雕版印刷局生產鈔票那樣生產真相，因此，真相沒有獨立保證人。對於你想要提出的任何信念，我們可以質問信念是真是假。為了分辨，我們需要一個方法來判斷真假。當然，我們希望有一個可靠方法，可以給出正確結果。假設我們採取科學方法。唯有在它通常能夠分辨真假說詞時，才能算是可靠方法。確定科學方法正確分辨真實與錯誤信念的唯一方法是，我們早已知道何者為真、何者為假。但這不就是我們一開始提出的問題嗎！

　　如圖 5.2 顯示，我們再度困在迴圈之中。這次卻沒有出口。如果我們選擇方法論，我們不過是毫無理由地假設我們選擇的方法值得信賴，可以持續分辨真假信念。找到正確方法，可能是純屬幸運而已。如果我們決定採用特殊主義，那麼我們便是基於我們手握某些真實信念的不當預設來解決問題。因為我們不是原本就有一個好方法來分辨信念，假如我們挑中了真實信念作為辨別的標準，那也是純屬幸運而已。這二者均為經典的笛卡兒懷疑論，而採取何種標準，則成為運氣戰爭的戰場。

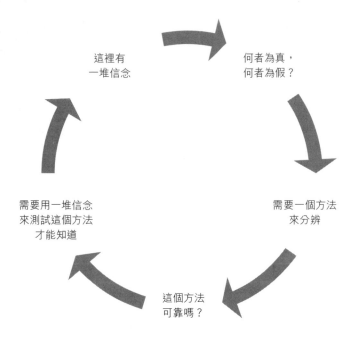

圖 5.2：信念之輪

　　全球懷疑論是結果運氣失控暴走之下所產生。在懷疑論下，我們利用證據的推論不像葛梯爾問題那般被狡猾干擾，把原本應該是知識的事情變成不是。懷疑論的說法是，我們所有的推論，甚至我們認定的證據，都是因為意外才讓我們得到真相。如果我們是特殊主義，伸手到放滿可能信念的摸彩袋去展開我們的推論，結果抓到一把真相，這不過是幸運中了門票抽獎。如果我們是方法論，情況也是一樣，只不過是由推論的方法著手，而不是信念。無論如何，我們都不能確定自己會成功。激進懷疑論打破證據與事實之間的所有關連，好像搞破壞的人把城裡所有的街

道標誌都弄亂，讓觀光客迷路、沒有頭緒。在這種情況下，唯有運氣才能讓你抵達目的地。但是，我們沒有做錯什麼；我們竭盡所能去獲取知識，卻仍然因為不是我們犯下的錯誤而失敗。

我們暫且撇下懷疑的問題。環境運氣在知識論也可派上用場。即使適當推論與仔細觀察確實可以產生知識，我們能夠獲得知識可能純屬好運。運氣決定一個人成為猶太人或納粹，一個人在遺傳樂透中獎或輸掉。如此一來，它不但決定我們人生的好與壞，還包括我們的道德性格。一件事的真相是否落在你覺得值得考慮的範圍內，那也是由運氣決定。我們作為詢問者的能力，跟我們活得好與做好事的能力，都是反覆不定。

我們不難找到環境知識運氣的地方案例。[17] 數年前，飽受戰爭蹂躪的加薩（Gaza），其動物園的唯一一隻斑馬死了。透過供應加薩大多數物資的走私管道引進一頭新的斑馬要花費 3 萬美元，這個價錢遠遠超過連餵養動物都很困難的動物園所能負擔。他們決定假造一隻。園方把一隻普通驢子的毛剃短，用人類染髮劑漆上斑馬條紋。這頭「本地產」斑馬相當成功，騙過從未見過真斑馬的學童，以及大部分成年人，不過園長坦承，有兩個眼尖的大學生識破騙局。[18]

假設那頭加薩「斑馬」被納入真斑馬群體。牠們條紋的演化優勢之一是運動暈眩（motion dazzle）——掠食者只看到一大片閃爍的條紋，很難由一大群當中挑出特定目標。沒有任何個體特別突出。現在，想像你參加了非洲旅行，看到斑馬在大草原上吃草，包括那頭上漆的驢子。你指著一頭真的斑馬，正確辨識牠是真的。你知道你是在看著一頭斑馬嗎？你在非洲仔細看了一頭

真的斑馬，並相信牠是一隻斑馬。這確實聽起來像是知識。只不過你很可能搞錯。如同獅子被那些條紋迷惑，你有可能指到那頭彩繪的驢子，並稱牠為斑馬。你沒有錯看只是因為好運，而靠著運氣獲得真相並不等於知道真相。[19]

在這個案例，環境厄運讓你無法獲得知識。辨認斑馬原本會是知識，應該會是知識，也會是知識，如果不是那隻討厭的彩繪驢子的話。可是，環境作弄了你。畢竟，彩繪驢子不是到處都有。一如葛梯爾問題，這或許只是邁向真正知識之路的一個異常減速帶而已。遺憾的是，環境知識運氣的問題有可能變得很大規模。

奧弗頓之窗

沒有人認為所有的觀念都值得考慮。沒有人認為所有的議論都值得反駁甚或評估。許多其他人類真心相信的信念領域——他們用一生與榮譽去守護的觀念及看法——是你不屑一顧，並且絲毫不會因此感到愧疚。這種態度完全合理，甚至有其必要。物理學家懶得去驗證人體脈輪或氣。馬克思主義壓根不相信，資本主義是史上最良善、最有效的方法可讓農民脫離貧窮的論點。生物學家不在意創造論，把他們當成鄰居惡犬吠叫，無論那條狗可能是他說值得注意的。理論與知覺一樣；我們被排山倒海的混亂給淹沒，無法產生同化作用（assimilation），而必須費力做一些篩選才能條理分明。

我們不是依據推論來決定要注意哪些事、忽略哪些事，

因為我們只會去推論我們注意到的事情。山姆‧哈里斯（Sam Dawkins）與理查‧道金斯（Richard Dawkins）一看到最新的教宗詔書，立刻認真閱讀、考慮及駁斥，而不是嗤之以鼻。換句話說，他們早已全心投入，而不是無視。注意到事情，便使得這些事情進入我們推論的範疇。如果不是藉由推論的話，我們如何劃分我們考慮的觀念以及不接受的觀念？那是一個問題。更令人困擾的是這個：萬一真相落在被我們斥為太過瘋狂、不值一哂的觀念種類呢？

約瑟夫‧奧弗頓（Joseph Overton）是密西根州自由主義智庫——麥基諾公共政策中心（Mackinac Center for Public Policy）的一名律師，他開發出一個很便利的方法，來說明被視為合理討論限制之內的觀念範疇。政治辯論的窗口可能介於右派到左派，但極端看法不在這個窗口之內，所以不值得考慮。雖然聽起來像是羅勃‧陸德倫（Robert Ludlum）的驚悚片，他的這項主張後來被稱為奧弗頓之窗（Overton Window）。奧弗頓首創以政府控制的程度來設定他的政治概念，如表 5.1。

奧弗頓按照政府控制／無政府狀態的層面來設定概念範疇，與他的基本想法無關。奧弗頓之窗可以用無數不同層面來說明合理概念的範圍。奧弗頓之窗的範疇即為社會公認可接受的概念範疇。超出此一邊境便是瘋子、怪人、偏激。他的方法設定了你的同儕團體認為值得考慮的信念範圍。窗口上方的人很可能瞧不起下方的人，反之亦然，可是他們或多或少將對方視為可以辯論的合理對手。如同文藝復興的航海圖，邊境之外都是怪物。[20]

表 5.1：奧弗頓之窗

完全國家主義／政府控制

不可思議
激進
可接受
合理
通俗
政策
通俗
合理
可接受

激進
不可思議

完全自由／無政府狀態

　　公眾對於同性戀的爭論是奧弗頓之窗的一個好案例。請看表 5.2。

　　直到最近，西方對於同性戀看法的奧弗頓之窗，像是表 5.2 的灰色部分。政策認為同性戀行為是合法、可接受，但同性戀伴侶沒有法律或社會保障，這表示無法共同報稅及領贍養費，其他有關探病、領養子女及監護權等事項極為複雜。社會可容忍的觀念範圍介於同性戀應該完全正常化及容忍的開明觀念，到不合法、但不積極執法的保守觀念之間。最接近中間的人——支持民事結合的人，以及認為同性戀是怪異變態、可能是精神疾病的人——如果想要辯論同志權益，就必須認真看待對方。只有偏激極

端人士認為應該獎勵同性戀，加以嚴懲或強迫接受治療。

表 5.2：同性戀的傳統奧弗頓之窗

不可思議	同性戀／同性婚姻為強制性
激進	同性戀受到社會或法律獎勵
可接受	同性戀完全正常，普通
合理	同性伴侶允許結婚
通俗	同性伴侶允許民事結合
政策	同性戀行為屬合法、可接受，但伴侶無保障
通俗	同性戀被視為怪異、變態，可能是精神疾病
合理	同性戀行為根據過時法規屬不合法，但普遍獲容忍
可接受	同性戀行為不合法，零星被起訴
激進	同性戀行為受到嚴懲或被迫接受強制心理與藥物治療
不可思議	同性戀一律處決

　　不久之前，奧弗頓之窗比較偏向下方。1950 年代，英國政府強迫偉大的邏輯學家與密碼學家艾倫‧圖靈（Alan Turing）接受精神藥物治療，以「治癒」他的同性戀。該決定導致他的自殺。現在西方的窗口偏向上方，同性婚姻不僅合理或通俗，甚至成為政策。圖靈的遭遇如今被視為對這位戰爭英雄的恐怖犯罪。在葉門、沙烏地阿拉伯、伊朗、索馬利亞和其他數國，窗口仍然極低，同性戀要被處死刑。[21]

　　表 5.3 的灰色部分比較貼近現今的西方奧弗頓之窗。人們或許對細節及確切範疇頗有微詞，可是，表 5.3 無疑比表 5.2 更為

表 5.3：同性戀的目前奧弗頓之窗

不可思議	同性戀／同性婚姻為強制性
激進	同性戀受到社會或法律獎勵
通俗	同性戀完全正常，普通
政策	同性伴侶允許結婚
通俗	同性伴侶允許民事結合
合理	同性戀行為屬合法、可接受，但伴侶無保障
可接受	同性戀被視為怪異、變態，可能是精神疾病
激進	同性戀行為根據過時法規屬不合法，但普遍獲容忍
激進	同性戀行為不合法，零星被起訴
不可思議	同性戀行為受到嚴懲或被迫接受強制心理與藥物治療
不可思議	同性戀一律處決

表 5.4：朝鮮薊的奧弗頓之窗

不可思議	法律禁止食用朝鮮薊
激進	朝鮮薊不過是怪異的地區食品，如榴槤或冰島的發酵鯊魚肉
合理	朝鮮薊有些怪異，喜歡這種菜很奇怪
通俗	朝鮮薊沒問題
政策	朝鮮薊很美味
通俗	朝鮮薊被嚴重低估，大家都應該多多食用
合理	朝鮮薊是史上最棒的蔬菜
激進	每道菜都應該有朝鮮薊
不可思議	朝鮮薊應該是我們唯一的食物來源

接近現況。

　　在有人開始將奧弗頓之窗視為進度表之前，以下是一個蠢案例（表 5.4），可消除你的懷疑。

　　朝鮮薊農民聯合協會想要把這窗口往下挪移，好讓認為吃朝鮮薊很奇怪的人都被視為偏激。無論想要把同性戀或朝鮮薊窗口往下移，那都是公關與行銷重點，把合理變為通俗，把以前可接受的變成激進，把以前激進的變成可接受。移動奧弗頓之窗的是沒有什麼證據推論的複雜社會力量。

　　雖然奧弗頓的興趣是在公共政策與了解輿論的梗概，奧弗頓之窗亦是用來了解一個人對於合理可接受區間的實用方法。印度婆羅門甚至不想理會德州牧牛人對烤肉的熱愛；這種事不值一哂，更無須予以反駁。世界裸體騎自行車活動（WNBR）的愛好者根本不會去考慮阿米許人（Amish）覺得鈕扣太過世俗、花俏。當一種概念超出你的奧弗頓之窗劃定的範疇，便會被無視。況且，這種無視是很恰當。沒有人想要把時間浪費在認真對待瘋子與極端分子的信念。

　　問題是，有時候，或許很少時候，瘋子是對的。因為瘋狂而被你合理予於忽略的想法，可能竟然是真確的。1934 年，在大蕭條高峰時期，華特・迪士尼（Walt Disney）把自己房子拿去抵押，融資一部耗資 150 萬美元的卡通劇情長片。當時沒有人認為卡通有任何好處，除了是好笑短片之外，而迪士尼卻花了一般電影贊助人全年收益的將近一千倍。包括他的太太莉莉蓮與他的哥哥兼事業合夥人，所有人都企圖說服他不要這麼做，好萊塢電影界嘲笑他的計畫是「迪士尼蠢事」。可是，迪士尼是對的。經

通膨調整後，《白雪公主與七矮人》賺進將近 10 億美元，華特‧迪士尼拿到一座奧斯卡獎，美國電影學會稱該片為最偉大的美國動畫片。

　　令人高興的是，奧弗頓之窗的概念似乎可用以解釋棘手的意見分歧。當一個人的意見超出你的窗口，你拒絕互動，他們同樣拒絕與你溝通。如果是狹小的窗口，意思是說可接受的想法範圍很小，便形成激烈的對立。「你覺得朝鮮薊古怪？你們這些漿糊腦袋，智障傻子，噁爛肥油。」「等等，你覺得大家都應該多吃朝鮮薊？我從地獄也要殺死你，我要憎恨地把最後一口氣吐在你身上。」即便小小的歧異也會放大成為公開戰爭。當然，事後來看，不難看出 16 世紀基督教神學的微小教義差異不值得數十年戰爭，把人燒死在木樁上。然而，我們卻很難看出現代政治爭議當中的相同社會力量與結構性相似。

　　把窗口開大一點會有幫助，因為雙方便可在原則上接受較大的朝鮮薊議題選項，或許便能找到一些共同立場或者可以說服對方。但是，你不能拋開謹慎，讓所有概念得到理性評估。沒有人有足夠時間或去思考每件事；你不如嘗試去閱讀國會圖書館的所有書籍好了。或許最佳計畫是盡量開放心胸。超出你的奧弗頓之窗的好主意與主張就是脫離現實，以昂貴手繪動畫製作一部動畫劇情長片等等的激進主張會被斥為失控。這真的沒有辦法──我們無法認真考慮遇到的每個古怪主意。我們還是會覺得那些主意來自與現實脫節的人。

　　在知識可能性領域，奧弗頓之窗的開放性、封閉性及大概位置，其實是一種環境運氣。舉例來說，父母與其子女的宗教、

政治和科學信念有著極為強烈的關連，不一致的話才需要解釋，一致的話則不必。如果你的父母保守，那麼你很可能也保守，如果他們開明，那麼你也可能開明。如果你在沙烏地阿拉伯出生及成長，你是個穆斯林就並非偶然；你不是因為獨立原因而得到那種觀點。遜尼派與什葉派或許是值得進行的爭論，無神論則完全在窗口外頭。在各種主題，你覺得偏激或甚至不可思議的概念都受到環境的強烈影響，如果真正正確的事物剛好落在你的奧弗頓之窗裡，那是純屬幸運。

　　另一種觀點是由物理學家馬克斯・普朗克（Max Planck）提出，他說：「一項新科學真相不是藉由說服反對者，讓他們明白而勝出，相反的，是因為反對者死了，熟悉該真相的新一代成長了。」22 更為簡潔的說法是：「葬禮推動了科學的進步」。直到其最後一名支持者下葬了，乙太（luminiferous aether）理論才完全敗給相對論。即便是在人們以為純理性的科學家社群，奧弗頓之窗的進展也不是根據證據，而是社會力量將以往偏激的事物轉變為如今可以接受。

　　奧弗頓之窗說明了環境知識運氣無處不在。我們對這種運氣是否應該感到多麼困擾，取決於你是否認為具有知識是值得稱讚之事，你是否只在對你有加分作用之下才去知道某件事。你因為社交的幸運結果而擁有一個真信念，並不真正值得稱讚，正如同你繼承了財富並不值得讚美一樣。23

意外發現

知識特權在某些方面類似於道德特權。之前談到，道德特權是一種具有優勢的概念，因為不公平的系統性差別分配未經爭取或沒有功績的優勢或好處。正如同擁有道德特權沒什麼錯，擁有知識特權也沒什麼錯。偶然在正確時間出現在正確地方，或者生活在真理符合你的奧弗頓之窗的環境，並沒有什麼不妥當。糟糕的是沒有特權，真理落在被你視為激進或不可思議的領域，因而失去獲知真理的機會，那才是十分不幸。

所有人都得到教育，應有助於減少有些人因為環境厄運而無法獲取真理。教育平等的目的是要減少知識弱勢，如同法律平等是為了減少道德弱勢。所有國家的公立學校常遭人詬病的一點是水準參差不齊，幸運讀到好學校的孩童（平均而言）將超越讀到壞學校的孩子。整體而言，他們的教育水平跟個人勇氣毅力沒太大關係，而跟運氣有關。所有人都認為，解決方法是讓所有學校變成好學校。烏比岡湖（Lake Wobegon）的夢想能實現就太好了：每個人都優於平均水準的地方。數學上，我們無法讓所有學校都高於平均水準，但假設我們可以找到方法來縮減鐘型曲線之間的差距，從而產生較小的標準差。讓最差的學校也不會比最好的學校差到哪裡。在人口密度、財富、母語、種族背景、宗教與政治態度多樣化的大型社會，這是說的比做的簡單。但假設我們做到了。

運氣女神福圖納可不是那麼輕易被打敗。無論一個人受了多少教育，或教育有多麼好，或一個人多麼勤學好問，運氣似乎

總能得逞。如果改善教育便能消弭環境厄運，那麼社會上受到最好教育的人應該可以完全避免這種厄運才是。學者、科學家、擁有知識特權的人，應該能夠避免運氣的玷汙。但是，他們沒有。

1953 年 5 月 30 日號的《自然》（*Nature*）刊登一份詹姆斯・華森（James Watson）和法蘭西斯・克里克（Francis Crick）的報告，率先正確說明 DNA 的雙螺旋結構，亦即譜寫生命藍圖的大分子。他們解釋其結構穩定性、突變的方式，以及這種分子如何複製。諾貝爾獎得主彼得・梅達沃爵士（Sir Peter Medawar）曾說過：「實在不值得跟笨到不明白這項發現是 20 世紀最偉大科學成就的人爭吵。」1951 年，華森離開美國去英國劍橋擔任博士後研究。他沒有任何特別值得注意之處，無人預料他在 1953 年將聞名世界。這種事是怎麼發生的呢？

當然，勤奮與聰明是華森成功的主要成分，不過，環境運氣扮演的角色也很重要。舉例來說，華森能夠研讀科學就是幸運。梅達沃表示：「在英國，像華森早熟與資質的學童可能會被導引去讀文學。」況且，華森很幸運能夠進入尊貴的科學家核心圈，在他沒有任何值得的作為之前，便可在發表前便可接觸到尖端研究。最重要的是，華森很幸運結識傑出的克里克。華森與克里克好比約翰・藍儂與保羅・麥卡尼——他們的創作是共同產品，兩人都無法獨自完成。[24]

華森或許幸運，可是他的好運只是他成功的背景條件。華森與克里克的發現並不是因為運氣。他們兩人熱切地想要破解 DNA 的祕密，一名競爭對手的研究失敗、未能解開祕密，讓他們鬆了一口氣。傳統上，人類知識進步就像蓋城堡一樣，大量科

學勞工切割與堆積石塊，一些大師設計中間廣場或鐘樓。生物學、化學、生理學的聖殿均有不同設計，不過其工程與目的是一致的。科學史不過是挖掘掩埋在哥德式建築底下的羅馬式教堂的考古學而已。沒有人因為運氣而蓋好教堂，知識強大殿堂的贊助人是雅典娜，而不是福圖納。華森與克里克他們很幸運能參與這棟建築，可是他們的科學貢獻並非運氣。

知識堡壘是一幅尊貴的畫，無論大規模看上去有多麼好看，[25] 它的底下有著意外與偶然的發現，黏合了整幅畫。

1302 年，波斯詩人阿米爾・庫斯洛（Ab'ul Hasan Yamīn ud-Dīn Khusrau）寫作《八個天堂》（Hasht-Bihisht），這首詩篇有七名公主每天講述一個故事。她們講了一個錫蘭三王子（斯里蘭卡的古波斯名）的故事，他們被父王派到國外。王子們擅長觀察入微。他們注意到，道路一邊的青草被啃食，但另一邊更翠綠、更誘人的青草卻沒被動過。他們看到咀嚼過的草粒，如駱駝牙齒大小，又看到三個蹄印，第四個拖著走。路的左側有螞蟻在吃奶油，右側則是蒼蠅叮著蜂蜜。他們看到諸如此類其他事情。

王子們並沒有特地尋找駱駝相關的東西，但是當他們遇到一名走失一隻駱駝的商人，他們說：「喔，你是說跛腳、獨眼、缺了一顆牙，一側馱著蜂蜜、另一側馱著奶油，懷孕婦人騎乘的駱駝？那隻駱駝嗎？沒看到。」當然，他們以竊盜罪被捕。三王子的故事一再被眾人傳述，包括賀瑞斯・沃波爾（Horace Walpole）和伏爾泰（Voltaire），不難看出王子們觀察入微與推論的方法是愛倫・坡筆下奧古斯特・杜邦，與柯南・道爾筆下夏洛克・福爾摩斯的前身。

　　我們在注意，甚或找尋什麼時會有意外發現，卻也會有偶遇。哥倫布在找尋前往印度的新航道，卻發現新大陸。威爾斯花匠麥克・史密斯（Mike Smith）想要為雀兒喜花展（Chelsea Flower Show）培育一個新品種，卻意外培育出世上最辛辣的辣椒。[26] 偶然的科學發現不勝枚舉。[27] 或許其中最為知名的是亞歷山大・佛萊明爵士（Sir Alexander Fleming）發現盤尼西林。

　　佛萊明是一位細菌學家，他研究葡萄球菌，這種細菌可能引發多種疾病，包括發燒、喉嚨痛和食物中毒。佛萊明做事有一些馬虎。1928 年 8 月，他去度假，把許多沒有蓋蓋子及沒有清洗的培養皿留在實驗室裡。等他在 9 月 3 日回來後，他發現一些培養皿發霉了。仔細一看可看到葡萄球菌菌落，除了長霉斑的地方。黴菌顯然在分泌什麼東西——黴菌汁液。佛萊明是這麼稱呼它的，而它消滅了葡萄球菌，佛萊明很幸運有些青黴菌孢子飄進來，在他髒亂實驗室的合適環境下落腳。

　　當然，佛萊明已花了 10 多年找尋盤尼西林之類的東西，他充分明白自己在培養皿看到東西。所以，那或許不是純然幸運。就像你滿屋子找鑰匙，你在沙發墊下找到並不算幸運。畢竟你一直在找。反過來，如同梅達沃說的，大多數抗生素「具致命毒性，因為它們藉由細菌與高等生物相同的代謝途徑來抑制細菌生長。盤尼西林比較無害，因為它是藉由細菌特有的合成途徑來干擾，亦即細菌細胞壁獨特結構因素的合成。」[28] 佛萊明很幸運他的骯髒碟子長出正確的黴菌汁液。

　　意外發現是社會上受過最高等教育的公民投入於科學與推動知識，終究卻還是因為環境運氣而發現真相的例子。即使是知

識精英分子的成就也受到運氣感染,很難想像何種抗生素可以治療這種感染。這些故事被講述的方式或許決定了我們對它們的看法。佛萊明這樣的人是英雄科學家、對抗無知的無形混亂,抑或他是一個幸運的胡塗蟲,偶然遇見偉大發明?下一章將更為深入地研究敘事框架的問題。

失控

　　好吧,知識運氣憑其各種形式,似乎構成知識的真實危險。本章迄今一直在探討知識環節,現在來探討運氣環節。這裡的運氣概念是什麼?本書先前已討論過運氣的機率、模態與控制理論。我們在第三章看到,那些理論都有嚴重的本質問題。我們暫且拋在一邊,聚焦在如何表達知識運氣的概念。第四章已證明,模態與機率理論不適用於道德運氣。除非我們採用控制理論,不然道德運氣根本不存在。事實上,即使我們採用控制理論,也有那種風險,因為它很可能變質為其他運氣概念。不過,為了討論,我們假設運氣控制理論是獨立存在的,可以站得住腳。

　　請記住,所謂控制理論是指,唯有一件事的發生在你的控制之外,才算是幸運。那麼控制理論可以用解釋知識運氣嗎?不行,其理由令人意外:它把有關知識的一切都變成運氣。有關知識的一切幾乎都不在你的控制之內。以信念為例。你看向窗外,因而認為這是個溫暖晴朗的日子。你是自願決定形成那個信念嗎?你可能決定認為這是個黑暗下雪的日子嗎?這兩個問題的答案非常不可能是肯定的。我們的信念大多只是因為我們的遭遇而

形成。溫暖晴朗日子的直接感受產生那種信念，而不是自願選擇。我們很難否決那項證詞，甚至不可能否決。

你或許會考慮要採取什麼行動，卻很難考慮要相信什麼，然後根據考慮結果來形成你的信念。知名的帕斯卡賭注（Pascal's wager）即是有關這個問題。在他的《思想錄》（*Pensées*），帕斯卡主張，相信上帝存在是合乎理性。他的論調如下。只有兩種可能性：上帝存在，或是上帝不存在。帕斯卡認為，如果沒有上帝，你卻錯誤地相信祂，你的錯誤不會造成任何損失。如果你正確地否認祂的存在，你的正確不會帶來任何好處。另一方面，假設上帝存在。在這種情況下，如果你（正確地）相信祂，那麼你便賺到了，如果你錯誤地否認祂的存在，那麼你便虧到了。在此安排下，帕斯卡結論指出，你有很好的決策理論（decision-theoretic）理由──它符合你的最佳利益，因為是你自己設想出來的──去相信上帝存在。

在結束討論時，帕斯卡想像有人讀到他的賭注，而回應說：「你知道嗎，這真是擲地有聲的見解。你完全說服了我應該要相信上帝。我沒什麼損失，卻可獲得許多。問題是，我就是無法說服自己這麼做。就好像你保證要給我一皮箱現金，便要我相信你是無敵浩克。相信你是無敵浩克絕對符合我的最佳利益，可是我就是辦不到。我是說，我可以撒謊，跟你說我認為你是浩克，但我依然沒有真正相信。撇開現金的話，根本難以相信你是無敵的。」

帕斯卡認為這是一個嚴重問題。我們無法隨意控制自己的信念。帕斯卡提出一個解決方案，就他的高明推論來看，這個方

案十分驚人。他寫說，去結交基督徒，參加彌撒，喝聖水。每個人一開始信仰時都是這麼做。你會習慣的。帕斯卡認為我們頂多對自己的信念只有一種間接控制。

即便是帕斯卡所說的間接控制一定也不多見。比爾·威爾遜（Bill Wilson）於 1935 年創立戒酒無名會（Alcoholics Anonymous），因為他想要戒除自己的飲酒問題，卻發現他無法獨力辦到。儘管威爾遜說酗酒是「一種死刑」，意志力並不足以讓他戒掉喝酒。唯有與其他也想戒酒的酗酒者合作，他們才找到一種互助體系，讓他們保持清醒。成癮症、陳年習慣與強大的一階欲望（first-order desires）是極難克服，失敗率很高。和欲望相同，信念需要很大努力才能改變，你或許根本就做不到。單憑意志力──決定去相信某件事──不太可能行得通。在《愛麗絲鏡中奇遇》（Through the Looking-Glass），紅皇后宣稱她可以在早餐之前相信六件不可能的事，令愛麗絲大感吃驚。雖然相信不可能的事很荒唐，相信紅皇后可以像指揮子民一樣指揮自己的信念，也是同樣可笑。這個場景才會產生荒誕幽默。

我們假設，一件事的發生超乎你的控制，那便是幸運。因此，無論你無法控制自己信念的程度有多少，當事件發生，而你的信念恰好是正確的，那便是幸運（若是錯誤，便為不幸）。在你無法控制自己信念的程度內，信念都會受到運氣影響。因為信念是知識的基本成分，知識大體上也是有關運氣。

信念是知識的一部分，真相也是。你或許對自己的信念沒有什麼控制，對於真相則是一點控制也沒有。你相信的客觀事實，「比如今天溫暖晴朗，加拿大在墨西哥北方，以及宇宙的年

齡超過一個月」，無論你做什麼都不會改變。你愛做什麼就做什麼吧，反正這些事都會是真的；你對它們全然沒有控制。你對主觀事實甚至也沒有多少控制，如果有的話。你或許喜歡艾雷島（Islay）威士忌勝過斯佩賽（Speyside）威士忌，或是認為《星際爭霸戰》（Star Trek）比《星際大戰》（Star Wars）好看，可是你對於那些是否為真相絕對沒有直接控制。我們稍早談到，你頂多只能希望有間接與局部控制，如果有的話。你的信念與真相都不在你的控制內。你的信念與真相之間的適當連結便是知識。我們對那種連結是否有任何控制？

　　每個人都有獨門醬汁讓真信念的鄉土菜餚可以端上知識盛宴。一些知識論廚師認為，關鍵材料是加入一項要求，亦即無論你用何種方法獲取信念，一定要是可靠的方法。信念必須獲得可靠方法的驗證。確實的真信念即為知識。當然，你或許完全搞不清楚自己的方法是否可靠，你是否使用科學方法、最小平方法或點指兵兵（eeny-meeny-miny-moe）的方法。第二種看法如下：如果你不太輕易出錯，那麼你便是具有知識。換言之，你的真信念在模態上安全。舉例來說，當你望向窗外，看到這是溫暖晴朗的一天，你很難搞錯而抱怨惡劣的冬天天氣。在這個情況下，你可能完全不明白自己的信念是否為模態上安全。

　　這是兩種我們約略稱為證明正當（justification）的概念。接著是第三種。當你作為相信者的善良性格將你與真相連結起來，真信念便會轉化為知識。知識是一種能力的成就，類似擊中棒球或溜冰不跌倒。康德認為你不可能意外做出對的事，因為它必然要出於你的善意。或許你也不會意外得到知識，如果知識必須源

於你獲取知識的瘋狂技巧。話又說回來,你可能不明白自己是不是具有最純潔知識性格的聖潔認知者。

這些有關獨門醬汁有一個共同點:它們在你的信念與真相之間建立起連結,而你甚至不知道它的存在。令人驚訝的是,在你不知情之下,你對於是否存在連結是沒有控制的。結論是,你無法控制你的信念是否得到證實,如同無法控制它們是否為真信念,抑或你是否確實具有那些信念。我們會說無法控制四肢的人是無法控制肢體,同樣地,我們無法控制知識的任何一部分,因此我們對於知識本身無法控制。

運氣對知識構成各種問題。例如,很難證明為何知識不只是幸運猜測,葛梯爾問題與全球懷疑論所產生的結果運氣威脅,以及奧弗頓之窗與科學意外發現的環境運氣。這已經夠糟了,但至少還有一些救贖的希望。將運氣控制理論丟進這鍋燉菜,就像扔進一枚手榴彈──現在,知識變成原本就是運氣;到處都遍布炮彈碎片,已經無法救治了。總結來說:道德運氣感覺像是確有其事。但若我們採取運氣機率或模態理論的話,它便不存在。因此,我們必須接受控制理論才能保存道德運氣。[29] 然而,如果我們在知識論採用運氣控制理論,就變成知識的一切都是純粹運氣,知識根本不存在。我們左右為難。

分而治之

很顯然,我們必須宣稱運氣有兩種:一種與缺乏控制有關,另一種則與模態脆弱或不可能有關。[30] 但是,語言很滑溜狡

詐。同一個字卻表達不同意思，或者不同字卻是同義，令人很難分辨。「我很抱歉」與「我道歉」是相同意思，唯獨在葬禮上不同。（譯注：在美國，葬禮上向喪家說 I'm sorry，有節哀順變之意，若講 I apologise，則意味你是造成死者亡故的原因。）其他字則像是羅馬神話裡的雅努斯（Janus），有兩張面孔，看向相反的方向。Trim 這個單字有修剪之意，例如修剪草地。亦有「裝點」之意，例如「我們來裝飾耶誕樹」。閃電博爾特跑得飛快（fast），除非你把他牢牢捉住（hold fast）。石屋經得起（weather）風暴，雖然石頭終究會風化。矛盾歧義詞，模稜兩可的完美形式，令人瘋狂（又恨又愛）。

　　不過，我們不必急於堅持模稜兩可。通常那只是一種逃避，一種律師計謀，用以迴避再清楚不過的事情。[31] 柯林頓總統正是為了這種事情而遭到彈劾，或多或少。他被國會指控在宣誓下仍對與莫妮卡・陸文斯基（Monica Lewinsky）不倫一事撒謊。柯林頓的律師在書面證詞中表示：「（陸文斯基與）柯林頓總統絕對沒有任何方式、形狀或形式的性交。」柯林頓在宣誓之下被直接詢問是否該聲明屬實。他出名的回答是：「那要看『是』（is）這個字的意思是什麼？」

　　柯林頓立即被猛烈嘲諷，不過他切中要點。「（此刻或最近）陸文斯基與柯林頓沒有性交」，以及「（歷史上任何時候）他們之間沒有性交」，是不一樣的意思。這種不一樣好比「天空多雲」以及「直角三角形的兩直角邊邊長的平方和等於斜邊長的平方」。畢氏定理無論什麼時候都是對的，「天空多雲」則不是，即便現在是對的。然而，柯林頓企圖讓大家注意到「是」的時態

與無時態之間的差異，被視為可恥的逃避。我們不禁想像他回家時，衣領上沾到口紅，希拉蕊質問他的時候，他也是這麼說。

「比爾，你在跟別的女人搞外遇嗎？」

比爾看了看自己的長褲，看到長褲還穿得好好的。「沒有」，他回答。

反過來說，有時候訴諸模稜兩可才是合適的做法。1907年，哈佛哲學家與心理學家威廉·詹姆斯（William James）在「實用主義的意涵」講課一開始，便舉出透過澄清來解決爭端的一個樸實例子。

幾年前，在山上的一次露營派對，我獨自散步回來，發現大家正參與一項激烈的隱喻爭執。爭執的主體是一隻松鼠——應該要攀附在樹幹一側的活生生松鼠；樹的另一側則站在一個人。這個人試圖看清楚松鼠，便繞過樹幹，但無論他跑得多快，松鼠以同等快速跑向反方向，中間總是隔著樹，所以那個人永遠都看不到。其衍生隱喻問題是：那個人是在繞著松鼠跑嗎？不用說，他是繞著樹，而松鼠在樹上；那他是在繞著松鼠嗎？……

「哪一方才是對的」，我說：「要看你說『繞著』松鼠具體是指什麼意思。」假如你是指由牠的北方跑到東方，再到南方，再到西方，又回到牠的北方，顯然那個人是在繞著牠，因為持續占著這些方位。可是，如果正好相反，你是指首先在牠在前面，接著是右邊，接著是後面，然後是左邊，最後又在前面，很顯然那個人沒有繞著牠，因為藉

由抵銷松鼠的運動，那個人的肚子一直面對松鼠，背部在後面。講清楚以後，就沒有進一步爭執了，根據你們對「繞著」的具體意思，你們可能是對的，也是錯的。[32]

一旦詹姆斯可以清楚說明「繞著」的兩種不同意思，就不會再有爭執了。詹姆斯用松鼠故事，作為「解決原本可能無法解決的隱喻爭端」的實用方法。可是，它遠非詹姆斯所期望的萬靈丹。即便是在松鼠案例，詹姆斯的解決方案也沒有讓每個露營者開心：「一兩位激動爭執者說我的講話是含糊不清，說他們不想要詭辯或學術吹毛求疵……而是要清楚明白的話。」

如果我們可以只靠著查辭典來解決何謂清楚明白的話的爭議就好了。可惜，辭典只給出辭典編纂者對於人們如何使用詞語的發現，而詞語使用的方法並無助於發現現世界的真相。如果那是一個好方法，那麼牛頓或愛因斯坦只要去查一下「重力」，便可省下許多力氣。在 dictionary.com 網站查「謀殺」一詞的定義：一個人違法預謀殺害另一個人。猶太人大屠殺涉及大量的預謀殺害，可是在納粹德國並非違法。就辭典定義而言，納粹並沒有謀殺猶太人。當我們得出錯的離譜的結果，我們便有充分理由認為辭典並沒有告訴我們很多真相。它不會告訴我們有關重力、謀殺或運氣的真實本質。

我們需要一個更為系統化的方法。我們是否有很好的理論理由去認為「運氣」是模稜兩可？我們可以嘗試的一個方法是進行模稜兩可的語義測驗，看「運氣」能否通過測驗。沒有天下公認的測驗，不過矛盾測驗是最通用的。[33] 其概念如下。一些看似

矛盾的句子其實沒有矛盾。只不過是表面上矛盾，等我們明白句子將一個字用了兩遍，分別代表不同意思，便化解了矛盾。以下是一些例子。

　① 此舞（ball）非球類。
　② 費多是一條狗，但不是公狗。
　③ 安珀出租公寓，但沒有承租公寓。
　④ 李小龍打了持棍的男人，但不是持棍打了那個男人。
　⑤ 理髮師一天刮鬍子 20 遍，卻總是有鬍鬚。
　⑥ 那個男人看見妻子酒醉，但他沒有酒醉。

　　它們全都看似句法上矛盾。等我們明白其中一些字有不只一個明確意義，這些句子就會是真實的。這些句子的意思可能是指社交舞不是運動項目。費多是一頭馴化肉食哺乳動物，有著長口鼻、敏銳嗅覺，非收放式腳爪，會吠叫、嚎叫、哀哀叫，被當成寵物、狩獵、看管牲口、警衛或其他實用目的而飼養（《牛津英語辭典》），可是費多不是該物種的雄性。安珀是一位房東，而不是房客。李小龍赤手空拳對抗一名持棍男子。理髮師不是奇蹟似多毛，他是刮別人鬍子，而不是自己的鬍子。那名清醒的男人看到自己妻子喝醉了。這些句子都通過矛盾測驗，意味著它們都有模稜兩可的部分。

　　語言充滿各式各樣的怪異。以模糊為例。模糊的用語是指沒有明確界限的用語，例如「aunt」。這個稱謂很模糊，不知道她是你母親的姊妹或是你父親的姊妹，甚或是父母的兄弟的配偶。

又例如「紫色」。沒有名確定義什麼深淺的紫色叫做紫紅色或紫藍色。或是「中年」。沒有一個特定時刻是一個人不再年輕，開始變成中年，或者不再是中年，而步入老年。鮑伯‧霍伯（Bob Hope）曾說，中年是當你依然相信自己早上會感覺好一些，但是當你不再買青香蕉，你就是老了。那或許正確，但不準確。

模糊名詞無法通過矛盾測驗，這也是應該的。

⑦ 你的姑媽不是你的姑媽。
⑧ 那件紫色襯衫不是紫色。
⑨ 一個中年人尚未步入中年。

這些句子不僅看上去矛盾，它們是深入地完全矛盾。沒有任何澄清可以挽救它們。那麼「幸運」呢？它可以通過矛盾測驗嗎？不太行。它比較接近姑媽，紫色與中年。

⑩ 梅根是幸運的。
⑪ 梅根是幸運的，但不幸運。

「運氣」是模糊的。梅根是幸運或不幸，可能是界限不準確，值得商榷。假設她不小心把錢包遺忘在咖啡店桌上，便走去停車場開車，這才想起忘了拿錢包。她在 5 分鐘內返回咖啡店，好好地拿回她的錢包。她拿回錢包是幸運的嗎。這可能不是完全清楚。但這對矛盾測驗完全不重要。你愛怎樣定義「幸運」都可以。但「梅根是幸運的但不幸運。」這句話仍然沒有道理。

　　幸運不只有一種方式。這意味著「運氣」是模稜兩可嗎？在《三劍客》（*The Three Musketeers*），達太安跟波爾多斯說，他不可能獨占一切好處。「俗語說：情場得意，賭場失意。你情場太得意，賭場必然要失意。」梅根可能與波爾多斯一樣：情場得意，賭場失意，那樣的話，她既幸運又不幸運。這種明顯的矛盾畢竟只是表面上，或許「運氣」真的是模稜兩可。

　　等一下。這個例子真正說明的是，我們需要事件背景。「情場得意，賭場失意」顯示運氣的曖昧不明，正如同「路克贏了」這句話一樣曖昧。可能是路克（打球）贏了，而不是路克（打牌）贏了。「贏」與「幸運」在這些例子都不是曖昧不明。它們只不過沒有講清楚，這又是語言另一件奇怪的事。舉例來說，缺少關連的說明便是沒有講清楚，比如「你是倫敦地鐵區域線上一名高大的橄欖球員，我們互看了一眼」，但這不是曖昧不明。它講述一個特定的人。同樣的，許多直接句若未說明預設，可能是有疑義的。「警察來了」並沒有模稜兩可，但這句話可能是一句聲言，一項警告或鬆了口氣的表示，必須視情況而定。

　　總而言之，運氣不是模稜兩可。提到運氣，它是意義明確的。不是有一種運氣叫道德運氣，另一種運氣叫知識運氣。最多只有一種。不幸的是，這種結論又讓我們轉回到先前的悖論。令人討厭的是，就是沒有一種運氣概念可讓我們解釋道德運氣的事實，同時又讓知識的可能性說得通。現在，運氣看起來像是中古鍊金術。我們先前理解世界的方法已走到了盡頭，如果我們拒絕老方法，或許將會迎來文藝復興。運氣心理學將讓我們明白為何我們一開始會被運氣吸引。

第六章

THE IRRATIONAL BIASES OF LUCK

運氣的非理性偏差

「當然，我不相信，
可是我了解它帶給你好運，無論你相信與否。」
——物理學家尼爾斯・波耳（Niels Bohr）
在被問到為何在門上掛了馬蹄鐵時回答。[1]

　　你應該為自己的人生變成這樣而受責罵嗎，抑或那只是你
運氣不好而已？你的成功有多少程度是自己的功勞，而不是單純

出於幸運？生活的每個層面似乎都布滿好運及厄運。可是，截至目前，我們試圖確定什麼是運氣的各項嘗試若不是失敗，便是引來更多謎題。當然，一定有「某個」合理、直覺式的運氣概念。或許分析我們認為一件事是幸運以及我們認為不幸的心理，會是了解運氣的新工具。社會科學或許可以發掘連貫的認知概念叢聚。當然，如果我們認為這件事幸運、那件事不幸的方法不一致、偏差或不理性，會更人困擾。那將成為運氣存在的最終一擊。

框架商店

　　1940 年代，宇宙有個開端的觀念普遍被視為偏激，甚至異端。廣義相對論，加上可觀察到不斷擴大的宇宙，顯示確實有個開端。認真看待這個觀念的人士包括美國物理學家喬治・加莫夫（George Gamow）、雷夫・阿爾菲（Ralph Alpher）與羅伯特・赫爾曼（Robert Herman）。在發表於 1948 年的一篇報告，他們認為大爆炸將殘餘熱氣均勻散布到宇宙之中，並算出其溫度是開氏（Kelvin）5 度。[2] 這種遺留輻射——稱為宇宙微波背景（Cosmic Microwave Background）——是一種純理論預測，並不存在可以偵測的技術。因為有一段時期沒什麼人接受大爆炸模型，無人相信宇宙微波背景輻射的推測，加莫夫、阿爾菲與赫爾曼亦被漠視。

　　來到 1960 年代，阿諾・彭齊亞斯（Arno Penzias）與羅伯・威爾森（Robert Wilson）任職於美國電話電報公司（AT&T）

的貝爾實驗室，這個民間研究部門類似今日的 X（前身為谷歌X），專門研究有朝一日或許有用的古怪基礎科學。彭齊亞斯與威爾森覺得他們可以花些時間，利用紐澤西州克勞福德丘的電波望遠鏡，去研究宇宙無線電源。在他們可以好好開始前，他們需要密切運用這部望遠鏡，研究它的眉角，尤其是調整它的雜音。類星體、遙遠銀河等遙遠來源的信號極為微弱，很容易便會被望遠鏡發出像冰箱嗡嗡聲或得來速對講機雜訊給淹沒。勞福德丘的電波望遠鏡是一台先進的 6 公尺電波號角天線，因此彭齊亞斯與威爾森覺得雜訊程度是可以忽略。

　　他們錯了。他們一直接收到一種低背景嘈音。但不是嚴重到影響他們的測量，大多數電波天文學家會忽略它，繼續他們的研究。然而，彭齊亞斯與威爾森決定要查明這種奇怪的微弱信號。他們將望遠鏡對向他們所能找到天空裡最空曠的一塊。還是有問題。他們對向紐約市。還是有問題。早上，中午，晚上，夏天，秋天，冬天，春天，全都沒有差別。他們拆開望遠鏡，查看是否接線錯誤，電器故障，接觸不良之類的。但沒查出任何東西。他們持續了一年，與同僚討論這個問題，追蹤各種可能，直到最後他們拼湊出一切。雜訊無所不在，那是宇宙誕生的信號。其他研究者在電波天文學調查時遇到雜訊，將之視為可以容忍的器材小瑕疵。他們缺乏決心與堅持去解決這起神祕事件，而彭齊亞斯與威爾森就是這樣發現宇宙微波背景輻射。[3] 大爆炸懷疑者終於被說服了：宇宙微波背景有理論的預測，並經由觀察獲得證實。我們的宇宙是在一次爆炸中誕生的。基於這項巨大發現，彭齊亞斯與威爾森於 1978 年獲得諾貝爾物理學獎。

先前談到，彭齊亞斯與威爾森是有毅力的科學家，他們在遭遇異常時，會不顧一切追根究柢。他們的頑強韌性、注意細微末節與徹底的實驗精神，促成他們偉大的發現及名聲。真是這樣嗎？他們的故事有另一個面向，由《破解》（*Cracked*）雜誌一名幽默撰稿者提出。

跟大家介紹阿諾・彭齊亞斯與羅伯・威爾森，兩位撿到名聲與榮耀的科學家。在 1960 年代以前，科學家不明白宇宙是如何誕生的。一些人主張大爆炸理論。其他人則採取較不科學的立場——「就是他媽的發生了。」然而，一些大爆炸理論者明白，他們可以找到證據：如果宇宙確實在一場猶如大導演麥可・貝（Michael Bay）執導的巨大爆炸中誕生，太空中必定仍然殘留爆炸後能量的痕跡。三名宇宙學家預測，大爆炸痕跡將是微波輻射的形式，而且是以開氏 5 度的溫度均勻散布到宇宙之中。可惜，沒有人找得到。

直到 1964 年，威爾森與彭齊亞斯在紐澤西 AT&T 貝爾實驗室使用一台新天線。他們將超級敏感的天線對向天空時，接收到來自四面八方的一種微弱、奇怪電波信號。這兩位聰明物理學家第一個猜測是什麼？那是鴿糞的干擾。

在清除天線內部堆積的鴿糞，並且射殺可以看見的每隻鴿子之後，這兩人發現嘈音仍然存在。他們排除紐約市、軍方和假設外星人的電波干擾。最後他們終於聽說比他們還優秀的物理學家所預測的微波輻射理論。一名科學家，羅伯・狄克（Robert Dicke）並且設計出一項實驗去尋找那種

輻射。在接到彭齊亞斯的來電時，他轉頭跟同事們說：「各位，我們被搶先了。」那是科學家講「幹！」的意思。

由於他們非常幸運的非凡研究，彭齊亞斯與威爾森於 1978 年獲得諾貝爾物理學獎。[4]

這兩項陳述所包含的事實均為正確。但是，在第二個版本，彭齊亞斯與威爾森被幽默地說成是兩個科學胡塗蟲，意外做出偉大的發現。他們不是在尋找宇宙微波背景，找到時也不知道那是什麼？所以，何者正確？彭齊亞斯與威爾森是英勇的實驗家或是一對幸運的傻瓜？並不是事實決定了答案。相反的，是事實被呈現的方式以及它們被架構的方法，導引出某一種詮釋，而不是另一種。在宇宙微波背景被發現的 10 年內，心理學家研究出，藉由改變相同資訊的呈現，便可驅使人們得出相反結論。

古典經濟學假設行動者（actors）是理性、自私與一致的。[5]我們很容易想到人類弱點的大集合，而去嘲笑那些愚蠢經濟學家竟然認為我們的互動全都是邏輯上一致。然而，這些古典假設並不像看似的那般武斷。舉例來說，如果人們不是理性的，那麼他們可能淪為吐錢泵（money pumps）。假設羅蘋具有下列偏好：

A　羅蘋偏好派，勝過蛋糕。事實上，她願意用自己的一塊蛋糕，再加上一元，去換取一塊派。

B　羅蘋偏好蛋捲冰淇淋，勝過派。她願意用一塊派，再加上一元，去換取一個蛋捲冰淇淋。

C　羅蘋偏好蛋糕，勝過蛋捲冰淇淋。她願意用一個蛋捲冰

淇淋，再加上一元，去換取一塊派蛋糕。

甜點店只要正中下懷，便可以開心地拿走羅蘋所有的錢。如果大多數人都和羅蘋一樣，那麼一些聰明又貪婪的經濟學家只需不斷滿足其目標的各項偏好，便可吸光所有錢。因為一般來說我們不能把人變成吐錢泵，所以合理推測經濟行動者必然大多為理性的，也必然有一些行為公理（例如具有遞移性偏好）是我們全體潛意識遵守的。至少，理論上是這麼說。可惜，美好的經濟學理性假設被醜陋的人性事實給扼殺了。即便是最好的人也比猜想的更加不理性。

心理學家丹尼爾·康納曼（Daniel Kahneman）與阿莫斯·特沃斯基（Amos Tversky）是證明我們潛意識可預測非理性決策的先驅人物。在 1970 年代開始發表的一連串報告，他們進行大量研究以了解人類的天生啟發式（heuristics）與偏差，奠定行為經濟學的基礎。特沃斯基因癌症英年早逝，康納曼則因其聯合發現而獲得諾貝爾經濟學獎（2002 年）。

他們發現的偏差之一是框架（framing）。

當人們對於邏輯上相同的情況，只是呈現方式不同，卻出現相反反應時，便稱之為框架偏差。

以下是一些典型案例：[6]

- 你會接受 10％機率贏得 95 美元，90％機率輸掉 5 美元的賭局嗎？
- 你會花 5 美元參加 10％機率贏得 100 美元，90％機率

什麼都沒中的樂透嗎？

接受第二個問題的人數遠高於第一個問題，儘管這兩題一模一樣——你必須決定是否接受一個不確定前景，可能賺到 95 美元，或輸掉 5 美元。況且，這兩題的機率也是相同。為什麼？第二題只講贏錢，沒講輸錢。花 5 美元便有 10％機率贏得 100 美元？當然要。聽起來很棒。可是，90％機率輸掉 5 美元的賭局？想都別想。

在另一項實驗，醫師拿到兩種肺癌療法的兩項結果統計數據：開刀及放射治療。短期而言，手術風險高於放射，可是手術的 5 年存活率較高。一半的參與者拿到存活率數據，另一半拿到相同資訊，不過是死亡率。以下是手術短期結果的說明：

- 一個月存活率為 90％。
- 第一個月有 10％死亡率。

看到存活率的話，手術更受歡迎（84％的醫師偏好它），若是看到死亡率，50％的醫師偏好放射。這是完全相同的情境，由醫學專業人士評估，他們卻完全依照文字說明而給出很不一樣的建議。

以下是另一個康納曼與特沃斯基案例。

想像美國正在因應一種異常亞洲疾病爆發，預料將造成 600 人死亡。兩項防治疾病的計畫被提出。計畫結果的預估如下所列：

框架一：

- 如果採取 A 計畫，將可拯救 200 人。
- 如果採取 B 計畫，有 1/3 機率可拯救 600 人，2/3 機率無法拯救任何人。

框架二：

- 如果採取 A* 計畫，400 人將死亡。
- 如果採取 B* 計畫，有 1/3 機率無人死亡，2/3 機率有 600 人死亡。

　　A 計畫與 A* 計畫的結果相同，B 計畫與 B* 計畫也是。在框架一，大多數人選擇 A 計畫，偏好確定可以拯救 200 人，勝過賭局（即便 B 計畫的預期效用與 A 計畫相同）。基於良好結果（拯救 200 人！）風險趨避占上風，決策者接受穩妥的押注。在框架二，絕大部分選擇 B* 計畫。基於惡劣結果（400 人死亡），他們接納風險，準備放手一搏。這完全出於語言操弄，機率、風險和結果等真正變數保持不變。

　　大腦真的很討厭壞消息。死亡率、損失或死亡等各種負面陳述，一律自動被視為風險，一定要迴避。相反的，好消息永遠受到歡迎。我們的潛意識直覺欣然同意行動，如果被包裝成獲勝、存活與成功的話；正面及負面版本是不是相同並不重要。遺憾的是，人類對於統計及機率差勁到難以置信。即便是熟悉貝氏定理的數學狂也會搞錯鬆餅問題這種吊詭問題（第三章討論過）。潛意識完全放棄統計，試都不想試──它只看情況框架，

便據以做出決策。你需要一致的意識努力及推論，才能克服腦內暗網的強大投票區塊。

　　框架為什麼重要？理由之一是，如同癌症治療案例的受訪醫師，我們個人信念與執業判斷不一致。我們不會根據冷靜評估證據而採取行動或態度——我們一直想要的是滋滋作響的聲音，而不會去審視牛排。更麻煩的是，除非我們注意到自己的決策不過是資料呈現方式的結果，我們便容易受到觀念市場高明推銷員的操弄與控制。舉例來說，在 1970 年代，信用卡變得普及，一些零售商想要針對刷卡收取附加費用。信用卡公司通常收取每筆交易 1% 的費用，而商家不願負擔這項成本。發卡公司自然反對附加費用，明白許多顧客將因而拒絕刷卡。這個問題最後鬧進國會，議員通過立法，禁止零售商對刷卡附加費用。然而，他們可以對支付現金的客戶提供折扣。即使附加費用與折扣其實是同一件事，只不過框架不同，結果是皆大歡喜。[7]

　　看啊，研究人員如何輕易便使用簡單、略為更動的相同資訊陳述，便創造出框架效應（framing effects）。當我們如此傾向於一種認知偏差，若是那項資訊植入在一項詳細與說服力強的敘述，想像我們會受到多麼大的影響。彭齊亞斯與威爾森是智識的英雄或幸運的胡塗蛋，完全取決於推銷不同詮釋的幾段話。相同的事實，不同的框架。如果彭齊亞斯與威爾森因為敘述框架而被視為幸運，或許其他被歸因於運氣的事情也是如此。或許，「運氣」不過是一種說故事的方法。

小故事大決鬥

　　塔拉‧古柏的大樂透彩券六個號碼中了五個。如此接近發財，很幸運對吧？假設，反過來說，她因為一個號碼而沒有中大樂透。那麼，她的運氣很差，就差那麼一點就中獎了。顯然，這是同一件事。同樣明顯的是，古柏不可能在同一件事既幸運又不幸運。因此，何者為真？有正確答案嗎？除了框架之外，別無其他解釋。

　　以下是一系列運氣故事，只是陳述略有不同（表 6.1）。

　　左欄與右欄的情境一模一樣；只不過以心理上不同的包裝來呈現。即便是那種包裝也只有稍微不同，在向一群受試者講述這些小故事時，他們對兩個版本的反應很不一樣。研究參與者閱讀每個小故事，然後判斷故事主角有多幸運。舉例來說，在第一個故事，受試者被指示：「塔拉‧古柏是：『不幸運，有些不幸運，有些幸運，幸運』。請圈選一個答案。」馬克‧薩巴迪、冬季風暴與其他範例也有類似指示。正面與負面框架被打散，每個人拿到其中一些，可是無人拿到同一案例的正面與負面版本。

　　其結果很驚人。塔拉‧古柏的樂透彩券六個號碼中了五個，幾乎每個人都認為她非常幸運。但是當六個號碼差了一個，她被一致視為運氣不好，儘管這是同一件事。上述另外七個小故事均為相同模式。敘述相同事的兩種方式產生對於運氣極為不同的意見。[8] 總的來說，當事情以正面陳述（表 6.1 左欄），受試者有 83％ 的時候認為事情「幸運」。相同事情以負面陳述（表格右欄），只剩 29％ 時候被視為「幸運」。統計 p 值 < 0.001。

表 6.1

	正面框架	負面框架
塔拉·古柏 樂透	「我六個號碼中了五個！我以前從未如此接近中大獎！真是不可思議」古柏大叫。古柏去她時常吃早餐、喝咖啡克烘焙店員的精釀甦醒咖啡店（Brewed Awakening），決定在值早班之前去買一張彩券。」古柏不常玩大樂透，也不知道我今天為何會買。」下班後，她在上查了自己的彩券。「我心想，天啊！」	「我差一個號碼便沒有中大樂透！就像我人生故事！真是不可思議」古柏大叫，仍然震驚、喝咖啡克烘焙店員工塔拉·古柏去她時常吃早餐、配員果的精釀甦醒咖啡店（Brewed Awakening），決定在值早班之前去買一張彩券。」古柏不知道我今天為何會買。」下班後，她在上查了自己的彩券。「我心想，天啊！」
馬克·薩巴迪 籃球	「我在罰球線投球進了一半！對新手來說不賴吧？」馬克·薩巴迪微笑著說。雖然他是班上最高的孩子，馬克·薩巴迪以前從沒打過籃球。「不知」，他說：「我猜我比較愛打電動。」他的一些朋友要報隊時少了一人，便說服馬克去打球。	「嗯，我在罰球線投球一半沒進。不怎麼樣，對吧？」馬克·薩巴迪皺著眉說。雖然他是班上最高的孩子，馬克·薩巴迪以前從沒打過籃球。「不知」，他說：「我猜我比較愛打電動。」他的一些朋友要報隊時少了一人，他說：「我猜我比較愛打電動。」
冬季風景	「一半居民沒有停電」，市長報告說：「情況原本可能更糟。我們僥倖躲過了。」上個周末一場大型冬季風暴將本地區覆蓋冰雪，早上通勤的人面臨道路打滑，結冰的樹木打斷電線。氣象預報人員預測，鎮上將遭受本季最嚴重風暴。	「一半居民停電」，市長報告說：「情況不可能更可能更糟。我們不能僥倖躲過。」上個周末一場大型冬季風暴將本地區覆蓋冰雪，早上通勤的人面臨道路打滑，結冰的樹木打斷電線。氣象預報人員預測，鎮上將遭受本季最嚴重風暴。
薇琪·曼加諾 保齡球	昨晚薇琪·曼加諾保齡球打出 298 分，連續打出 11 次全倒。迄今以來她的最佳成績。「我就是不會失誤！」她去吃慶功宴、披薩配啤酒。「我完全專心。」薇琪的一名隊友開玩笑說：「我希望我也被閃電擊中。」	昨晚薇琪·曼加諾未能打出一局美保齡球，最後一個計分格漏掉兩支球瓶。她的隊伍滾岩帶她去吃披薩喝啤酒，給她打氣。「我就是無法不失誤！」她失望地說：「我完全專心。」薇琪的一名隊友說：「我希望我也沒有被閃電擊中。」

	正面框架	負面框架
德瑞克·華盛頓 卡車輪胎意外	「我毫髮無傷!我今晚應該去買張樂透彩券」，跟我說。我的朋友都一定有個守護天使。華盛頓者德瑞克，突然一個鬆脫的大卡車輪胎滾向迎面而來的車輛，重達150磅的巨大卡車輪胎像開罐器掀掉他的Camry轎車車頂，粉碎汽車擋風玻璃。	「我險些喪命!我開車上班，開得好好的，我的車子就在一場可怕車禍中全毀」，安德瑞克說。他在州際公路上開車，突然一個鬆脫的大卡車輪胎滾向迎面而來的車輛，重達150磅的巨大卡車輪胎像開罐器掀掉他的Camry轎車車頂，粉碎汽車擋風玻璃。
蜜雪兒·賽門斯 龍捲風	「我的建物有一半安然無事。連這一片屋瓦都沒被掀掉」，蜜雪兒·賽門斯說:「這真有道理。龍捲風好像就繞了過去。」賽門斯是第五代奧克拉荷馬出租物業居民。她有數棟商業出租物業正位在風速220英里的龍捲風之後，奧克拉荷馬州長宣布中部地區緊急狀態。	「我的建物有一半被夷為平地。只剩下一些破碎門框與水管」，蜜雪兒·賽門斯說:「這沒有道理。龍捲風好像就繞了過去。」真詭異，賽門斯是第五代奧克拉荷馬出租物業居民。她有數棟商業出租物業正位在風速220英里的龍捲風之後，奧克拉荷馬州長宣布中部地區緊急狀態（嚴重災害）。
詹姆士·高德伯 黑冰意外	「我一個車尾，才沒有撞上走向披薩店的那個人。他及時煞開了。」當地駕駛人詹姆士·高德伯說。冰點以下的地面溫度形成一層薄冰，讓道路滑得像鐵龍。尤其是在次要道路，駕駛人被警告注意黑冰，明天天氣預料將會好轉。	「我開車到一塊黑冰上頭，差點撞死向披薩店走的那個人，前一分鐘我幾乎要撞死人了。」當地駕駛人詹姆士·高德伯說。冰點以下的地面溫度形成一層薄冰，讓道路滑得像鐵龍。尤其是在次要道路，駕駛人被警告注意黑冰，明天天氣預料將會好轉。
荷西·拉米瑞茲 棒球	「我對本球季表現感覺很好」，中外野手荷西·拉米瑞茲說，昨天賽季開始第一場比賽對上克里夫蘭隊，他4次打擊兩次上壘。「今年第一場比賽，我在賽季之間很努力訓練。不當是什麼原因，今天是什麼原因，我無法相信!」來投球都很慢。好像在打樂棒球。	「我應該表現更好才對」，中外野手荷西·拉米瑞茲說，昨天賽季開始第一場比賽對上克里夫蘭隊，他4次打擊兩次上壘。「今年第一場比賽，我在賽季之間很努力訓練。不當是什麼原因，今天是什麼原因，我無法相信!」來投球都很慢。好像在打樂棒球。

社會科學家認為，如果一項研究結果只有 1/20 的機率是出於隨機機會（p = 0.05），那麼它便是具有統計意義的結果。運氣框架效應很強烈——因為這是隨機結果的機率不到 1/1000。

　　這項資料還隱藏其他有趣事情。馬克・薩巴迪棒球、薇琪・曼加諾保齡球和荷西・拉米瑞茲棒球的例子，都屬於技能型行動的案例。曼加諾近乎完美的保齡球局需要很高的技術，而德瑞克・華盛頓在奇異的卡車輪胎意外險些喪命則純屬機遇。我們在第二章談到，大多數討論運氣的作者都熱中於對比技術與運氣。要不是說需要技術的結果不算是運氣，因為它們完全無關運氣，[9] 便是說純運氣與純技能之間有一種度量，我們需要找出每起事件在度量上的正確位置。[10] 如果上述兩種說法是對的，受訪者對於技能型案例（薩巴迪、曼加諾、拉米瑞茲）與純機遇案例（古柏、冬季風暴、華盛頓、賽門斯、高德伯）的反應就應該有著顯著差異。技能型案例是否被視為運氣程度少於純機遇案例？結果不是，完全不是。事實上，受試者認為技能型案例比純機遇案例還多了一些運氣。統計上而言，就運氣來看，技能與機遇其實沒什麼差別——框架效應阻礙了它們之間的觀感差異。

　　古柏樂透案例是虛驚一場的情境，她幾乎要中獎了，但其實沒中。華盛頓與高德伯案例也是有驚無險的案例，華盛頓差點在大卡車輪胎鬆脫的可怕車禍中喪生，而高德伯則是差點在結冰道路撞上行人。其他的小故事一半是正面結果，另一半是負面結果。一半的小鎮停電，一半沒有，一半的罰球投進，另一半沒投進，諸如此類。挪威心理學家卡爾・泰根（Karl Teigen）訪談了 85 名在 2004 年東南亞海嘯逃過一劫的挪威觀光客，時間是在

事發數月之後。幾乎每個人都認為自己很幸運，沒有人說他們不幸或不走運。泰根結論指出，運氣與災難接近性有關，人們認為自己在有驚無險的案例更為幸運，勝過他們安全避開麻煩的案例。[11] 換言之，有驚無險的案例會被歸因於運氣。如果泰根認為有驚無險是運氣的說法正確，那麼我們應該預期研究參與者會認為有驚無險的案例跟運氣更為有關，勝過結果為五五波的案例。可是並非如此。再一次，又是框架決定了視為好運或厄運。參與者認為五五波的案例與運氣有關，正如同他們對有驚無險案例的看法。

　　操弄訴說一件事情的文字，便可預期操弄人們對那些事情的反應以及他們是否視之為幸運或不幸。有時，事情是模稜兩可的幸運——完全不必更動說明，相同一件事便可能被視為幸運到不得了，或倒楣到不得了。最近的研究發現，有一項簡潔的心理解釋，不僅可說明其中原由，亦可顯示你個人如何詮釋模稜兩可的事情。以下是一些案例。

世上最（不）幸運的人

　　山口彊是一名油輪技術繪圖員，他的東家三菱重工在 1945 年夏天派他去廣島出差。艾諾拉・蓋號（Enola Gay）轟炸機於 8 月 6 日在不到兩英里外投下「小男孩」（Little Boy）原子彈，相當於 15 千噸黃色炸藥，他的行程戛然而止。雖然山口身處「即刻死亡區」，他只有燒傷、暫時性失明與鼓膜破裂。他返回長崎老家，儘管受傷，他仍於 8 月 9 日去上班。山口的主管無法相信

一枚炸彈瞬間摧毀一座城市的瘋狂故事，正當他訓斥山口胡說八道時，房間充斥異常強烈亮光，胖子（Fat Man）原子彈在長崎爆炸了。[12] 山口竟然又存活下來，並且一直活到 2010 年，享耆壽 93 歲。

　　山口是幸運抑或不幸運？一方面，他是個平凡上班族，遭遇過兩次原子彈轟炸，聽起來是世上最不幸運。另一方面，他是戰爭史上兩場最致命轟炸的倖存者，活到高齡，這些讓他看似無比幸運。山口這類人士出現在「世上最不幸運的人」網路名單，也出現在「世上最幸運的人」名單；他們是否幸運其實曖昧不明。拿起任何一份報紙，你會找到類似故事——悲慘墜機或車禍的倖存者，或是罹患重症的病患活過他們預估的存活期限。他們無可避免被說成極為幸運。表面上看來很難理解；你覺得真正幸運的人不應該罹癌或者遇到可怕災難。以下是一些曖昧不明運氣的真實生活故事，可供思考。

　　火箭推進榴彈（RPG）是一種小型火箭。它是作為攻擊坦克車之用，可以在厚達一英尺的裝甲打穿一個兩英寸的孔洞，是戰場上方便且常見的武器。2006 年，二等兵錢尼・摩斯（Channing Moss）親身了解到這種武器。摩斯與阿爾發連隊的一個排在阿富汗東部巡邏，車隊突然遭遇攻擊。一枚敵方 RPG 炸毀一輛軟皮（soft-skin）皮卡車，另一枚粉碎一部悍馬車的保護裝甲，第三枚擊中摩斯，射進他的腹部。雖然摩斯一息尚存，但體內的未爆榴彈隨時都可能爆炸。一名評論者表示，「摩斯可能是整個美國陸軍最幸運或最不幸的士兵，沒有人確切知道。」排長要求緊急醫療運送，一架黑鷹直昇機的機組人員緊張萬分地將摩斯送到

最近的醫療站。醫師與一名爆裂物處理專家設法移除榴彈，把摩斯縫合起來，然後引爆榴爆。做了幾次手術後，他回家與家人團聚。[13]

1999 年，澳洲人比爾・摩根（Bill Morgan）在車禍中受重傷。如果這不夠倒楣的話，之後的投藥引發極度過敏反應，甚至造成他心跳停止。長達 14 分鐘。之後他陷入昏迷。他的醫師預期嚴重腦部受損，勸告他的家人拔掉維生系統，並預測在最好的情況下，摩根將永久處於植物人狀態。在昏迷將近兩周後，摩根安然無事甦醒過來，沒有明顯腦部損傷或長期問題，不用說，每個人都驚呆了。[14]

建築工人艾德華多・拉特（Eduardo Leite）在巴西工作時，一根 6 英尺長的鋼筋由他工作的大樓掉落，直墜五層樓後插入他的頭顱。鋼筋穿破拉特的頭盔，從頭顱後面插進，在兩眼中間穿出。在鋼筋刺穿腦袋的狀況下，他被送往醫，但意識清楚。在 5 小時的手術中，神經外科醫師將鋼筋由刺穿的地方拔出。他們後來嘖嘖稱奇說，鋼筋只差幾公分便會捅出拉特的右眼，讓他半身癱瘓。後來，拉特完全康復。[15]

羅伊・蘇利文（Roy Sullivan）名列金氏世界紀錄，但是沒有很多人想要追趕他的紀錄。根據金氏世界紀錄，他是被雷擊最多次的人。蘇利文在仙納度國家公園（The Shenandoah National Park）擔任 40 年的公園巡警，7 次遭到閃電擊中。這種機率是 4.15×10^{32}；難怪他的綽號是「火花巡警」。雷擊分別燒壞他的腳姆指，灼傷眉毛，昏倒，頭髮著火，鞋子爆破。有一陣子，沒有人願意和他一起在森林巡邏。蘇利文後來死於不相干的原因。[16]

　　判斷運氣完全是觀點的問題。這些個案的問題不在於框架。不是說拉特或摩根的故事用一種方式呈現是幸運，用另一種方式呈現便是不幸。相反的，他們身上發生的事顯然具有絕對不幸的成分，但也有絕對幸運的成分。但是，我們該怎麼想呢？說到底，摩斯究竟是美國陸軍最幸運或最不幸的士兵？山口彊是世上最幸運或最不幸的人？蘇利文活過 7 次雷擊可被視為幸運，或者遭遇雷擊就是不幸。原來，人的性格差異決定了一個人對於運氣的觀點。

　　請進行下列心理測驗。

① 在不確定時刻，我通常預期最好的情況。
　　a 我極為同意
　　b 我略為同意
　　c 我既不同意也沒有不同意
　　d 我略為不同意
　　e 我極為不同意

② 我很容易便能放鬆。
　　a 我極為同意
　　b 我略為同意
　　c 我既不同意也沒有不同意
　　d 我略為不同意
　　e 我極為不同意

③ 如果我有可能出錯，就會出錯。

　　a 我極為同意

　　b 我略為同意

　　c 我既不同意也沒有不同意

　　d 我略為不同意

　　e 我極為不同意

④ 我總是對未來感到樂觀。

　　a 我極為同意

　　b 我略為同意

　　c 我既不同意也沒有不同意

　　d 我略為不同意

　　e 我極為不同意

⑤ 我很喜歡我的朋友。

　　a 我極為同意

　　b 我略為同意

　　c 我既不同意也沒有不同意

　　d 我略為不同意

　　e 我極為不同意

⑥ 保持忙碌對我來說很重要。

　　a 我極為同意

　　b 我略為同意

c 我既不同意也沒有不同意

d 我略為不同意

e 我極為不同意

⑦ 我幾乎不曾預期事情會順利。

a 我極為同意

b 我略為同意

c 我既不同意也沒有不同意

d 我略為不同意

e 我極為不同意

⑧ 我不會太過輕易生氣。

a 我極為同意

b 我略為同意

c 我既不同意也沒有不同意

d 我略為不同意

e 我極為不同意

⑨ 我很少指望好事降臨我身上。

a 我極為同意

b 我略為同意

c 我既不同意也沒有不同意

d 我略為不同意

e 我極為不同意

⑩ 總的來説，我預期好事降臨我身上，多過壞事。

　　a 我極為同意

　　b 我略為同意

　　c 我既不同意也沒有不同意

　　d 我略為不同意

　　e 我極為不同意

　　這是心理學家設計的生活導向量表（LOT-R，或稱樂觀量表），用以測量樂觀與悲觀。[17] 第二題、第五題、第六題與第八題是「填充題」——隨機的雜訊，好讓讀者猜不出來測驗的目的是什麼，而無法改變他們的自然反應。不難看出剩下的六題答案將顯示樂觀或悲觀取向。這種取向並非遞移性的情緒，而是長時間穩定，至少部分來自遺傳。[18]

　　有一項研究是要調查樂觀者對山口、摩斯、拉特與蘇利文個案的看法，以及悲觀者對相同個案的看法。[19] 受試者首先進行生活導向量表以判斷他們在悲觀／樂觀量表上的位置。接著他們被問說山口與其他人是不幸、有些不幸、有些幸運或幸運。結果，他們的樂觀程度與他們對那些情境的運氣評等之間有強烈正相關。也就是說，一個人越是樂觀，便越可能認定小故事裡的人是幸運。同樣地，一個人越是悲觀，便越可能認定小故事裡的人是不幸。這表示，你越是樂觀，便越可能認為別人是幸運。如果你比較悲觀，便越可能認為別人不幸運。

　　這項研究令人擔憂的一點是，受試者可能忽視他們接收到的一半資訊。或許樂觀者只是把負面成分擺在一旁，專注在好的

一面,而悲觀者則是專注壞的一面,無視正面成分。如果是這樣,那麼樂觀者與悲觀者基本上是雞同鴨講;他們並不是真正評估運氣的全面情勢。為了化解這項憂慮,又做了一項後續研究。這次,好與壞的部分分開來,受試者必須分別考量。舉例來說:

- 澳洲人比爾‧摩根在轎車與卡車的車禍中受重傷。他在臨床上死亡超過 14 分鐘,之後昏迷 12 天,這段期間他的家人拔掉維生系統。摩根是(圈選一項):「不幸運,有些不幸運,有些幸運,幸運」。
- 現在,比爾‧摩根活得好好的。摩根是(圈選一項):「不幸運,有些不幸運,有些幸運,幸運」。

　　幾乎每個人都認為好的部分——存活——是幸運的,而壞的部分——車禍——是不幸運。樂觀者與悲觀者可以明確同意好運與厄運的組成。然而,樂觀者與悲觀者對於厄運成分的嚴重性卻有不同判斷。一個人越樂觀,便越覺得厄運成分沒有那麼不幸。換句話說,如果你是樂觀者,你就是不認為生活的殘酷或悲慘部分有那麼糟糕。這些結果支持,甚至解釋了第一項研究。錢尼‧摩斯的腹部被射中一枚榴彈,那是不幸。歷經苦難而存活下來,那是幸運。然而,對樂觀者來說,被榴彈射中並沒有那麼糟糕,因此,被射中後存活下來更為幸運,超過悲觀者認為的程度。對悲觀者來說,被榴彈射中是極為不幸,而減少了存活下來的幸運程度。

　　山口彊對自己人生的看法,證實了樂觀者／悲觀者研究結

果。《泰晤士報》（*The Times of London*）一名記者報導：

> 我問山口先生他是否對未來感到樂觀。他遲疑了一下，然後說：「我對未來懷抱希望。」
>
> 希望從何而來？「我相信愛，相信人」，他說著，再度哽咽。「我恨原子彈的理由是它踐踏人類尊嚴。看看轟炸後的照片，照片裡的那些屍體。當你遺忘人類個人的尊嚴，就是走向地球毀滅的時候。」
>
> 我問，活過兩次原子彈轟炸有何意義？「我認為那是奇蹟」，他說。[20]

山口很可能成為悲觀者，覺得自己的故事是悲劇、格外不幸。相反地，在漫長人生，他一直對未來感到樂觀，並且認為自己的人生是奇蹟，是幸運的。讀到這份訪談很難不想到尼采，後者貧窮落魄，有慢性偏頭痛、失眠和消化問題，發瘋數年後死去。然而，他自傳的自序是喜悅的肯定，「我如何能不感謝我的人生呢？」[21]透過正面樂觀的強大鏡頭看出去，這個世界充滿了好運。

迷蹤石與飛天女巫

如果幸運確有其事，是個人或事情的真實特性，那麼必然有一個客觀事實可說明山口、摩斯、摩根、拉特和蘇利文是否真的幸運。當然，樂觀者會說，總的來看，他們是幸運的，而悲觀

者堅持他們是不幸的。到底那個才對？誰才是對的？這時應該搬出一套運氣理論。當我們的體驗令人困惑或觀感不一致，這種時候正需要一個理論性解釋來釐清事情，導正世界。獨木舟的槳入水部分看起來是彎曲的，划出水面後便不是。平行的火車軌道在遙遠處似乎匯合在一起。正確的理論應該（1）告訴我們事實上槳並不是彎曲，軌道也不是真的匯合在一起；（2）解釋為何觀感不一致。一個視覺理論若無法做到這些，便會被斥為理論不充分。

　　或者以迷蹤石為例。加州死亡谷國家公園有一個乾涸湖床，稱為賽馬場鹽湖（Racetrack Playa）。那裡極為平坦；北端只比 3 英里之外的南端高出 1.5 英寸。賽馬場鹽湖的沙漠寸草不生，因為每年降雨量僅有 3 到 4 英寸，一年四季幾乎都是乾旱龜裂的泥土。散布在地面上的是數百顆石頭，其中一些重約數百磅。賽馬場鹽湖完全平坦、絕對乾燥，悄無人煙。可是，這些石頭會移動，留下數百公尺長的痕跡。沒有足跡或輪胎痕跡，顯示不是惡作劇。此外，石頭的移動無法預測；有的可能 10 年靜止不動，然後決定出發橫越湖床。這是難以研究的現象。

　　一些研究人員主張，是颶風級風力讓石頭移動。其他人則認為是光滑的藻類薄膜、塵捲風或薄冰片。2011 年，一些科學家帶來十幾顆搭載動作感應 GPS 發射器的石頭和一個高解析度氣象站。他們預期要等上一段長時間才會有結果，可是只過了兩年，他們發現罕見的事件組合發生之後，石頭便會移動。首先，必須下一些冬雨，足以在鹽湖淺淺覆蓋一層水。第二，一定要夜間急凍，形成玻璃窗似的薄片。之後一定要有足夠陽光融冰，裂

成大塊浮冰。最後，一定要有足夠的風把這些很薄的浮冰推向石頭，讓它們滑過軟泥。[22] 一些石頭被觀測到滑行 16 分鐘，但非常緩慢——每秒幾英寸而已。石頭很少移動，因為必要的情況組合很少見。那麼，神祕事件解決了？或許吧，雖然其中一名調查員表示：「我們看到，即使在以炎熱聞名的死亡谷，浮冰是一股強大力量，推動石頭運動。但是，我們沒有看到真正大傢伙移動……那是相同方式嗎？」[23]

賽馬場鹽湖的迷蹤石是有確實的現象可以明白觀察，只需解開它何以會發生的謎題即可。不過，單憑觀察無法解開謎題；我們需要一個理論把半融化的薄冰、風和軟泥兜在一起。其他的例子就沒有確實的真正現象可以解釋。有時，長久以來公認的事情竟然與我們已知的所有事情不相符，而且始終沒有一個理論解釋。科學史上有許多案例，比如乙太、自然發生與瘴氣傳染假說。在這些個案，其挑戰是說明我們當初何以會認為有這些東西。這種情況需要錯誤理論（error theory）：解釋最初的現象，並且告訴我們為何我們產生誤解的理論。

例子之一是女巫。魔法、巫術和法術的概念可回溯到古代，但是西方的女巫概念是在中世紀奠定。根據《女巫之槌》（*Malleus Maleficarum*），知名的中世紀宗教裁判官手冊，女巫大多為女人，被蠱惑者大多為男人。[24] 女巫是不被喜歡、被社會逐出的人，乘著掃帚飛行，這種觀念極為流行，在諾曼第，她們被稱為「騎掃帚的女人」。[25] 根據裁判官皮耶・勒布魯沙德（Pierre le Broussard），只能飛行一次，「她們把魔鬼給的油膏塗在木棍上……然後她們把木棍夾在兩腿之間，飛越城鎮、森林

和水面」去進行非自然法性行為、縱慾、獸交，基本上 14 世紀人們心中所能想像的各種褻瀆性慾舉動。[26] 一名認罪的女巫向宗教裁判所表示，她「發現一頭巨大公山羊，在迎接他之後，她臣服於他的歡愉。這頭公山羊之後教她各種咒語；他跟她解說有毒植物，她向他學習咒語及如何下咒。」[27]《女巫之槌》證實，一旦女巫在掃帚上塗抹惡魔的油膏，她們「立刻飛上空」。[28]

　　女巫也以精通藥草聞名，熟知茄科植物，像是天仙子、顛茄及曼陀羅。藥草的功效被認為與巫術有關，自稱為驅魔人的人還會擔心如果他們在儀式中使用藥草，將會誤入歧途。[29] 文藝復興時期現代科學發展，懷疑女巫的論調逐漸出現。一些醫師開始懷疑女巫們被指稱的各種不思議事情，不過是她們的油膏與藥水所造成的幻覺。一名西班牙醫師用兩名被起訴的巫師家中找到的藥膏做實驗，實驗對象發生深度昏迷與怪誕夢境。[30] 哲學家尼古拉・馬勒伯朗士（Nicolas Malebranche）認為，過度飲酒與暗示的力量，讓人生動地想像「魔女的聚會」（Witches' Sabbath）。[31] 這種懷疑論在他們的時代並不多見，儘管到最後，科學的世界取代了魔法的世界。

　　許多現代學者整合了這些概念：寂寞的女人，離群索居，將透過粘膜吸收的影響精神物質塗抹在掃帚柄上，夾在兩腿之間。接著她們便飛往性放蕩的領域。[32] 由於缺乏其他任何解釋工具，這些女人透過教會的濾鏡來了解她們自己的體驗，並將之視為惡魔監督的褻瀆儀式。加上一點厭惡女性，一絲假道學與一抹迷信，你便有了宣判及執行懲罰的配方。有了這些完美的經驗、自然主義解釋，就不需要超自然解釋了。

　　女巫的案例有個錯誤理論。那根本是子虛烏有的事情，不過是荒誕不經的前啟蒙運動過時信仰。錯誤理論的重點是為了幫助我們了解，為何人們一開始會以為那是真的。一旦我們明白那些事情實際上是錯的，理解其原因便更令人滿足。如同所有理論，上述的錯誤理論可能是全部錯誤或者部分錯誤——重點是說明何謂錯誤理論，我們為何需要它，需要的理由迥異於真實理論。賽馬場鹽湖的迷蹤石確有其事，我們需要一個理論告訴我們，石頭是如何移動。中古的女巫是假的，而我們需要一個錯誤理論來告訴我們，為何我們會認為那是真的。

　　那麼，運氣呢？我們對運氣的判斷受到兩方面影響，其一是框架效應，另一是我們個人傾向樂觀或悲觀。如果運氣極為貼近事實，那麼正面的運氣理論應可理解那些結果，並且告訴我們古柏是真的幸運或不幸運，而摩斯是好運或壞運。如果沒有理論可以做到這點，眼前又沒有新的、改良版理論，那麼或許應該嘗試錯誤理論了。

　　悲哀的是，理論無法提供救援。既有的運氣理論不能解決心理研究提出的問題。我們想要的是解決框架問題：合情合理的運氣解釋，告訴我們古柏是真的幸運或不幸運。那麼我們便能決定其中一個框架具誤導性，而接受另一個框架更能引導我們到事實。舉例來說，假如她是真的幸運，那麼我們可以說，我們天性認為「她的大樂透六個號碼中了五個」是好運，這種看法讓我們更加貼近事實，勝過我們天性認為「她的大樂透六個號碼錯了一個」是厄運。

　　我們首先來討論運氣機率理論。該理論認為，一件事幸運

與否在於其重要性與發生機率。依照機率理論，唯有（1）中五個號碼對她具有正面意義，以及（2）六個號碼中了五個是很不可能，古柏的大樂透六個號碼中了五個才算是好運。很顯然，儘量多中幾個號碼對她而言是重要的，同樣明顯的是，她很不可能達成這件事。所以，古柏的大樂透六個號碼中了五個算是好運。問題是，相同的推論亦適用於其他框架。同樣根據機率理論，唯有（1）錯一個號碼對她具有負面意義，以及（2）中六個號碼是很不可能，她的大樂透六個號碼錯了一個才是厄運。錯一個號碼對她來說當然具有負面意義（沒有中大獎！）而我們都知道樂透每個號碼都中是很不可能。所以，她的大樂透六個號碼錯了一個算是厄運。

　　我們在模態理論也得出相同結果。根據模態理論，世界上的一個微小改變，例如大樂透搖獎機的一顆球再轉二十度，就表示古柏不會六個號碼中五個，因此她對中那些號碼是模態上脆弱。那麼，她六個號碼中五個是幸運的。同樣地，世界上的一個微小改變，便可能表示古柏六個開獎號碼全中，而她很不幸發現自己不處在那個極為鄰近的可能世界。這麼說來，古柏因為同一件事既幸運又不幸。

　　運氣控制理論和其他理論一樣。古柏六個號碼中五個，這件事完全不在她的控制。況且，中那些號碼對她來說很重要，根據控制理論，古柏六個號碼中五個是幸運的。然而，六個開獎號碼全中亦不在她的控制，儘管她當然會想要可以控制。因此，她錯了一個號碼是運氣不好。雖然古柏六個號碼中五個是幸運的，錯了一個號碼卻是運氣不好。

　　古柏不是在完全相同的事情上同時既幸運又不幸運。在暴風雪的案例，鎮上居民不是既幸運又不幸運；這些是相反的特質，如同既是紅又是藍，又如同跳傘與游泳。沒有人可以同時跳傘與游泳，沒有人可以因為同一件事既幸運又不幸運。一項充足的運氣理論應能告訴我們，在任何個案，目標對象是客觀上幸運或客觀上不幸運，正如同機率理論讓賭徒知道他在拿過一手爛牌之後，客觀上是否可能拿到一手好牌。如果機率理論做不到這點，我們仍會陷入賭徒謬誤（Gambler's Fallacy）。再舉一個例子，假設我們期待道德理論可解決某種道德兩難情境，其結果卻是「對啊，你既應該又不應該偷麵包去餵飽飢餓的家人。」我們仍會困惑不已，那麼它就不算是解決方案。這也構成拒絕那項道德理論的理由。同樣地，假如一項運氣理論無法對一項認定的運氣個案提出一致、明確與客觀的決定，那麼我們便沒有解決方案。

　　或許一項運氣理論的機率、模態，或控制因素並不適合用來解析好運與厄運。相反的，一件事是否意義重大才能做到這點。單是知道一件事是偶然，或者那起偶然事件影響到某人並不足夠；我們需要知道事件是以好的方式或壞的方式影響到他們。我們判斷的方法是去考慮這件事是否重大，以及事件影響到人們的方式。舉例來說，2006 年電影《007 首部曲：皇家夜總會》（Casino Royale），劇中詹姆士‧龐德在一項高賭注比賽玩德州撲克。玩家之是恐怖分子首腦勒契夫爾。在最後一局，剩下四名玩家。發了前兩張牌之後，龐德拿到不甚好的 7♠5♠。他只有12.3％的機率贏得這一局；他是牌桌上勝率最低的人。發過三輪

公共牌之後，龐德的勝率逐漸升高，直到他拿到無敵的同花順 8♠7♠6♠5♠4♠。籌碼超過 1 億美元，龐德贏牌將是無比幸運──賺飽荷包又打敗惡人。當然，對勒契夫爾來說便是厄運。我們可以看出他們幸與不幸（而不只是受限於拿牌的機率），因為這項牌局對他們兩人的重要性。況且，我們知道龐德是好運而勒契夫爾是厄運，因為龐德贏牌對他具正面意義，對勒契夫爾則是負面意義。

　　可惜，以意義作為區分，無法分辨心理研究個案的運氣成分。以樂觀者／悲觀者的結果來說。樂觀者認為，整體來說，山口彊是幸運的，悲觀者則不認為。他們一致同意，他在兩次原子彈轟炸倖存下來是幸運，也同意他遇到轟炸這種事是不幸。這些事實無可爭議，幸運是否在他的人生造成重大影響，這點無庸置疑；遭遇轟炸是不好的事、活下來是好的事，以及那些事情對山口極為意義重大，這些都沒有歧見。就意義重大來看，悲觀者與樂觀者的看法之間沒有分歧。然而，樂觀者仍然認為山口是幸運的，悲觀者認為他不幸運。意義重大的條件無法判斷誰才是對的。

機器博弈

　　以前受到重視的許多觀念，例如目擊證人證詞的可靠性，對明顯事實的信念不會因為同儕壓力而消除，或是一般市民不會因為輕微煽動便犯下暴行，現在都被實驗心理學拋到九宵雲外。運氣注定遭受相同命運。運氣不像迷蹤石，而比較像女巫：沒有

適用的正面運氣理論，甚或可以找到的道路。運氣的概念老早過了有效期限，眼看即將被扔進歷史垃圾堆。然而，我們又很難承認運氣懷疑論是正確的。相信運氣與參考運氣是如此根深柢固，放棄運氣等同我們對世界的認知發生地殼移動。運氣懷疑論的一個自然反應是堅持贏了賭博就是幸運，尤其是純機遇的賭局。西塞羅（Cicero）曾提到，「猜拳、骰子或擲距骨」獲勝是運氣的典型例子。我們可以爭論說，玩 21 點紙牌遊戲或賽馬需要技巧，可是輪盤、拉霸機、電子撲克、基諾彩券（keno）就不是——否認一個人玩拉霸機中獎有運氣成分就如同否認天空是藍的一樣。山繆‧詹森（Samuel Johnson）曾評論過自由意志，「所有理論都反對它，但所有體驗都支持它。」所有理論或許都反對運氣，但所有體驗必然都支持它。我們可以想像詹森博士玩線上拉霸機「錢錢星球入侵者」（Invaders From Planet Moolah）中大獎，並宣示「我因而反對運氣懷疑論」。

對偶一為之的賭徒來說，這種體驗無疑會令人感到極為幸運，就像拉霸機或電子撲克差點就中獎感覺不幸運一樣。對偶爾玩牌或上賭場的人而言，賭博的吸引力有一部分來自成功時腎上腺素或多巴胺分泌。因此，有人或許天真地想像賭博成癮者想要的更多，他們是腎上腺素上癮，追逐綠龍、渴望再次攻擊。也或許是機器博弈隨機、偶然的成分具有吸引力——一種僥倖的過程，為可預測、乏味的日常世界注入興奮。運氣為平淡的存在增添風味。

然而，追根究柢、令人眼界大開的學術研究顯示，這些都不是賭博成癮者的體驗。他們的體驗屬於末世反轉（eschatological inversion）：最終期待的完全逆轉，不亞於耶穌在《路加福音》第六章說，富足、飽足、歡笑的人有禍了，貧窮、飢餓與哀哭的人有福了，因為神的國是你們的。社會學家娜塔莎・道・舒爾（Natasha Dow Schüll）寫說：「如同機器賭徒所言，不是控制、機率或兩者之間的拉鋸，讓他們去賭；他們的目的不是要贏，而是不斷賭下去。」33 一名賭徒解釋：「大多數人將賭博定義為純機遇，你不知道結果。但在博弈機上，我知道結果：我要不會贏，要不會輸。我不在乎是投入錢幣或拿走錢幣：重要的是，當我又投入一枚錢幣，又拿到 5 張牌，按下那些按鈕，我便可以繼續賭下去。所以說，那根本不是賭博──事實上，那裡是我對一切感到確定的少數地方。如果我曾經想過那是有關機率、有關事情隨時可能生變的變數，那麼我會害怕到不敢去賭博。如果你無法相信機器，那麼你不如待在你也無法預測的人類世界。」34

　　莊家永遠占上風，賭博老手由經驗明白這點；長期而言，賭徒不僅沒有贏，甚至也不是為了贏錢而去賭。35 賭場與博弈機台製造商，還有賭徒本人，有著相同目標：盡量增加在機台上的時間。前者運用對於人類心理的深入了解，讓賭徒坐在機台前。賭場發現，迂迴曲折的路線，穿過商店、餐廳、洗手間和博弈選項的迷宮，營造出半私密的機台洞穴更加吸引人，勝過開放式機庫，陳列一排又一排的機台。博弈機器的設計追求符合人體工學的舒適，便於控制，自動水平調整的座椅，腿部伸展空間充足，接近螢幕以完全吸收。機台平整圓滑，又有扶手，只需要最少動作便可投入更多錢或按下開始的按鈕。音效與燈光的設計不會太刺耳或太狂熱；沉浸式設計以追求遊戲結果。

此外，機台的程式編排加入無數特性，好讓人類白老鼠不斷拉下拉桿以獲得偶爾才有的小球（機台成癮者用以形容自己的比喻）。[36] 增強（亦即支付）程序經過精心編排以配合不同種類賭徒，由需要偶爾大筆支付到需要小額不斷贏錢的人。拉霸機不斷執行亂數產生器，無論有沒有人在玩。玩家一按下旋轉鍵的瞬間，遊戲結果已由亂數產生器決定。老派拉霸機是由捲軸的機械動作決定結果，數位機台的旋轉軸與遊戲結果則是毫無關連。不過，機台通常有一個「停止」鍵，好讓玩家手動停止一個或全部捲軸的旋轉，製造出他們有在控制的幻覺。[37]

機台賭徒嚮往「化境」（the zone），意指一種恍惚的狀態，除了機台之外別無他物，除了看到螢幕，以外的世界都看不見。上述這些工程與程式設計都是為了讓玩家迅速與完全進入化境。它們就像合成毒品。「你進入螢幕裡頭，它把你拉進去，和磁鐵一樣。你置身機台裡，好像你在其中行走、游走於牌卡之間」，一名賭徒表示。[38]「我討厭有人打斷我的出神……機台像是急速發揮作用的鎮定劑」，另一人說。[39] 這些玩家不想追求興奮，或代理滿足，他們要的是不受干擾的流暢、同化與抹除自我。

新科技可以讓遊戲參數配合玩家欲望而實時改變，讓他們掌握遊戲的變數，例如支付率、遊戲速度和複雜度。那種掌控感消除掉運氣；機台博弈成癮者不想要運氣、機遇或隨機。相對於追求刺激，他們要的是化境的恍神感。儘管有各種利益，賭場的目標向來不變，那就是將賭徒的個人動因（personal agency）降到零，把他們變成投幣到機台的工具，直到花光所有錢，他們稱之為玩家滅絕。[40] 機台的宇宙學是確定，正如同宇宙無可避免

的命運是熵熱寂（heat death），賭徒明白自己的命運是消散與滅絕。

　　對這種賭徒，中大獎根本不是幸運。「我現在中大獎的話」，一名賭徒說：「我眼睛都不會眨一下，我心跳都不會少跳一下……我有一次中過大獎，我甚至不知道自己拿了什麼牌。」[41] 另一人也說：「我甚至感受不到贏錢的喜悅——事實上，我把中獎的過程切斷好重新回到遊戲。」[42] 一名賭徒說：「贏錢令我失望，尤其是馬上就贏的時候。」另一人解釋：「如果是不好不壞的日子——贏錢，輸錢，贏錢，輸錢——你一直保持相同步調。萬一贏大錢，你便無法保持在化境。」[43]「有時候」，一名賭徒說：「我累得要死，真心希望自己輸錢才能回家。假如我快要輸光時，卻又贏了，我心想『這下好了，現在我又得坐在這裡，等到輸光光。』」[44] 對不常去的賭徒來說，中獎感覺像是幸運的事。可是對於機器博弈成癮者來說，贏錢既不幸運也不是不幸運。大獎不代表什麼；它們無關運氣，不過是穿越的另一站，通往滅絕的一個航點。即便是在賭博，其原始動機是要提升掌握機遇的勝率，這是運氣應該以最純淨形式停駐的領域，運氣仍然由賭徒本身的特質及觀點之中升起。

反對運氣

　　反對運氣的完整議論有許多活動零件，需要這整本書來說明充分的細節。本書的目的不是為了宣告運氣的死亡，雖然我希望本書已提供足夠彈藥來達成那項目的。由文藝復興到現代的數

學家認為，機率理論可以消滅運氣。但在了解機遇並不是神的反覆無常，而是受到數學法則的規範之後，他們想要證明運氣也是可以預測，具有某種法則。可是，我們先前已看到，利用機率來預測未來的能力是有限的，不僅因為在原子尺度上發現的真正隨機，還有就是混沌理論讓準確理論原則上不可行。世界上所有的機率理論與運算能力都無法告訴我們，我們的人生將會變成怎樣。整個宇宙甚至無法藉由暴力法解答圍棋這種簡單遊戲。這麼說來，再怎麼解析機率都不能消除運氣在我們人生扮演的角色。

如果機率可以扮演任何角色，那便是運氣的理論。要被人接受的話，它必須能夠讓我們充分了解運氣，例如運氣的分析技術。可惜，運氣的機率理論無法達成這項任務。舉例來說，單是優於機率的成功表現（或者低於機率的失敗表現），都無法證明技術。擲硬幣會得到連串的正面與反面。也就是說，真正的隨機並不順暢，而是笨拙，我們必須設法分辨那種笨拙與技術高超的表現。表現出色的籃球運動員或許是技能非凡，或許只是幸運地高於他的正常表現；統計模型也難以決定。非凡的技能或許只是暫時偏離而高於中間值。

還有參考群體（reference class）的問題。一個事件的機率取決於計算時要假設何種背景條件。你的班機安全降落的話，你算是幸運嗎？運氣的機率理論會要求我們先算出班機安全降落的機率，才能回答那個問題。假設你的班機在波士頓暴雪之中降落。商業航班安全降落的機率是多少？一架飛機在波士頓安全降落的機率是多少？飛機在暴雪當中降落的機率是多少？由機長史密斯駕駛的美國航空編號 3356 航班安全降落的機率是多少？這些問

題各有不同答案——機率問題並無自然或特定的答案。以運氣來說，那意味者一件事是幸運或不幸將有不一致的結果。或許邊緣駕駛員機長史密斯在暴雪當中安全降落是非常幸運的事，但以商業航班安全降落來說根本不算幸運。即便這是指同一班飛機。

運氣的機率理論亦在雜訊問題不及格。即便是謹慎的統計分析也無法說明非線性過程世界的個人生命。我們生活有很大部分是單一事件，我們做出的選擇導致無可預測的結果。你搬到新城鎮去讀大學並遇到你的配偶，或是搬到不同城鎮，遇到不同配偶。你挑選這份工作，而不是那份工作，因而擁有不同關係與人脈。你跟一些朋友保持聯繫，而沒有聯絡其他朋友，你投資Betamax而不是VHS，投資蘋果（Apple）而不是安隆（Enron）。如同喝了咖啡因的松鼠，我們在一棵決定的大樹上，從一根樹枝跳到另一根樹枝。機率理論適用於可輕易量化、具有固定行動規則的資料集，卻無法說明我們找到一顆堅果算不算幸運，沒找到的話算不算厄運。

此外，我們對於運氣的看法還有一種規範的成分；沒有人值得為了幸運的成功而獲得稱讚，不像他們技能高超的成就值得稱讚。可以接受的成功理論必須要能夠告訴我們，一個人的成功或失敗值得多少稱讚，以及這種結果有多少程度是運氣造成的。再一次，機率無法達到這項工作要求。如果費德勒第一發球得分率為62％，這是說他的第一次發球62％靠技能，38％靠運氣，或是說100％靠技能才讓他62％的第一次發球得分。我們在第二章看到，這兩個說法都有問題。機遇、機率、統計，它們都是技術性工作，只能告訴我們是否值得稱讚（或責怪）。我們在乎運

氣，不只是因為賭徒想要預測他們未來的賭局，而是因為人性因素，我們想要了解自己的人生變成這樣有多少是自己造成的。在這個主題，數學家說不上話。

　　運氣有些偶然的概念，在機率方法垮台之後仍然倖存。根據運氣的模態理論，運氣是模態脆弱；運氣意指事情很可能不是那樣。世界上的一個小改變，速不台的蒙古戰士便會橫掃歐洲，因此，可汗之死迫使速不台返回中國是好運。另一個小改變，你的樂透彩券便會中獎，因此你沒有中獎是厄運，儘管你有很高的機率不中獎。這些是另類現實，世界可能進行的其他可能方式。模態上強韌的事情，即便世界發生重大改變仍會發生的事情，就不算是幸運。運氣模態理論依賴鄰近世界與遙遠世界的指標來判斷脆弱或強韌。我們在穿越世界 2000 的案例看到，「鄰近」與「遙遠」可能性這種二分法值得商榷。可是，沒有這種方法，我們便無法系統性區分幸運與無關運氣的事情。

　　模態理論的進一步問題是，我們似乎可以完全合理地認為必然的真相可能也是幸運。我們幸運地生活在物理常數適合生命存在的宇宙之中。這種事實應該是再堅固不過了──宇宙的最基本性質必須改變才能讓上述事實改變──這意味模態理論不准許它與運氣有關。亦即，運氣的模態概念不允許運氣必然性。

　　運氣控制理論似乎可以避免其中一些問題，因其主張幸運的事情是不在你控制之下的事情，而不是聚焦在事情的可能性或脆弱。不過，「缺乏控制」的概念亦面對自身的一些挑戰。我們對控制的直覺造成一些奇特的結果。泰・柯布有控制他的擊球嗎？如果有的話，實在很難理解何以大多時間他都沒有擊中棒

球。如果沒有的話，那麼棒球的每次擊球都與運氣有關。反過來說也不怎麼有說服力。排名落後的拉索爾在溫布頓擊敗冠軍納達爾是運氣嗎？他很幸運在比賽時打出的高水準，但那是在他控球最強的時候，而不是最弱的時候。拉索爾並不是缺乏控制；很多時候都在他的控制之下，不過他仍然看似幸運。

一般來說，我們對於自己是否有控制一件事的直覺判斷很差勁。橡膠手幻覺的實驗對象認為自己有在控制一隻橡膠手，其實他們當然沒有，而誠懇的通靈會參加者認為他們沒有控制桌子，事實上他們確實有。等我們對於何謂控制有了更為準確的了解，不再依賴直覺判斷，我們卻又面對一個更糟的問題。如果控制某種結果意味著你通常可以創造那種結果，那麼在成功機率很高的時候，你是有在控制。如果控制某種結果意味著假使你努力的話便很難失敗，那麼在成功是模態強韌的個案，你是有在控制。結果，運氣控制理論不是什麼新奇有趣的理論；相反的，它坍塌成為機或模態理論。[45] 運氣可能沒有三個概念，而是只有兩個。兩個原已面對嚴重問題的概念。

這三個理論都遇到共時與歷時運氣的問題。同一件事由其在連串事件的位置來看是幸運，但單獨來看便不算幸運。當拉霸機的第三格翻出檸檬，就其在先前已翻出檸檬的位置來看，它很幸運。它感覺比先前兩顆檸檬更為幸運，即便你需要三顆檸檬才能中大獎。單獨一顆檸檬即不是幸運也不是不幸運；什麼意義都沒有。運氣理論無法訴我們哪個觀點才正確：只考慮事件本身、與其他切割開來以評估是否幸運的共時觀點，抑或一起事件當時的位置以及與其他事件關係也必須加以評估的歷時觀點。現在，

運氣逐漸像是觀點的問題。

　　最初我們想要有一個運氣理論的理由，是想要幫助我們了解某些哲學問題。我們在第四章與第五章看到，許多道德與知識問題是用結果與環境運氣來解釋。當運氣干預那些結果時，我們應該為自己行動的結果受到多少稱讚或責怪？我們的人生軌跡，我們可能做出決定的區間，以及道德優勢的概念，均奠基在好運與厄運之上。同樣的，在想要了解知識的價值與本質，甚或是在懷疑論的威脅之下去探討獲得知識的可能性，都可能遇到我們完全是運氣才發現真相的風險。唯有背後有著一致的運氣理論，這些以運氣為基礎的方法才能成功進行。然而，唯有機率或模態理論可能可以解釋知識運氣，而唯有控制理論可以解釋道德運氣（假設控制理論實際上不是前兩者的偽裝）。沒有統一的運氣理論可供我們用來支持道德及知識運氣。況且，我們看到有充分理由去否認「運氣」是曖昧不明。運氣沒有做也做不到它被指派的任務。道德及知識運氣是否根本不構成問題，以及是否有不是以運氣為基礎的概念工具可釐清那些問題，將有待未來研究去判斷。

　　最後，本章說明幸運與否的判斷受到框架效應的影響，並且可由個人樂觀及悲觀天性來預測。只要我們有可靠的運氣理論作為依據，可以告訴我們古柏是否真的幸運，山口彊的幸運程度有多少，那就不是什麼精彩表演。但是我們沒有這種理論。甚至連賭博中大獎是否幸運都是觀點的問題。既有的各種運氣理論都有無可挽救的缺陷：它們無法自圓其說，無法應付各種反例，無法分辨技能與運氣，不能套用在道德與知識運氣，而且在心理偏差之前崩塌。

概念並不是隨意的。我們開發概念是為了幫助我們理解這個世界，當概念對我們不再有用，或者不一致，我們就拋到一邊。就像是奧林匹亞諸神與中古女巫的命運──它們曾是普及的概念，但在後啟蒙時代的世界已不再具有解釋的功能，如今已被降級為暗喻或幻想。同樣的，「運氣」已證明是模糊連結的概念、被隨意丟入垃圾抽屜，無一可單獨或串聯起來達到其宣傳功效。現在我們應該找尋新方法、新工具來解開運氣無法解決的棘手問題。

最起碼，我們手頭上有一個錯誤理論。我們很容易把運與命混為一談，但它們不是同義詞。老早便規劃夏威夷假期的人或許很好命可以在那麼美麗的地方享受海灘，卻不是好運；她自己花錢買了機票。一個人丟掉飛機駕駛員的工作或許是歹命，但萬一理由是他到班時總是喝醉酒，他就不能抱怨是厄運。拒絕運氣並不是拒絕好命與歹命，儘管這些概念或許比較適合用於隨意、非正式討論，而不是高壓的理論應用。無人否認我們時常感覺事情順利或不順利，或者某些事正面或負面地影響我們。然而，那些感受並不一致，且可以操弄，是框架效應與個人性格特質的結果。同樣的，我們很容易混淆運氣與機率，尤其是因為機率似乎可用數學算出來，而我們許多對於運氣的想法與未知或意外有關。駁斥運氣不過是不懂統計，並不等於拒絕機率理論。命運與機率或許是真實的，運氣卻不是。運氣是一種認知幻覺。

祝你自己幸運

尼采曾說過，他對世俗道德的高明、責難性批評，猶如無政府主義者朝著君王射亂箭。結局不過是君王的寶座坐得更安穩。[46] 即便本書對運氣射了一堆亂箭，很難不懷疑人們對運氣的信念仍是牢不可破。就算你知道運氣只是認知幻覺，也不會讓幸運感消失。請看羅傑‧謝帕德（Roger Shepard）知名圖畫「轉桌子」（Turning the Tables）裡頭的兩張桌面。（圖 6.1）[47]

左邊桌面的長寬比是多少？右邊的呢？不管什麼比率，它們看上去不會是相同比率；左邊桌面絕對看起來更長更窄。現

圖 6.1：轉桌子

資料來源：維基共享資源

在，拿一把尺去量量看。你可能已猜到這個把戲，它們的長寬比是一模一樣。我們對不一樣的觀感是不由自主、身不由己，即便我們心知肚明，還是很難擺脫桌面必然不一樣的感覺。同樣的，即使承認它是一種幻覺，我們仍然感覺世上存在運氣。甚至連理應更加明白的人，都無法躲避運氣的誘惑。舉例來說，康納曼堅決相信運氣，他在其大作寫道：「本書一再出現的主題是，運氣在每一則成功故事扮演重大角色；你總是很容易便可找出故事裡的一個小改變，便會把了不起的成就變成平庸的結果。」[48] 這位發現了眾多認知偏差的人未能看出，運氣經不起他自己發現的考驗，實在極為諷刺。

最後，沒有任何事可以阻止我們使用「運氣」這個字。我們交叉手指祈求好運，彼此祝好運，或者謙虛地將我們的成功歸因於運氣。這些大多屬於儀式性言語，不能當真，或者在做的時候眨眼表示迷信。認真看待根本沒有運氣的話，就是承認運氣是古老失敗典範的痕跡，無異於稱一個不帶情感的人冷漠（源於蓋倫的體液理論），或是說太陽沉於西方（托勒密天動說的結果）。我們不應認真看待這些事情，不該把它們當成世上真實故事的環節，即便它們是我們文化環境裡頭的一種無害遺留程式碼。

在柏拉圖的《厄爾神話》，女神拉刻西斯認為不幸人生的責任落在選擇那個人生的人身上。雖然神安排了出生的抽籤，並且可能任性地干預我們的人生，但祂們沒有錯。意外的是，拉刻西斯說的沒錯。從某種意義上說，都是我們的責任。無論我們認為玩電子撲克獲勝是幸運或與運氣完全無關，無論我們認為樂透差點中獎是幸運或不幸的事，無論我們樂觀認為人生的苦難不能

減損好事或悲觀認為苦難毀掉好事——這些看法是我們觀點的所形成。運氣不是世上的客觀特質，經過剖析之後，不過是我們對周遭環境的一種觀點、一種主觀評估。幸與不幸都是你對自己的看法。我們的命運或許與我們的行為與野心有著微弱連結，可是我們的運氣完全是自己打造的。這些不是要說改變一個人的看法是簡單的工作，或說悲觀者僅憑意志力便能變成樂觀者。可是，你確實創造自己的運氣。

致謝

　　我和許多人討論過運氣，包括 Nathan Ballantyne、Kevin Ferland、Scott Lowe、Christy Mag Uihdir、Duncan Pritchard 和 Lee Whittington。巴克內爾大學、愛丁堡大學、拉拉古納大學（Universidad de La Laguna）、波爾圖大學（Universidade do Porto）、史蒂文斯理工學院、都靈大學（Università degli Studi di Torino）和威廉帕特森大學的聽眾幫我琢磨本書的材料。

　　我由下列著作的一些概念研究出更為技術性的版本：「運氣歸因與認知偏差」，《後設哲學》期刊（45, 2014），「道德運氣的問題」，《哲學研究》期刊（172:9, 2015），「為何一切的運氣理論都是錯的」，《智性》（Noûs，50:3, 2016），「性格樂觀與運氣歸因：運氣哲學理論的含意」，《哲學心理學》期刊（31:7, 2018），以及「道德運氣與控制」，《中西部哲學研究》期刊（43, 2019）。

　　一些慷慨的人讀了一些或全部的草稿，感謝他們的評論和觀察。感謝 Olivia Best、Richard Brook、Drue Coles、Jeff Dean、Tobey Scharding、Eric Stouffer 與 Jessa Wood。第六章的許多概念是我與朋友和心理學家同事珍妮佛·強森（Jennifer Johnson）共同合作的成果。我很高興她願意協助一名哲學家。我的老朋友提姆·強森（Jennifer Johnson）一直是我最勤勞的批評者，我心存

感激。我的妻子凡妮莎不但閱讀及評論整部手稿，也非常有耐心地聆聽我對本書的希望與恐懼。最後，我要感謝布魯姆斯伯里出版社（Bloomsbury）主編可琳‧柯特（Colleen Coalter）對出版本書的信心。

注釋

第一章

1　(Annas 1981) pp. 349, 353.

2　(Pindar 2007).

3　(Polybius 1889) §402.

4　Cited in (Eidinow 2011) p. 49.

5　(Plutarch 1962) §320.

6　(Ferguson 1970) p. 87.

7　(Putzi 2009) p. 151.

8　(Lawrence 1898).

9　(Putzi 2009) p. 194.

10　(Petronius 1960) ch. 60.

11　「我們來研究這種集合，以銀質小墜飾的形式佩帶：四葉草、豬、磨菇、馬蹄鐵、梯子和掃煙囪人。四葉草取代三葉草，很適合作為一種象徵。豬是生育力的古老象徵，磨菇很明顯是陽具象徵：某些磨菇，例如白鬼筆（Phallus impudicus），外形與男性性器官極為相似。馬蹄鐵形似女性陰道口，而掃煙囪人在這串組合裡出現，是因為他的工作具有交媾的暗示。」（佛洛尹德 1917）p. 64

12　(Rowling 2005).

13　(Hesiod 2006) §822.

14　(Redford 2001), "Horoscopes"; (Kadish 2013).

15　(Baroja 2001) p. 132.

16　(Putzi 2009) p. 199.

17　(Ogden 2002) p. 225.

18　(Cohen 1960) p. 127.

19　(Frazer 1890) chs. 57 and 58.

20　(Seddon 2005).

21　(Nussbaum 1994).

22　(Aurelius 2002), IV.

23　(Seneca 1917), IX.

24　(Nussbaum 1994) ch. 10.

25　(Camus 1955).

26　(Sextus Empiricus 1998) § 309–310.

27　Cf. (Kneale and Kneale 1962) pp. 118–22.

28　(Boethius 2008).

29　(Calvin 1559) p. 173.

30　(Calvin 1559) p. 180.

31　(Edwards 1754).

32　(Edwards 1741) pp. 11–12.

33　(Edwards 1858) p. 292.

34　(Mazur 2010) pp. 5–6.

35　(Decker et al. 1996).

36　(Casanova 1957) ch. 20.

37　(Aquinas 1963) Cf. (Bennett 1998) ch. 3.

38　(Cicero 1923) book 2, § 41.

39　Cited in (David 1962) p. 14.

40　(Mlodinow 2008) ch. 3.

41　(Galilei 1962) p. 192.

42　(David 1962) ch. 7, (Mlodinow 2008) ch. 4.

43　(Hacking 1975) p. 61.

44　(David 1962) p. 144.

45　(de Moivre 1718) p. iv.

第二章

1　(Boscovich 1966) § 540.

2　愛默生（Ralph Waldo Emerson）在 100 年後寫道：「膚淺的人相信運氣，相信環境；它就像一個人，他或許那個時候碰巧在那裡，或者當時那樣，改天又不是了。強壯的人相信因果。他出生就是為了達成使命，而他的父親出生就是為了生下這個兒子，讓他完成使命，仔細看來，你便明白其中不含運氣，都是算術的問題，或是化學實驗。」（愛默生 1904b）p. 220

3　(Gleick 1987) p. 43.

4　(Laplace 1902) p. 4. Compare Boscovich's very similar, if less elegant, remarks at (Boscovich 1966) § 385. There is a nice discussion contrasting Boscovich and Laplace on this matter in (Kožnjak 2015).

5　(Tromp and Farneback 2016).

6　(Dewdney 1989).

7　(Lloyd 2002).

8　(Lloyd 2002).

9　See for example (Smith 2016), (Mazur 2010) p. xvii and (Rosenthal 2006) ch. 16.

10　(Ballantyne 2012) and (Whittington 2016) offer excellent discussions of a significance condition for luck.

11　(Rescher 1995) p. 32.

12　(Rescher 1995) p. 211.

13　Some writers have attempted to distinguish skill from luck while providing no theory of luck whatsoever, ostensibly assuming that the nature of luck is somehow obvious. Examples include (Heesen 2017) and (Christensen et al. 2016). At the very least the present book should dispel the assumption of obviousness.

14　(Gladwell 2008) pp. 54–5. Cf. (Mlodinow 2008) pp. 208–9 and (Frank 2016) ch. 2.

15　(Hanauer 2014).

16　(Gladwell 2008) p. 55.

17　懷特（E. B. White）自打嘴巴：「運氣不是你可以跟經濟學家談論的事情，因為它無法融入得之不易的社會思想脈絡。」（懷特 1944）p. 342

18　(Frank 2016) pp. 3–4.

19　(Emerson 1904a) p. 100.

20　(Drucker 2006) p. 151.

21　http://en.espn.co.uk/facupstories/sport/player/1139.html. Accessed 24 March, 2020.

22　(Bleck 2014).

23　(Weber 1946) p. 271. Cf. (Frank 2016) p. 93: "Overlooking luck's role makes those who've succeeded at the highest levels feel much more entitled to keep the lion's share of the income they've earned."

24　(James Jr. 2008).

25　(Freedberg 2009).

26　Personal communication.

27　"Luck [is] the result of insufficient information—an inability to pinpoint cause and effect" (Mauboussin 2012) p. 190.

28　These examples are all discussed in depth in (Kucharski 2016).

29　Ernest Sosa also endorses something like this. See (Sosa 2017) p. 77 and p. 122.

30　It is used by, for example (Mauboussin 2012), (Levitt and Miles 2011), and (Croson et al. 2008).

31　(Mauboussin 2012) p. 77.

32　西賽羅在《論神性》（*De Natura Deorum*, 5.12）寫說：「『可能』是一種感覺，雖然不等於完全的知覺，它們仍具有某些獨特與明確，因此可以導引智者的行為。」

33　http://www.golfdigest.com/story/want-to-know-your-odds-for-a-hole-inone-well-here-they-are. Accessed 24 March, 2020.

34　(Taleb 2007).

35　These ideas are from (McKinnon 2014), and she is subject to the *reductio adabsurdum* argument that follows.

36　Non-probability accounts of skill have a better chance of success. See (Stanley and Williamson 2017) and (Pavese 2016). Of course, assuming the central thesis of this book is correct, no account of skill that hopes to contrast it with luck can be right.

37　(White 1944) p. 342.

第三章

1　(Leibniz 1768).

2　The idea of an infinity of possible worlds branching from our own is nicely imagined in (Crouch 2016).

3　Presumably, this means there's a reason why the Principle of Sufficient Reason is true too, but that's another story.

4　(Leibniz 1710) part 1, §8.

5　Quoted in (Kendrick 1955) pp. 137–8.

6　According to the twentieth-century social critic Theodor Adorno, "the earthquake of Lisbon sufficed to cure Voltaire of the theodicy of Leibniz" (Adorno 1973) p. 361. (Voltaire 1759).

7　(Holland 1999).

8　This scenario has been played out a few times, incidentally. Cf. *The Amazing Spider-Man* 14, 120, 328; *The Amazing Spider-Man king size special* 3; *Peter Parker* 14; *The Incredible Hulk* 349; *Marvel Team-Up* 27, 53, 54; *Web of Spider-Man* 7, 69; *Marvel Treasury Edition* 25, 28. The Hulk has the edge. (Hat tip to Rob Ledford's encyclopedic knowledge of all things comic.)

9　A good recent summary of Pritchard's view is (Pritchard 2014b). He does idiosyncratically, and without much explanation, reject the significance condition; but that is not germane to the present discussion.

10　(Dawkins 1998) p. 1.

11　See Derek Parfit's essay "Why Is Reality as It Is?" in (Hales 1999), Robert Nozick's longer discussion of why there is something rather than nothing in (Nozick 1981), and Jim Holt's book (Holt 2012).

12　Cited in (Holton 1978) p. xii.

13　正確解答是 2/3 的證明如下：鬆餅只可能是金黃／金黃或金黃／焦黑。你可以看到三面金黃的鬆餅之中，兩個另一面為金黃。另一個證明方式是，在你拿到鬆餅之前，你拿到兩面相同的機率是 2/3。因此，假如你拿到一份鬆餅，並看到一面焦黑，另一面亦為焦黑的機率為 2/3。如果你拿到一份鬆餅，並看到一面金黃，另一面亦為金黃的機率也是 2/3。

14　(Smith 2012) chapter 7.

15　(Smith 2012) p. 71.

16　See (Coffman 2009), (Mele 2006) p. 7, (Greco 2010) p. 130, and (Levy 2011) p. 36 for some examples. More are discussed in the chapter on moral luck.

17　(Hofstadter 1985) p. 353.

18　An expression first coined by the American colonial statesman Thomas Paine (Paine 1792).

19　(Lamont 2013) p. 64.

20　Faraday described his experiments in "On Table-Turning" and "Experimental Investigation of Table-Moving", both reprinted in (Faraday 1859) pp. 382–91.

21　(Carpenter 1852). An excellent recent discussion is (Hyman 1999).

22　(Botvinick and Cohen 1998).

23　(Ramachandran and Blakeslee 1998) pp. 59–62.

24　(Ramachandran et al. 2011).

25　(Ramachandran et al. 2011) p. 370.

26　神經科學家奧利佛・薩克斯（Oliver Sacks）說明：「一個男人跌下床」因為他的本體感覺地圖不再認知到他的腳屬於他，還有一名「無實體女士」，她喪失所有本體感覺，因為神經缺陷。（薩克斯 1985）

27　(Shepherd 2014) defends this point.

28　http://espn.go.com/tennis/wimbledon12/story/_/id/8106990/wimbledon-2012-rafael-nadal-upset-second-round-lukas-rosol. Accessed 24 March, 2020.

29　The philosopher Ernest Sosa also rejects this high standard in (Sosa 2011) p. 53.

30　(Johnson 1795) p. 219.

31　Compare (Gould 1991) p. 467.

32　(Whittingham 1989) p. 315.

33　(Arbesman and Strogatz 2008).

34　(Arbesman and Strogatz 2008) p. 11.

35　(Whittingham 1989) p. 315.

36　http://www.basketball-reference.com/players/w/willimi02.html, http://www.nba.com/history/records/regular_freethrows.html. Accessed 24 March, 2020.

37　An example attributed to J. B. S. Haldane by Richard Dawkins (Dawkins 2009) p. 147.

第四章

1　As You Like It, Act 1, Scene 2.

2　(Martin and Cushman 2016) p. 190.

3　(Plus Media Solutions 2013), http://blogs.seattletimes.com/today/2014/01/teen-sentenced-to-probation-in-oregon-leaf-pile-hit-and-run/, http://www.oregonlive.com/forest-grove/index.ssf/2017/09/decision_overturning_convictio.html, Accessed 24 March, 2020.

4　(Nietzsche 1888), "What the Germans Lack" §7.

5　(Kant 1784) chapter 1.

6　《哈姆雷特》第三幕第一場：「害怕不可知的死後，害怕那從來不曾有一個旅人回來過的神祕之國，是它迷惑了我們的意志，使我們寧願忍受目前的折磨，不敢向我們所不知道的痛苦飛去？」

7　Cf. (Nelkin 2013).

8　(Sacks 2010) chapter 4. One of Sacks's best-known case studies was of a music professor who was so severely prosopagnosic that he couldn't distinguish between his wife and a hat, as related in the titular essay in (Sacks 1985).

9　See, for example, chapter 22 in (Garrison 1999).

10　(Nagel 1976) p. 137.

11　(Garrison 1999) pp. 159–60.

12　Note Harrison Ford's astonished reaction to a David Blaine trick performed in Ford's own kitchen: "get the fuck out of my house." https://youtu.be/rB0wzy-xbwM. Accessed 24 March, 2020.

13　（本佐尼 1857）p. 17。對照（康德 1790）第二本書《崇高的分析》（*Analytic of the Sublime*）§43, fn 1：「在我住的地方，如果你問一個普通人類似哥倫布與蛋的問題，他會說：『那不是一門藝術，而是科學。』意思是說，假如你知道怎麼做的話，你就會做了；他會說，就和雜耍者一樣。相反的，走鋼索的人則是對於藝術之名當之無愧。」

14　(Roese and Vohs 2012).

15　(Whitehead and Popenoe 2001).

16　Merely 71 percent of Americans know that the earth revolves around the sun instead of the other way around. Europeans are apparently even less informed—only 66 percent know this fact. See National Science Foundation, Science and Engineering Indicators 2006, Appendix Tables 7–10(http://www.nsf.gov/statistics/seind06/append/c7/at07-10.pdf).

17　(Munroe 2014) has an amusing chapter explaining exactly why.

18　As does Robert Frank in chapter 2 of (Frank 2016).

19　(Adams and Alinder 1985) p. 382.

20　Cf. (Driver 2013).

21　(Nietzsche 1887) essay II, § 6.

22　(Milgram 1974), (Zimbardo 2008).

23　This is the position argued for in (Martin and Cushman 2016).

24　The best account of the twins is (Segal 2005), chapter 3. The historical details in the present discussion derive from that.

25　(Pocock 1975) p. 167.

26　(Reich 1989).

27　(Trump and Zanker 2007) p. 105.

28　https://en.wikipedia.org/wiki/Richard_Arvine_Overton.

29　(Eknoyan 2006).

30　(Kyle 2012) p. 108.

31　The luck egalitarian/insurance argument is developed in (Dworkin 2000), chapter 9.

32　(Hurley 2005).

33　(Bailey 1998) p. 111 and (Monahan 2014) p. 73.

34　(Gordon 2004). Also see (Monahan 2014).

35　(Card 1996) is devoted to just these sorts of cases.

36　Spoiler alert: it doesn't.

第五章

1　(Dollar 1986).

2　See (Zagzebski 2003).

3　Official name of the statue: Phra Phuttha Maha Suwana Patimakon. It is now in the temple of Wat Traimit, Bangkok, Thailand.

4　For more discussion of relativism, see (Hales 2006) and (Hales 2011).

5　(Dreyfus 1997) pp. 292–3. For more discussion of the mirage example, see (Krasser 1995) pp. 251–2.

6　(Boh 1993) p. 114.

7　(Russell 1948) p. 170.

8　Adding to his citation count: (Gettier 1963).

9　Gettier's own examples are tedious. The one that follows, from Keith Lehrer, is structurally identical to one of Gettier's cases.

10　(Zagzebski 1994), cf. (Pritchard 2014a).

11　(Unger 1968).

12　(Pritchard 2014a) p. 154; of course there's disagreement. (Turri et al. 2015) write that "like any human achievement, knowledge is usually due to a mix of ability and luck." p. 386. (Hetherington 2014) thinks that knowledge and luck are fully compatible. But these are minority views.

13　(Plato 1961) p. 853.

14　Historical information from (King 2012) and (Maysh 2016).

15　(Descartes 1641), meditation 1.

16　The best discussion of the problem of the criterion is in (Chisholm 1982).

17　知識論學家通常用「environmental」這個單字來說環境知識運氣，而不像我使用「circumstantial」這個單字，意指與情況有關。真可惜，那樣他們便無法分辨與環境道德運氣的對比。

18　http://www.slate.com/articles/news_and_politics/dispatches/2009/07/donkey_business.html.

19　很顯然，斑馬案例在架構上與哲學家所謂的「穀倉案例」（barn case）相同，亦即受到廣泛討論的卡爾・吉內（Carl Ginet）假設案例。不過，用真實案例比較好。

20　「奧弗頓之窗」無疑可用高斯分布來表示，無法接受的看法與中位數距離數個標準差。社會科學家可以設法將奧弗頓的直覺式差別畫成一條經驗生成曲線。

21　https://www.washingtonpost.com/news/worldviews/wp/2016/06/13/here-are-the-10-countries-where-homosexuality-may-be-punished-bydeath-2/?. Accessed 24 March, 2020.

22　(Planck 1949) pp. 33–4.

23　知識論之間發生激烈爭執，一派認為德性知識論足以解決蓋梯爾問題、穀倉問題，與相關問題〔代表人物梭沙（Sosa）與葛瑞柯（Greco）〕，另一派則認為還需要加上反運氣條件〔代表人物普里查德（Pritchard）〕。不管德性知識論是否正確，附加反運氣條件是沒有意義的。既然運氣不存在，附加這種但書就等於沒有附加。

24　(Medawar 1968).

25　A good point for the expected reference to (Kuhn 1970).

26 http://www.telegraph.co.uk/news/2017/05/17/welsh-grown-hottest-everchilli-line-chelsea-flower-show-prize/. Accessed 24 March, 2020.

27 For examples, see (Roberts 1989), (Meyers 2007), and (Donald 2017).

28 (Medawar 1968).

29 The control theory is the default position in discussions of moral luck already. (Hartman 2017) chapter 2 calls it the Standard View.

30 (Levy 2011) does this.

31 對照克里普克（Saul Kripke）對這點的看法：「遇到麻煩時便斷定是模稜兩可，無異於懶人對哲學的方法。如果我們最喜愛的哲學論點面對一個推定的反例，我們總是可以抗議，某些關鍵用語被用於特殊意思，不同於論點所使用的意思。我們或許是對的，謹慎政策：不要斷定是模稜兩可，除非你真的被逼著這麼做，除非真的有強力的理論或直覺理由去假設模稜兩可確實存在。」（克里普克 1977）p. 268

32 (James 1907) pp. 43–5.

33 Originating in (Quine 1960), qualifiedly endorsed by (Sennet 2011), (Dunbar 2001) and (Gillon 1990).

34 Example from (Pritchard 2005) p. 143.

第六章

1 https://quoteinvestigator.com/2013/10/09/horseshoe-luck/, Accessed 24 March, 2020.

2 (Alpher and Herman 1948) (Gamow 1948). The modern calculation of the CMB is about 2.73K. For a more detailed but accessible account of the CMB, see (Evans 2015).

3 (Singh 2010) pp. 70–1.

4 (Espino 2010).

5 See (Kahneman 2011) p. 269.

6 Examples from (Kahneman 2011), ch. 34.

7 Cf. (Thaler and Sunstein 2008) p. 36, (Kahneman 2011) p. 364.

8 The original presentation of these studies was in (Hales and Johnson 2014).

9 (Pritchard and Smith 2004) p. 24, "An outcome that is brought about via an agent's skill is not, we argue, properly understood as a 'lucky' outcome." Compare (Littlejohn 2014).

10 (Mauboussin 2012) p. 24, for example.

11 (Teigen 2005; Teigen and Jensen 2011).

12 https://youtu.be/9_VsNZl6LGU.

13 (Farwell 2015).

14 http://www.todayifoundout.com/index.php/2013/10/man-died-came-backlife-won-lotto-

twice-second-time-re-enacting-first-media/.

15　http://nationalpost.com/news/brazilian-construction-worker-survivesafter-surgery-for-iron-bar-that-pierced-his-skull.

16　(Conradt 2015).

17　(Scheier et al. 1994).

18　(Carver et al. 2010; Carver and Scheier 2014).

19　(Hales and Johnson 2018).

20　(Parry 2009).

21　(Nietzsche 1908).

22　(Norris et al. 2014).

23　https://www.nps.gov/deva/planyourvisit/the-racetrack.htm.

24　(Kramer and Sprenger 1971), Part II, Question II, Chapter II.

25　(Baroja 2001) p. 90.

26　(Baroja 2001) pp. 90–1.

27　(Baroja 2001) p. 85.

28　(Kramer and Sprenger 1971), Part II, Question I, Chapter III.

29　(Kramer and Sprenger 1971), Part II, Question II, Chapter V.

30　(Baroja 2001) pp. 107–8.

31　Book II, Part III, Chapter IV.

32　(Escohotado 1999) ch. 6, (Rudgley 1993) ch. 6, (Schultes and Hofmann 1979) pp. 89–90, (Baroja 2001) pp. 254–6.

33　(Schull 2012) p. 12.

34　(Schull 2012) p. 12.

35　(Schull 2012) p. 75.

36　(Schull 2012) pp. 102–5.

37　On this point, see (Langer 1982).

38　(Schull 2012) p. 174.

39　(Schull 2012) p. 193, p. 248.

40　(Schull 2012) cf. p. 233.

41　(Schull 2012) p. 130, p. 177.

42　(Schull 2012) p. 177.

43　(Schull 2012) p. 198.

44　(Schull 2012) p. 225.

45　This idea is developed in technical detail in (Hales 2019).

46　(Nietzsche 1888) "Maxims and Arrows" § 36.

47　(Shepard 1990) p. 48.

48　(Kahneman 2011) p. 9.

參考書目

Adams, Ansel, and Mary Street Alinder. 1985. *Ansel Adams: An Autobiography*. Boston, MA: Little, Brown and Company.

Adorno, Theodor. 1973. *Negative Dialectics*. New York: Seabury Press.

Alpher, Ralph, and Robert Herman. 1948. "On the Relative Abundance of the Elements." *Physical Review* 74: 1737–42.

Annas, Julia. 1981. *An Introduction to Plato's Republic*. Oxford: Oxford University Press.

Aquinas, Thomas. 1963. *Liber De Sortibus (on Lots)*. Dover, MA: Dominican House of Philosophy.

Arbesman, Samuel, and Steven H. Strogatz. 2008. "A Monte Carlo Approach to Joe Dimaggio and Streaks in Baseball." *arXiv*:0807.5082v2 [physics.pop-ph] 1–14.

Aurelius, Marcus. 2002. *Meditations*. New York: Modern Library.

Bailey, Alison. 1998. "Privilege: Expanding on Marilyn Frye's 'Oppression.'" *Journal of Social Philosophy* 29 (3): 104–19.

Ballantyne, Nathan. 2012. "Luck and Interests." *Synthese* 185 (3): 319–34.

Baroja, Julio Caro. 2001. *The World of the Witches*. London: The Phoenix Press.

Bennett, Deborah J. 1998. *Randomness*. Cambridge, MA: Harvard University Press.

Benzoni, Girolamo. 1857. *History of the New World*. London: Hakluyt Society.

Bleck, Tammy. 2014. "Does Luck Have Anything to Do with Success?" *Huff/Post* 50, March: 30.

Boethius, Anicius Manlius Severinus. 2008. *The Consolation of Philosophy*. Cambridge, MA: Harvard University Press.

Boh, Ivan. 1993. *Epistemic Logic in the Later Middle Ages*. London: Routledge.

Boscovich, Roger. 1966. *A Theory of Natural Philosophy*. Cambridge, MA: MIT Press.

Botvinick, Matthew, and Jonathan Cohen. 1998. "Rubber Hands 'Feel' Touch That Eyes See." *Nature* 391 (6669): 756.

Calvin, John. 1559. *The Institutes of the Christian Religion*. Edinburgh: The Calvin Translation Society.

Camus, Albert. 1955. *The Myth of Sisyphus and Other Ess*ays. New York: Vintage Books.

Card, Claudia. 1996. *The Unnatural Lottery: Character and Moral Luck*. Philadelphia, PA: Temple University Press.

Carpenter, William Benjamin. 1852. "On the Influence of Suggestion in Modifying and Directing Muscular Movement, Independently of Volition." *Royal Institution of Great Britain* 10: 147–53.

Carver, Charles S., and Michael F. Scheier. 2014. "Dispositional Optimism." *Trends in Cognitive Science* 18 (6): 293–9.

Carver, Charles S., Michael F. Scheier, and Suzanne C. Segerstrom. 2010. "Optimism." *Clinical Psychology Review* 30: 879–89.

Casanova, Giacomo. 1957. *The Memoirs of Jacques Casanova*. New York: Modern Library.

Chisholm, Roderick M. 1982. *The Foundations of Knowing*. Minneapolis: University of Minnesota Press.

Christensen, Clayton M., Taddy Hall, Karen Dillon, and David S. Duncan. 2016. *Competing against Luck: The Story of Innovation and Customer Choice*. New York: HarperCollins.

Cicero, Marcus Tullius. 1923. *On Divination*. Cambridge, MA: Harvard University Press.

Coffman, E. J. 2009. "Does Luck Exclude Control?" *Australasian Journal of Philosophy* 87 (3): 499–504.

Cohen, John. 1960. *Chance, Skill, and Luck: The Psychology of Guessing and Gambling*. Baltimore, MD: Penguin Books.

Conradt, Stacy. 2015. "Meet the Man Struck by Lightning 7 Times." *Mental Floss*, August 6.

Croson, Rachel, Peter Fishman, and Devin G. Pope. 2008. "Poker Superstars: Skill or Luck? Similarities between Golf—Thought to Be a Game of Skill—and Poker." *Chance* 21 (4): 25–8.

Crouch, Blake. 2016. *Dark Matter*. New York: Crown.

David, F. N. 1962. *Games, Gods, and Gambling*. New York: Hafner Publishing.

Dawkins, Richard. 1998. *Unweaving the Rainbow*. New York: Houghton Mifflin.

Dawkins, Richard. 2009. *The Greatest Show on Earth: The Evidence for Evolution*. New York: The Free Press.

de Moivre, Abraham. 1718. *The Doctrine of Chances, or, a Method of Calculating the Probability of Events in Play*. London: W. Pearson for the author.

Decker, Ronald, Thierry Depaulis, and Michael A. E. Dummett. 1996. *A Wicked Pack of Cards: The Origins of the Occult Tarot*. New York: St. Martin's Press.

Descartes, Rene. 1641. *Meditations on First Philosophy*. Indianapolis, IN: Hackett Publishing.

Dewdney, A. K. 1989. "A Tinkertoy Computer That Plays Tic-Tac-Toe." *Scientific American*, October 1: 119–23.

Dollar, John. 1986. "Prisoner of Consciousness." Film.

Donald, Graeme. 2017. *The Accidental Scientist: The Role of Chance and Luck in Scientific Discovery*. London: Michael O'Mara Books Limited.

Dreyfus, Georges B. J. 1997. *Recognizing Reality: Dharmakarti's Philosophy and Its Tibetan Interpretations*. Albany: State University of New York Press.

Driver, Julia. 2013. "Luck and Fortune in Moral Evaluation." In *Contrastivism in Philosophy*, edited by Martin Blaauw, 154–73. London: Routledge.

Drucker, Peter F. 2006. *Managing for Results*. New York: HarperBusiness.

Dunbar, George. 2001. "Towards a Cognitive Analysis of Polysemy, Ambiguity, and Vagueness." *Cognitive Linguistics* 12 (1): 1–14.

Dworkin, Ronald. 2000. *Sovereign Virtue*. Cambridge, MA: Harvard University Press.

Edwards, Jonathan. 1741. *Sinners in the Hands of an Angry God*. Boston, MA: S. Kneeland and T. Green.

Edwards, Jonathan. 1754. A *Careful and Strict Enquiry into the Modern Prevailing Notions of That Freedom of Will, Which Is Supposed to Be Essential to Moral Agency, Vertue and Vice, Reward and Punishment, Praise and Blame*. Boston, MA: S. Kneeland.

Edwards, Jonathan. 1858. "The End of the Wicked Contemplated by the Righteous." In *The Works of President Edwards*, Vol. 4, 287–99. New York: Leavitt and Allen.

Eidinow, Esther. 2011. *Luck, Fate and Fortune: Antiquity and Its Legacy*. Oxford: Oxford University Press.

Eknoyan, Garabed. 2006. "A History of Obesity, or How What Was Good Became Ugly and Then Bad." *Advances in Chronic Kidney Disease* 13 (4): 421–7.

Emerson, Ralph Waldo. 1904a. *The Conduct of Life: Wealth*. New York: Houghton Mifflin.

Emerson, Ralph Waldo. 1904b. *The Conduct of Life: Worship*. New York: Houghton Mifflin.

Escohotado, Antonio. 1999. *A Brief History of Drugs: From the Stone Age to the Stoned Age*. Rochester, VT: Park Street Press.

Espino, Fernando. 2010. "The Six Most Baffling Nobel Prizes Ever Awarded." *Cracked*, https://www.cracked.com/article_18382_the-6-most-bafflingnobel-prizes-ever-awarded.html. Accessed 6 April, 2020.

Evans, Rhodri. 2015. *The Cosmic Microwave Background: How It Changed Our Understanding of the Universe*. New York: Springer.

Faraday, Michael. 1859. *Experimental Researches in Chemistry and Physics*. London: Richard Taylor and William Francis.

Farwell, Matt. 2015. "A True Story about RPGs and the Reality of the Battlefield." *Vanity Fair: Hive, https://www.vanityfair.com/news/2015/02/rpgs-liesbattlefield-afghanistan, Accessed 7 April, 2020*. February 24.

Ferguson, John. 1970. *The Religions of the Roman Empire*. Ithaca, NY: Cornell University Press.

Frank, Robert H. 2016. *Success and Luck: Good Fortune and the Myth of Meritocracy*. Princeton, NJ: Princeton University Press.

Frazer, James George. 1890. *The Golden Bough: A Study of Magic and Religion*. London: Macmillan.

Freedberg, J. 2009. "Appeal from the Order Entered January 14, 2009 in the Court of Common Pleas of Columbia/Montour County Criminal Division At No(s): Cp-19 Cr-0000733-2008 and Cp-19-cr-0000746-2008." Pennsylvania Superior Court 47 167 and 168 MDA 2009 1–16.

Freud, Sigmund. 1917. *Introductory Lectures on Psychoanalysis*. New York: Penguin.

Galilei, Galileo. 1962. "Sopra Le Scoperte Dei Dadi (on a Discovery Concerning Dice)." In *Games, Gods, and Gambling*, edited by F. N. David, 192–5. New York: Hafner Publishing.

Gamow, George. 1948. "The Evolution of the Universe." *Science* 162: 680–2.

Garrison, Webb. 1999. *Friendly Fire in the Civil War*. Nashville, TN: Routledge Hill Press.

Gettier, Edmund. 1963. "Is Justified True Belief Knowledge?" *Analysis* 23: 121–3.

Gillon, Brendan S. 1990. "Ambiguity, Generality, and Indeterminacy: Tests and Definitions." *Synthese* 85 (3): 391–416.

Gladwell, Malcolm. 2008. *Outliers*. New York: Pantheon.

Gleick, James. 1987. *Chaos: Making a New Science*. New York: Viking Penguin.

Gordon, Lewis R. 2004. "Critical Reflections on Three Popular Tropes in the Study of Whiteness." In *What White Looks Like: African-American Philosophers on the Whiteness Question*, edited by George Yancy, 173–93. New York: Routledge.

Gould, Stephen J. 1991. *Bully for Brontosaurus*. New York: W. W. Norton.

Greco, John. 2010. *Achieving Knowledge: A Virtue-Theoretic Account of Epistemic Normativity*. Cambridge: Cambridge University Press.

Hacking, Ian. 1975. *The Emergence of Probability*. Cambridge: Cambridge University Press.

Hales, Steven D. 1999. *Metaphysics: Contemporary Readings*. Belmont, CA: Wadsworth.

Hales, Steven D. 2006. *Relativism and the Foundations of Philosophy*. Cambridge, MA: MIT Press (A Bradford Book).

Hales, Steven D., ed. 2011. *A Companion to Relativism*. Malden, MA: Wiley-Blackwell.

Hales, Steven D. 2019. "Moral Luck and Control," *Midwest Studies in Philosophy* 43: 42–58.

Hales, Steven D., and Jennifer Adrienne Johnson. 2014. "Luck Attributions and Cognitive Bias." *Metaphilosophy* 45 (4–5): 509–28.

Hales, Steven D., and Jennifer Adrienne Johnson. 2018. "Dispositional Optimism and Luck Attributions: Implications for Philosophical Theories of Luck," *Philosophical Psychology* 31

(7): 1027–45.

Hanauer, Nick. 2014. "The Pitchforks Are Coming. For Us Plutocrats." *Politico* July/August.

Hartman, Robert J. 2017. *In Defense of Moral Luck*. New York: Routledge.

Heesen, Remco. 2017. "Academic Superstars: Competent or Lucky?" *Synthese* 194 (11): 4499–518.

Hesiod. 2006. *Works and Days*. Cambridge, MA: Harvard University Press.

Hetherington, Stephen. 2014. "Knowledge Can Be Lucky." In *Contemporary Debates in Epistemology*, edited by Mattias Steup, John Turri, and Ernest Sosa, 164–76. Somerset, MA: Wiley-Blackwell.

Hofstadter, Douglas R. 1985. *Metamagical Themas: Questing for the Essence of Mind and Pattern*. New York: Basic Books.

Holland, Cecelia. 1999. "The Death That Saved Europe." In *What If?: The World's Foremost Military Historians Imagine What Might Have Been*, edited by Robert Cowley, 93–106. New York: G. P. Putnam's Sons.

Holt, Jim. 2012. *Why Does the World Exist? An Existential Detective Story*. New York: W. W. Norton.

Holton, Gerald. 1978. *The Scientific Imagination: Case Studies*. Cambridge: Cambridge University Press.

Hurley, Susan. 2005. *Justice, Luck, and Knowledge*. Cambridge, MA: Harvard University Press.

Hyman, Ray. 1999. "The Mischief-Making of Ideomotor Action." *The Scientific Review of Alternative Medicine* 3 (2): 34–43.

James, William. 1907. *Pragmatism, a New Name for Some Old Ways of Thinking*. New York: Longman, Green, and Co.

James Jr., Thomas A. 2008. "Commonwealth of Pennsylvania V. Diane A. Dent and Walter Watkins." In the Court of Common Pleas for the 26th Judicial District, Columbia County Branch, Pennsylvania Criminal Division cases 733 and 746 of 2008 1–15.

Johnson, Samuel. 1795. *Lives of the English Poets and a Criticism of Their Works*. London: R. Dodsley.

Kadish, Gerald E. 2013. "Calendar of Lucky and Unlucky Days." In *The Encyclopedia of Ancient History*, edited by Roger S. Bagnall, Kai Brodersen, Craige B. Champion, Andrew Erskine, and Sabine R. Huebner, 1265–6. Oxford: Wiley-Blackwell.

Kahneman, Daniel. 2011. *Thinking Fast and Slow*. New York: Ferrar, Straus, and Giroux.

Kant, Immanuel. 1784. *Groundwork for the Metaphysic of Morals*. London: Routledge.

Kant, Immanuel. 1790. *Critique of Judgment*. Oxford: Oxford University Press.

Kendrick, Thomas Downing. 1955. *The Lisbon Earthquake*. Philadelphia, PA: J. B. Lippincott Company.

King, Gilbert. 2012. "The Smoothest Con Man That Ever Lived." *Smithsonian*, August 22.

Kneale, William, and Martha Kneale. 1962. *The Development of Logic*. Oxford: Oxford University Press.

Kožnjak, Boris. 2015. "Who Let the Demon Out? Laplace and Boscovich on Determinism." *Studies in History and Philosophy of Science* 51: 42–52.

Kramer, Heinrich, and James Sprenger. 1971. *Malleus Maleficarum*. New York: Dover Occult.

Krasser, Helmut. 1995. "Dharmottara's Theory of Knowledge in His *Laghuprāmāṇyaparīkṣā*." *Journal of Indian Philosophy* 23: 247–71.

Kripke, Saul. 1977. "Speaker's Reference and Semantic Reference." *Midwest Studies in Philosophy* 2 (1): 255–76.

Kucharski, Adam. 2016. T*he Perfect Bet: How Math and Science Are Taking the Luck Out of Gambling*. New York: Basic Books.

Kuhn, Thomas S. 1970. *The Structure of Scientific Revolutions*. Chicago, IL: University of Chicago Press.

Kyle, Chris. 2012. *American Sniper*. New York: HarperCollins.

Lamont, Peter. 2013. *Extraordinary Beliefs: A Historical Approach to a Psychological Problem*. Cambridge: Cambridge University Press.

Langer, Ellen J. 1982. "The Illusion of Control." In *Judgment under Uncertainty: Heuristics and Biases*, edited by Daniel Kahneman, Paul Slovic, and Amos Tversky, 231–8. Cambridge: Cambridge University Press.

Laplace, Pierre Simon. 1902. *A Philosophical Essay on Probabilities*. New York: John Wiley and Sons.

Lawrence, Robert Means. 1898. *The Magic of the Horseshoe*. Boston, MA, and New York: Houghton, Mifflin, and Co.

Leibniz, Gottfried Wilhelm. 1710. *Theodicy*. London: Routledge and Kegan Paul.

Leibniz, Gottfried Wilhelm. 1768. *Opera Omnia, Nunc Primum Collecta, in Classes Distributa, Praefationibus & Indicibus Exornata*, Studio Ludovici Dutens. Geneve: Freres de Tournes.

Levitt, Steven D., and Thomas J. Miles. 2012. "The Role of Skill versus Luck in Poker: Evidence from the World Series of Poker." *Journal of Sports Economics* 15 (1): 31–44.

Levy, Neil. 2011. *Hard Luck: How Luck Undermines Free Will and Moral Responsibility*. Oxford: Oxford University Press.

Littlejohn, Clayton. 2014. "Fake Barns and False Dilemmas." *Episteme* 11 (4): 369–89.

Lloyd, Seth. 2002. "Computational Capacity of the Universe." *Physical Review Letters* 88 (23): 237901.

Martin, Justin W., and Fiery Cushman. 2016. "The Adaptive Logic of Moral Luck." In *A Companion to Experimental Philosophy*, edited by Justin Sytsma, and Wesley Buckwalter,

190–202. Oxford: Wiley-Blackwell.

Mauboussin, Michael J. 2012. *The Success Equation: Untangling Skill and Luck in Business, Sports, and Investing*. Boston, MA: Harvard Business School Press.

Maysh, Jeff. 2016. *Handsome Devil*. NP: Amazon Digital Services, LLC.

Mazur, Joseph. 2010. *What's Luck Got to Do with It?: The History, Mathematics, and Psychology of the Gambler's Illusion*. Princeton, NJ: Princeton University Press.

McKinnon, Rachel. 2014. "You Make Your Own Luck." *Metaphilosophy* 45 (4–5): 558–77.

Medawar, Peter B. 1968. "Lucky Jim." *The New York Review of Books*, March 28.

Mele, Alfred R. 2006. *Free Will and Luck*. Oxford: Oxford University Press.

Meyers, Morton A. 2007. *Happy Accidents: Serendipity in Modern Medical Breakthroughs*. New York: Arcade Publishing.

Milgram, Stanley. 1974. *Obedience to Authority: An Experimental View*. New York: Harper and Row.

Mlodinow, Leonard. 2008. *The Drunkard's Walk: How Randomness Rules Our Lives*. New York: Pantheon Books.

Monahan, Michael J. 2014. "The Concept of Privilege: A Critical Appraisal." *South African Journal of Philosophy* 33 (1): 73–83.

Munroe, Randall. 2014. *What If?: Serious Scientific Answers to Absurd Hypothetical Questions*. New York: Houghton Mifflin.

Nagel, Thomas. 1976. "Moral Luck." *Proceedings of the Aristotelian Society* 50: 137–51.

Nelkin, Dana K. 2013. "Moral Luck," *The Stanford Encyclopedia of Philosophy* (Summer 2019 Edition), Edward N. Zalta (ed.). https://plato.stanford.edu/archives/sum2019/entries/moral-luck/.

Nietzsche, Friedrich. 1887. *On the Genealogy of Morals*. New York: Vintage Books.

Nietzsche, Friedrich. 1888. *Twilight of the Idols*. London: Penguin Classics.

Nietzsche, Friedrich. 1908. *Ecce Homo*. Leipzig: Insel-Verlag.

Norris, Richard D., James M. Norris, Ralph D. Lorenz, and Brian Jackson. 2014. "Sliding Rocks on Racetrack Playa, Death Valley National Park: First Observation of Rocks in Motion." *PLOS One* 9 (8): e105948.

Nozick, Robert. 1981. *Philosophical Explanations*. Cambridge, MA: Harvard University Press.

Nussbaum, Martha. 1994. *The Therapy of Desire: Theory and Practice in Hellenistic Ethics*. Princeton, NJ: Princeton University Press.

Ogden, Daniel. 2002. *Magic, Witchcraft, and Ghosts in the Greek and Roman Worlds: A Sourcebook*. Oxford: Oxford University Press.

Paine, Thomas. 1792. *The Rights of Man*, Part 2. London: J. S. Jordan.

Parry, Richard Lloyd. 2009. "The Luckiest or Unluckiest Man in the World? Tsutomu Yamaguchi, Double A-Bomb Victim." *The Times of London*, March 25.

Pavese, Carlotta. 2016. "Skill in Epistemology 1: Skill and Knowledge." *Philosophy Compass* 11: 642–9.

Petronius. 1960. *Satyricon*. New York: New American Library.

Pindar. 2007. *The Complete Odes*. Oxford: Oxford University Press.

Planck, Max. 1949. *Scientific Autobiography and Other Papers*. New York: Philosophical Library.

Plato. 1961. "Theaetetus." In *Plato: The Collected Dialogues*, edited by Edith Hamilton, and Huntington Cairns, 845–919. Princeton, NJ: Princeton University Press.

Plus Media Solutions. 2013. 2 Arraigned in Deaths of Young Sisters. *Newswire*.

Plutarch. 1962. *Moralia*. Cambridge, MA: Harvard University Press.

Pocock, J. G. A. 1975. *The Machiavellian Moment: Florentine Political Thought and the Atlantic Republican Tradition*. Princeton, NJ: Princeton University Press.

Polybius. 1889. *The Histories of Polybius*. London: Macmillan.

Pritchard, Duncan. 2005. *Epistemic Luck*. Oxford: Oxford University Press.

Pritchard, Duncan. 2014a. "Knowledge Cannot Be Lucky." In *Contemporary Debates in Epistemology*, edited by Mattias Steup, John Turri, and Ernest Sosa, 152–64. Somerset, MA: Wiley-Blackwell.

Pritchard, Duncan. 2014b. "The Modal Account of Luck." *Metaphilosophy* 45 (4–5): 594–619.

Pritchard, Duncan, and Matthew Smith. 2004. "The Psychology and Philosophy of Luck." *New Ideas in Psychology* 22: 1–28.

Putzi, Sibylla, ed. 2009. *A to Z World Superstitions and Folklore: 175 Countries: Spirit Worship, Curses, Mystical Characters, Folk Tales, Burial and the Dead, Animals, Food, Marriage, Good Luck, Bad Luck, Totems and Amulets and Ancestor Spirits*. Petaluma: World Trade Press.

Quine, W. V. 1960. *Word and Object*. Cambridge, MA: MIT Press.

Ramachandran, V. S., and Sandra Blakeslee. 1998. *Phantoms in the Brain: Probing the Mysteries of the Human Mind*. New York: William Morrow and Company.

Ramachandran, V. S., Beatrix Krause, and Laura C. Case. 2011. "The Phantom Head." *Perception* 40: 367–70.

Redford, Donald B. 2001. *The Oxford Encyclopedia of Ancient Egypt*. Oxford: Oxford University Press.

Reich, Steve. 1989. *Different Trains*. New York: Elektra Nonesuch. Recording. 79176-2.

Rescher, Nicholas. 1995. *Luck: The Brilliant Randomness of Everyday Life*. New York: Farrar, Straus, Giroux.

Roberts, Royston M. 1989. *Serendipity: Accidental Discoveries in Science*. New York: John Wiley and Sons.

Roese, Neal J., and Kathleen D. Vohs. 2012. "Hindsight Bias." *Perspectives on Psychological Science* 7 (5): 411–26.

Rosenthal, Jeffrey S. 2006. *Struck by Lightning: The Curious World of Probabilities*. Washington, DC: Joseph Henry Press.

Rowling, J. K. 2005. *Harry Potter and the Half-Blood Prince*. London: Bloomsbury.

Rudgley, Richard. 1993. *Essential Substances: A Cultural History of Intoxicants in Society*. New York: Kodansha International.

Russell, Bertrand. 1948. *Human Knowledge: Its Scope and Limits*. London: Allen & Unwin.

Sacks, Oliver. 1985. *The Man Who Mistook His Wife for a Hat*. New York: Summit Books.

Sacks, Oliver. 2010. *The Mind's Eye*. New York: Alfred A. Knopf.

Scheier, Michael F., Charles S. Carver, and M. W. Bridges. 1994. "Distinguishing Optimism from Neuroticism (and Trait Anxiety, Self-Mastery, and Self-Esteem): A Re-Evaluation of the Life Orientation Test." *Journal of Personality and Social Psychology* 67: 1063–78.

Schultes, Richard Evans, and Albert Hofmann. 1979. *Plants of the Gods: Origins of Hallucinogenic Use*. New York: McGraw-Hill Book Company.

Schull, Natasha Dow. 2012. *Addiction by Design: Machine Gambling in Las Vegas*. Princeton, NJ: Princeton University Press.

Seddon, Keith. 2005. *Epictetus' Handbook and the Tablet of Cebes*. New York: Routledge.

Segal, Nancy L. 2005. *Indivisible by Two: Lives of Extraordinary Twins*. Cambridge, MA: Harvard University Press.

Seneca, Lucius Annaeus. 1917. *Moral Epistles*. Cambridge, MA: Harvard University Press.

Sennet, Adam. 2011. "Ambiguity," *The Stanford Encyclopedia of Philosophy* (Spring 2016 Edition), Edward N. Zalta (ed.). https://plato.stanford.edu/archives/spr2016/entries/ambiguity/.

Sextus Empiricus. 1998. *Against the Grammarians*. Oxford: Oxford University Press.

Shepard, Roger. 1990. *Mind Sights*. New York: W. H. Freeman and Company.

Shepherd, Joshua. 2014. "The Contours of Control." *Philosophical Studies* 170 (3): 395–411.

Singh, Simon. 2010. "Cosmological Serendipity." In *Serendipity*, edited by Mark de Rond, and Iain Morley, 65–72. Cambridge: Cambridge University Press.

Smith, ed. 2012. *Luck: What It Means and Why It Matters*. London: Bloomsbury.

Smith, Gary. 2016. *What the Luck?* New York: The Overlook Press.

Sosa, Ernest. 2011. *Knowing Full Well*. Princeton, NJ: Princeton University Press.

Sosa, Ernest. 2017. *Epistemology*. Princeton, NJ: Princeton University Press.

Stanley, Jason, and Timothy Williamson. 2017. "Skill." *Nous* 51 (4): 713–26.

Taleb, Nassim Nicholas. 2007. *The Black Swan: The Impact of the Highly Improbable*. New York: Random House.

Teigen, Karl Halvor. 2005. "When a Small Difference Makes a Large Difference: Counterfactual Thinking and Luck." In *The Psychology of Counterfactual Thinking*, edited by David R. Mandel, Denis J. Hilton, and Patrizia Catellani, 129–46. London: Routledge.

Teigen, Karl Halvor, and Tine K. Jensen. 2011. "Unlucky Victims or Lucky Survivors? Spontaneous Counterfactual Thinking by Families Exposed to the Tsunami Disaster." *European Psychologist* 16: 48–57.

Thaler, Richard H., and Cass R. Sunstein. 2008. *Nudge: Improving Decisions about Health, Wealth, and Happiness*. New Haven, CT: Yale University Press.

Tromp, John, and Gunnar Farneback. 2016. "Combinatorics of Go." https://tromp.github.io/go/gostate.pdf.

Trump, Donald J. 2016. *Great Again: How to Fix Our Crippled America*. New York: Threshold.

Trump, Donald J., and Bill Zanker. 2007. *Think Big and Kick Ass in Business and Life*. New York: HarperCollins.

Turri, John, Wesley Buckwalter, and Peter Blouw. 2015. "Knowledge and Luck." *Psychonomic Bulletin & Review* 22: 378–90.

Unger, Peter. 1968. "An Analysis of Factual Knowledge." *The Journal of Philosophy* 65 (6): 157–70.

Voltaire. 1759. *Candide: Or, All for the Best*. London: J. Nourse at the Lamb Opposite Katherine Street in the Strand.

Weber, Max. 1946. "The Social Psychology of the World Religions." In *From Max Weber: Essays in Sociology*, edited by H. H. Gerth, and C. Wright Mills, 267–301. Oxford: Oxford University Press.

White, E. B. 1944. *One Man's Meat*. New York: Harper & Brothers Publishers.

Whitehead, Barbara Dafoe, and David Popenoe. 2001. "Who Wants to Marry a Soul Mate?" In *The State of Our Unions*, New Brunswick, NJ: National Marriage Project.

Whittingham, Richard, ed. 1989. *The Dimaggio Albums: Selections from Public and Private Collections Celebrating the Baseball Career of Joe Dimaggio*. New York: G. P. Putnam's Sons.

Whittington, Lee John. 2016. "Luck, Knowledge, and Value." *Synthese* 193 (6): 1615–33.

Zagzebski, Linda. 1994. "The Inescapability of Gettier Problems." *Philosophical Quarterly* 44 (174): 65–73.

Zagzebski, Linda. 2003. "The Search for the Source of the Epistemic Good." *Metaphilosophy* 34 (1–2): 12–28.

Zimbardo, Philip. 2008. *The Lucifer Effect*. New York: Random House.

人生顧問 459

幸運的祕密：從哲學、命運與運氣思考人生
The Myth of Luck: Philosophy, Fate, and Fortune

作　　者—史蒂芬‧海爾（Steven D. Hales）
譯　　者—蕭美惠
編　　輯—張啟淵
企　　劃—鄭家謙
封面設計—吳郁嫻

董 事 長—趙政岷
出 版 者—時報文化出版企業股份有限公司
　　　　　108019 臺北市和平西路三段二四〇號四樓
　　　　　發行專線—（〇二）二三〇六六八四二
　　　　　讀者服務專線—〇八〇〇二三一七〇五　（〇二）二三〇四七一〇三
　　　　　讀者服務傳真—（〇二）二三〇四六八五八
　　　　　郵撥—一九三四四七二四時報文化出版公司
　　　　　信箱— 10899 臺北華江橋郵局第九九信箱

時報悅讀網— http://www.readingtimes.com.tw
法律顧問—理律法律事務所　陳長文律師、李念祖律師
印刷—家佑印刷有限公司
初版一刷—二〇二二年十二月二十三日
定價—新臺幣四二〇元
（缺頁或破損的書，請寄回更換）

時報文化出版公司成立於一九七五年，
並於一九九九年股票上櫃公開發行，於二〇〇八年脫離中時集團非屬旺中，
以「尊重智慧與創意的文化事業」為信念。

幸運的祕密：從哲學、命運與運氣思考人生 / 史蒂芬 . 海爾 (Steven D.
Hales) 著；蕭美惠譯 . -- 初版 . -- 臺北市：時報文化出版企業股份有限
公司 , 2022.12
　　面；　　公分 . -- (人生顧問；459)
譯自：The myth of luck : philosophy, fate, and fortune

ISBN 978-626-335-873-7(平裝)

1.CST: 成功法 2.CST: 機會

177.2　　　　　　　　　　　　　　　　　　111013463

ISBN 978-626-335-873-7
Printed in Taiwan